新版 はじめての国際観光学

―訪日外国人旅行者を迎えるために―

山口一美・椎野信雄［編著］

創成社

序
―国際観光の重要性―

第1節　国際観光と交流

　国際観光は今まさに大交流時代を迎えている。それは，国際観光旅行者が2010年の9.5億人から増加を続けており，2030年には18億人以上になるといわれていることからもわかる。大交流時代は日本においても生じており，訪日外国人旅行者数は，2015年の1,974万人から2016年に2,404万人となり，過去最高を更新している。2020年オリンピック・パラリンピック東京大会を迎えることからも日本政府は，2020年には訪日外国人旅行者数を4,000万人に，2030年には6,000万人にすることを目標値としてあげている。
　訪日外国人旅行者数の増加は日本経済に大きな影響を与えている。観光はあらゆる他の産業と密接な関係があることから，その経済波及効果は大きい。たとえば，訪日外国人旅行者による日本国内における旅行消費額についていえば2012年以降急速に拡大し，2016年には前年度比7.8％増の3兆7,476億円となっている。
　訪日外国人旅行者数の増加が日本にもたらす影響は，経済だけにとどまらない。相互交流から，異文化理解が促進される。つまり訪日外国人旅行者が日本を訪れて日本の文化に触れ，日本人と交流することで，真の日本や日本人について理解を深めることができる。また日本人にとっても異なる文化や歴史をもつ人々との出会いは，異文化理解を深める機会を与えてくれるのである。また，日本人にとっては，自国文化への誇りを育てる機会となる。訪日外国人旅行者が日本の四季折々の自然や食文化に触れ，あるいは最先端の技術に触れること

で，日本人が当たり前と思っていることが外国人旅行者にとって魅力的となるものも多い。それは自国への誇りを育てることにつながるのである。

以上のように，国際観光において相互交流が盛んになり，訪日外国人旅行者数が増加することによって生じる影響は日本経済，異文化理解，自国への誇りなどをはじめとして広範囲に及ぶと思われる。

第2節　本書の構成

上記に記載したように，国際観光において大交流時代を迎えたことで生じるさまざまな影響を理解するために，2010年に出版された『はじめての国際観光学』を大幅に改訂することとした。本書の骨子である各部は変更せずに，各章において現状に合わせた大幅改訂を行っている。

1．本書の構成

本書は，『国際観光とホスピタリティ・マネジメント』，『国際観光と観光ビジネス』，『国際観光と交流文化』の3つの部から構成され，各部はそれぞれ4つの章から成り立っている。

第Ⅰ部『国際観光とホスピタリティ・マネジメント』，第1章「ホスピタリティ・マネジメント」では，ホスピタリティとは何かを明らかにしたうえで，外国人旅行者を迎えるためのサービスについて検討し，第2章「ホテル・マネジメント」では，ホテルの役割とホテル産業の歴史にふれ，訪日外国人旅行者数の増加に関わる問題などを考察する。第3章「マーケティングとマネジメント」では，観光産業におけるマーケティングの特徴と経験価値マーケティングという考え方について明らかにし，第4章「起業とマネジメント」では，起業を実現するための活動とそのマネジメントについて検討する。

続く，第Ⅱ部『国際観光と観光ビジネス』，第5章「トラベル・ビジネス」では，トラベル・ビジネスの仕組みや歴史を明らかにしたうえで，トラベル・ビジネスの存在意義について，第6章「交通ビジネス」では，国際観光政策と交通・ビ

ジネスとの関わりについて検討する。第7章「フード・ビジネス」では，訪日外国人旅行者の増加に伴い，今後のフード・ビジネスにおける提言を行い，第8章「スポーツビジネス」では，国際観光の視点からスポーツツーリズムを取り上げ，そのツーリズムのもつ課題について検討を行う。

　第Ⅲ部『国際観光と交流文化』，第9章「国際観光（インバウンドから inbound/outbound tourism へ）」では，言語・交流文化の視点から国際観光学の課題を考え，第10章「交流文化とエコツーリズム」では，交流文化とエコツーリズムの関係ならびに国際観光におけるエコツーリズムの役割について検討する。第11章「魅力ある文化施設づくり」では，魅力ある文化施設に求められているものについて明らかにし，第12章「国際観光とインタープリテーション」では，インタープリテーションを利用した地域振興について事例を取り上げ検討する。

　各部の間には，「コラム」を配し，今現在話題となっているトピックスを取り上げ，各部とを結びつける役割を果たしている。また，各章の最後には，「ディスカッションのための問題提起」として，2，3問が用意されている。これらをクラスでのディスカッションとして利用していただきたい。

　国際観光は今後もますます発展していく分野である。その分野について知識を得たい，あるいはその分野で活躍したいと考えている人々にとって本書が役立つことを願ってやまない。

2018年3月

《著者紹介》

山口一美（やまぐち・かずみ）担当：序，第1章
文教大学国際学部国際観光学科教授

川名幸夫（かわな・ゆきお）担当：第2章
文教大学国際学部国際観光学科元非常勤講師

那須一貴（なす・かずき）担当：第3章
文教大学国際学部国際観光学科准教授

鈴木正明（すずき・まさあき）担当：第4章
元文教大学国際学部国際観光学科教授

菅原周一（すがわら・しゅういち）担当：COLUMN01
文教大学国際学部国際観光学科教授

高井典子（たかい・のりこ）担当：第5章
文教大学国際学部国際観光学科教授

小島克巳（こじま・かつみ）担当：第6章
文教大学国際学部国際観光学科教授

横川　潤（よこかわ・じゅん）担当：第7章
文教大学国際学部国際観光学科教授

小林勝法（こばやし・かつのり）担当：第8章
文教大学国際学部国際観光学科教授

井門隆夫（いかど・たかお）担当：COLUMN02
文教大学国際学部国際観光学科非常勤講師

椎野信雄（しいの・のぶお）担当：第9章，おわりに
文教大学国際学部国際観光学科教授

海津ゆりえ（かいづ・ゆりえ）担当：第10章，COLUMN03
文教大学国際学部国際観光学科教授

井上由佳（いのうえ・ゆか）担当：第11章
文教大学国際学部国際観光学科准教授

黛　陽子（まゆずみ・ようこ）担当：第12章
文教大学国際学部国際観光学科専任講師

山田修嗣（やまだ・しゅうじ）担当：COLUMN04
文教大学国際学部国際理解学科教授

目　次

序　国際観光の重要性

第Ⅰ部　国際観光とホスピタリティ・マネジメント

第1章　ホスピタリティ・マネジメント ── 1
- 第1節　はじめに ……………………………………………1
- 第2節　ホスピタリティ（Hospitality）とは何だろうか？ ………3
- 第3節　サービスの特性と提供するサービスについて ……6
- 第4節　ホスピタリティ・マネジメントと企業が行うべき要件……8
- 第5節　ホスピタリティと外国人旅行者 ………………… 13

第2章　ホテル・マネジメント ── 18
- 第1節　はじめに ………………………………………… 18
- 第2節　ホテルの役割 …………………………………… 18
- 第3節　ホテル産業の歩んできた道 …………………… 21
- 第4節　観光立国と今後の日本のホテル産業の課題 ………… 29

第3章　マーケティングとマネジメント ── 40
- 第1節　はじめに ………………………………………… 40
- 第2節　観光産業におけるマーケティングの基本的な考え方 … 41
- 第3節　観光産業と経験価値マーケティング …………… 53
- 第4節　顧客が作り出す新しい「価値」とSNSを活用したプロモーション ……………………………………… 57

第4章　起業とマネジメント ─── 61

- 第1節　はじめに ·· 61
- 第2節　起業とは何か ·· 62
- 第3節　起業の意義 ·· 64
- 第4節　起業活動とは何か ·· 66
- 第5節　おわりに ·· 79
- COLUMN01　国際観光と経済の関係 ······························· 82

第Ⅱ部　国際観光と観光ビジネス

第5章　トラベル・ビジネス ─── 85

- 第1節　トラベル・ビジネスを読み解く視点 ······················· 85
- 第2節　トラベル・ビジネスの仕組み ····························· 88
- 第3節　ポスト・マスツーリズム時代のトラベル・ビジネス ········ 96
- 第4節　おわりに―トラベル・ビジネスの存在意義を問い直す ······ 104

第6章　交通ビジネス ─── 108

- 第1節　はじめに ·· 108
- 第2節　交通と観光との関係 ······································ 108
- 第3節　航空と空港 ·· 109
- 第4節　鉄　道 ·· 115
- 第5節　その他の交通 ·· 117
- 第6節　訪日外国人に対する交通機関の対応 ······················· 119
- 第7節　わが国の国際観光政策と交通ビジネス ····················· 121
- 第8節　訪日外国人にやさしい交通に向けて ······················· 125

第7章　フード・ビジネス ―――― 128

第1節　はじめに …………………………………128
第2節　フード・ビジネスの分類 …………………128
第3節　フードサービスの歴史 ……………………131
第4節　インバウンド時代のフード・ビジネス ……142

第8章　スポーツビジネス ―――― 149

第1節　はじめに …………………………………149
第2節　スポーツビジネスの概要 …………………151
第3節　スポーツツーリズム ………………………156
第4節　おわりに …………………………………164
COLUMN02　旅館と訪日外国人 …………………167

第Ⅲ部　国際観光と交流文化

第9章　国際観光（インバウンドから inbound/outbound tourism へ）―言語・交流文化の視点から― ―――― 171

第1節　はじめに―日本の「国際観光」の課題― ………171
第2節　観光って日本語なのか ……………………172
第3節　国際観光とは ………………………………174
第4節　国際観光と international tourism …………179
第5節　UNWTO の tourism …………………………180
第6節　Inbound (Outbound) とインバウンド（アウトバウンド）…183
第7節　インバウンド観光戦略としての「グローバル観光戦略」…186
第8節　おわりに―訪日外国人観光客は日本で何をしているのか―……189

第10章　交流文化とエコツーリズム ──────── 194

- 第1節　はじめに ……………………………………………194
- 第2節　観光の成長の「光と影」……………………………195
- 第3節　サステナブル・ツーリズムへ ……………………198
- 第4節　エコツーリズム，日本上陸 ………………………200
- 第5節　エコツーリズムと「宝探し」………………………205
- 第6節　インバウンド時代の文化交流とエコツーリズム …210
- 第7節　おわりに─国際観光におけるエコツーリズムの役割 …211
- COLUMN03　国立公園 ……………………………………213

第11章　魅力ある文化施設づくり ──────── 214

- 第1節　はじめに ……………………………………………214
- 第2節　ミュージアムの口コミランキングと訪日観光客 ……215
- 第3節　事例からみる魅力ある文化施設 …………………218
- 第4節　魅力ある文化施設のあり方 ………………………231
- 第5節　おわりに ……………………………………………232

第12章　国際観光とインタープリテーション
　　　　─地域住民の手で観光振興─ ──────── 234

- 第1節　インタープリテーションを利用した地域の観光振興 …234
- 第2節　地域におけるインタープリテーションのニーズ ……237
- 第3節　インタープリテーション活動の取り組み方 ………242
- 第4節　地域住民がインタープリターとなって地域の観光を盛り上げる…250
- COLUMN04　国際観光と地域 ……………………………254

おわりに　257

第Ⅰ部　国際観光とホスピタリティ・マネジメント

第1章
ホスピタリティ・マネジメント

第1節　はじめに

　みなさんは，お客様満足が高いといわれているホテルや旅館などのホームページをみたことがあるだろうか。そこには，「ホスピタリティあふれるサービスを提供することを理念とし・・・」，「ホスピタリティあふれる空間で癒しを与える・・・」などの言葉が書かれていることがある。これらのホームページの言葉からは，それらの企業がホスピタリティあふれるサービスをお客様に提供した結果，お客様の満足度があがったことが推測できる。

　また，世界経済フォーラムが発表した旅行・観光競争力レポート（Travel and Tourism Competitiveness Report）では，日本の観光の競争力における総合順位が2007年25位（124ヵ国中）であったのが，2017年には4位（136ヵ国中）に上昇し，特に観光ビジネスにおける企業のお客様への「対応度」は2017年に1位となったことが明らかにされている（JTB総合研究所，2017）。このことは，企業がお客様にホスピタリティあふれたサービスを提供し，満足度を向上させたことを示唆している。このようにお客様満足を向上させ，旅行・観光における高い競争力としてあげられたお客様への「対応度」とはどのようなホスピタリティあふれたサービスなのであろうか。そもそもホスピタリティとは何だろうか。また，ホスピタリティあふれるサービスを提供するために，企業はどの

ように従事者をマネジメントすればよいのであろうか。日本を訪れる外国人旅行者が増加するなかで、どのようなサービスがホスピタリティあふれたサービスと評価されるのであろうか。次々に疑問がわいてくる。そこで本章では、これらの疑問に答えることを目的とする。

さて、ホスピタリティはサービスを提供する企業においてのみ必要なものなのであろうか。前述した旅行・観光競争力レポートでは、「外国人旅行者に対する国民の姿勢」についても調査結果が明らかにされており、そこでは2007年に82位（124ヵ国中）、2013年には74位[1]（140ヵ国中）という低い結果であった。お客様への対応は高い評価を得ているにもかかわらず、外国人旅行者に対する日本の国民の姿勢は、どうもホスピタリティあふれているとはいえないようである。

また近年、日本を訪れる外国人旅行者に対する対応については、「おもてなし」という言葉が多く使われている。たとえば、観光庁は地方の「おもてなし」向上事業を実施し、地方における外国人旅行者に対して「おもてなし」をするために必要な受入環境の改善・強化に関する取り組みに対して、支援をしている（観光庁、2016）。2020年にオリンピック・パラリンピック東京大会が開催されることが決定したことで、観光庁はこの大会を外国人旅行者数拡大の絶好の機会ととらえているのである。この「おもてなし」という言葉は、ホスピタリティにあたる日本語として取り上げられることが多いが、正確にはどのような意味を持っているのであろうか。

以上のことから、本章では、第2節でホスピタリティとは何か、その語源と定義に触れた上で、「もてなし」[2]とは何かを明らかにする。第3節ではサービスの特性を明らかにし、そこで提供されるサービスについて検討する。第4節でホスピタリティ・マネジメントと従事者のパーソナリティについて、さらには企業が行うべき要件とサービス・プロフィット・チェーンについて検討し、第5節ではホスピタリティと訪日外国人旅行者を迎えるためのサービスについて考えたい。

第2節　ホスピタリティ（Hospitality）とは何だろうか？

1．ホスピタリティの語源と定義

（1）ホスピタリティの語源

　ホスピタリティという言葉はどこからきたのであろうか。

　ホスピタリティの語源としては，歓待する，手厚い，客を保護するという意味のホスピタリス（hospitalis）があげられる（cf. 服部，2004；古閑，2003；Powers, 1988；山上，1999）。このホスピタリスが14世紀に英語に借入されて，ホスピタリティへ派生したといわれている（図表1-1）。ホスピタリティという言葉までの変化をみてみると，先に述べたホスピタリスはホスペス（hospes）の形容詞形である。では，ホスペスとは何かというと，「ローマ領の住人で，

図表1-1　ホスピタリティの語源

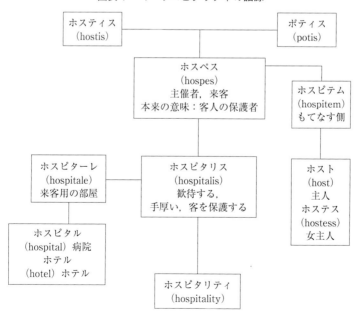

出所：服部（2004）を一部改編。

ローマ市民と同等の権利義務をもつ者」という意味であるホスティス（hostis）と，「可能な，能力のある」という意味であるポティス（potis）という2つのラテン語が合成されてつくられたラテン語である。その意味は「客人の保護者」であった。ホスピタル（hospital；病院），ホテル（hotel）やホスト（host；男主人），ホステス（hostess；女主人）など，あなたが知っている言葉もホスピタリティという言葉が形成される途中でできたことがわかる。

　このようにホスピタリティは，その語源であるホスピタリスの意味が示しているように，中世のヨーロッパにおいて主人が来訪者や旅人に食事や宿泊を提供し手厚く歓待することが本来の意味であった。このことからホスピタリティとは，人を心から歓待すること，あるいはその精神であるといえよう。

（2）ホスピタリティの定義
　では，ホスピタリティはどのように定義されているのかをみてみよう。ホスピタリティの定義については，研究者によってさまざまな定義がなされている。それらのなかからいくつか取り上げると，
- 「他者を快く受け入れる精神」（前田，2007）
- 「ゲストへの思いやりある心からの対応」（Bardi, 2003）
- 「すべての他者（社会的弱者を含めて）に対する心のこもったおもてなし」（平井，2000）
- 「見返りや代償を超えた親切」（平野，2001）
- 「顧客をゲストとして扱い，サービス組織とのインタラクションの間中，顧客のニーズに対応したきめ細かい行き届いた快適さを提供するものである」（Lovelock & Wright, 1999）
- 「社会的不確実性の高い環境において，主体間の関係性マネジメントによって，不確実性をむしろ利用しつつお互いの主観にアプローチし，単独では不可能な新しい価値を創出しようとすること」（徳江，2011）

　このように研究者によってホスピタリティの定義が異なっていることから，これらの定義を通して，山口（2015）は「ホスピタリティとは，人（ゲスト）を

受け入れる精神を表し，その精神からうまれる行為を表している。またその行為を通して，新たな人間関係を創造する可能性をも含んでいる」と述べている。

では，**ホスピタリティ産業**とはどのような業界を指しているのであろうか。前田（1995）によれば，ホスピタリティ産業とは人的対応を不可欠な要素とするサービス産業であるといえる。つまり，旅行，交通，宿泊，飲食，余暇産業などをはじめとするお客様との対応の良しあしが評価の対象となる産業のことを指す。

ここで，このホスピタリティ産業で提供している**サービス**について簡単に整理しておきたい。サービスの定義についても，研究者によってさまざまな定義がなされている。たとえば，「人間や組織体になんらかの効用をもたらす活動で，そのものが市場の取引の対象となる活動」（近藤，2010），「他者に対して提供される活動もしくは便益であり，本質的に無形であり，購入者に所有権を一切もたらさないもの」（Kotler, 1996），「販売を目的に提供され，モノの形態に物理的な変化をもたらすことなく，便益と満足を与える活動」（Blois, 1975）などと定義されている。これらの定義から，「サービスとは，お客様に対して提供される活動で，お客様に便益と満足を与える活動であり，有償性をもつ」といえる。

つまり，ホスピタリティは人を受け入れる精神であり，その精神から生まれる行為であり，その結果，発展的な関係性を築くもので無償である。これに対して，サービスはお客様との相互作用のなかで行われる一連の活動であり，顧客に便益と満足を与える活動であり，有償性をもつと考えられよう。

2．「もてなし」とは

この節では，ホスピタリティと同じように使われている「もてなし」について考えてみよう。

「もてなし」は，「もて」と「なし（成し）」が合成された言葉である（服部，2004）。その意味は，①とりなし，取り繕い，たしなみ，②振る舞い，挙動，態度，③取扱い，あしらい，待遇，④ご馳走，饗応，などの意味をもつ（新村，

1993)。つまり，人に対する態度や振る舞い方という意味をもっている。

「もてなし」は茶の湯において行われている。茶の湯における「もてなし」は主人が一定の構想をもった上で，客に対して気配り，心配りをして，どのようにすれば客に喜んでもらえるのかを考え，もてなす。客に対して自分にしかできないもてなしをすることが前提にあるという (cf. 千, 2013)。

茶の湯は，身心（じきしん）の交わり，つまり心と心の交わりを茶の湯の方法論によって実現することであるという (千, 2011)。主人は，茶事を催し，考え抜いた趣向によって客に満足してもらい，そのことで「人を招く悦び」を享受する。客は主人のもてなしを察し，それに対して的確に応じることで，主人と客との間でコミュニケーションが成立し，それは双方にとっての喜び楽しみになるという。「もてなし」は自主的に自分で考え，見返りを求めることのない相手を思いやった態度，行動であるといえよう。

第3節　サービスの特性と提供するサービスについて

1. サービスの特性

ホスピタリティ産業で提供されるサービスの特性については，その多くがマーケティングの立場から検討が行われている。それらの研究から主に5つの特性，①**無形性** (intangibility)，②**同時性** (simultaneity)，③**不均質性** (heterogeneity)，④**消滅性** (perishability)，⑤**お客様の参加** (customer participation in service process) を取り上げ，航空会社で生産，提供されるサービスを例にあげて説明する。

①無形性とは，サービスが無形であるため，それ自体をモノのように示すことができないことをいう。たとえば，あなたがある航空会社を利用しようと思った場合，その航空会社のホームページを見て，機内の座席の大きさや食事のメニューを知ることはできるものの，実際にどのようなサービスを受けるのかはその航空会社の飛行機に乗ってみないとわからない。②同時性（あるいは非分離性）とは，サービスの生産と消費が同時に行われ，人と活動とが分離でき

ないことをいう。サービスは従事者からお客様にその場で提供され，消費される。あなたがチェックインカウンターに行き，荷物を預け搭乗券をもらい，搭乗口まで行く。その待合室でアナウンスを聞いて機内にはいるなど，これらの一連のサービスはそれぞれの担当者によって生産され，あなたはそのサービスを受けることで消費している。③不均質性とは，品質管理が難しく，商品のようにいつも同じ商品をお客様に提供できないことをいう。あなたがチェックインカウンターで荷物を預けるときに，笑顔のグランド・スタッフから搭乗券をもらったが，搭乗口では元気のない疲れたような表情で挨拶をするグランド・スタッフの対応を受けることもあるかもしれない。企業としてお客様に提供するサービスの品質を保つようにその管理はするものの，そのときに担当してくれた従事者のその時の体調やパーソナリティなどで対応の仕方が異なってしまうことがある。したがってサービスの生産過程において従事者の対応の仕方や役割がきわめて重要となる。④消滅性とは，提供されるサービスがその場で生産，消費されるため，モノのように保存，保管，在庫ができないことをいう。航空会社では夏休みが終わり空席が増えたからといって，その時の空席を次年度の夏休みまで在庫として保管しておくことはできない。⑤お客様の参加とは，サービスの過程にお客様が参加することをいう。機内でシートベルトのサインがついたときには，たとえあなたが化粧室に行きたいと思っても，座席に座ってシートベルトを締めることを要求される。その要求に従うことで，お客様の安全を提供するというサービスの生産過程に参加をしているのである。

　以上のように，サービスはモノとは異なる特性をもっている。ではどのようなサービスを提供することでお客様の満足度を高めることができるのであろうか，次節で考える。

2．提供するサービス

　従事者がお客様との良い関係性をつくり満足度を高めるには，マニュアルで決められたサービスをするだけでなく，お客様のニーズに合わせたサービスを提供する必要がある。徳江（2013）は，サービスには2種類のサービス，固定

的サービスと応用的サービスがあり，お客様のニーズに合わせたサービスを提供するためには，応用的サービスが重要となることを指摘している。

固定的サービスとは，事前にどのようなサービスをどのように提供するかを決めておき，お客様にサービスをする。つまりマニュアルで決まっているサービスがこれにあたる。これに対して**応用的サービス**とは，個々のお客様がもつ異なったニーズに対応するサービスである。応用的サービスはマニュアルにはないサービスを行うことであり，お客様との相互作用を通してお客様のニーズを探り，そのニーズにあった個別的対応をするサービスである。

たとえば，機内で客室乗務員が食事のサービスをしてくれることはマニュアルで決まっているので，これは固定的サービスである。しかし，食事のサービスをしているときに，あるお客様の夫婦が「30周年の記念に今回旅行に来れてよかったね」と話しているのを小耳にはさみ，「30周年のご結婚記念おめでとうございます。そのような機会に弊社を利用してくださいましてありがとうございます。」といって，あとから，お祝いのメッセージのカードを渡すなどは，応用的サービスであるといえる。

このような応用的サービスを行うことで，その従事者や企業にホスピタリティあふれたサービスをしてくれることに対する信頼感が生まれ，またその従事者にサービスをしてもらいたい，再度その企業を利用しようという気持ちになる。継続して利用することで，お客様にとっては従事者やその企業に対する情報を蓄積することができ，従事者や企業にとってはお客様のニーズを知ることができるため，よりお客様の希望にそったサービスを提供する機会が得られるようになるのである。

第4節　ホスピタリティ・マネジメントと企業が行うべき要件

1．ホスピタリティ・マネジメントとは

人を心から歓待したいと考えている人材がサービスという活動を生産し，提供するという意味でホスピタリティは企業において重要である。したがって，

ホスピタリティ・マネジメントでは，ホスピタリティをもつ人材によって提供される高品質のサービスが生産される過程についての経営と管理を対象としている。

しかし，有償性の経済行為であるサービスの世界に，無償性を本質的特徴とするホスピタリティの原理を無理やりあてはめ，お客様に不満が生じた場合，その原因を従事者のホスピタリティの欠如に求めることもみられるようになってくる（cf. 前田, 2006）と問題である。そうしないために企業は，従事者のホスピタリティを育てる環境づくりを行うことが重要となる。そのためには，従事者を方向づけてサービス・エンカウンター[3]における接点をマネジメントすることが必要であり，それがホスピタリティ・マネジメントである（cf. 徳江, 2013）といえよう。

また従事者がお客様に応用的サービスを行い，ホスピタリティを育てる環境を組織内につくっていくためには，①組織内での情報の蓄積と開示，②充実した教育制度，③エンパワーメントの提供，そして④管理者のリーダーシップのあり方などが重要となる。これらを企業で行っていくことがホスピタリティ・マネジメントであるともいえる。

2．企業が行うべき要件

ここではホスピタリティ・マネジメントとして企業が行うべき要件について明らかにする。

①**情報の蓄積と開示**とは，お客様の家族構成や出身地などの個人的情報や過去に提供したサービスに関する情報が社内に蓄積，管理されていて，それを誰もが見ることができる仕組みを組織が整えていることをさす。応用的サービスを行う際に，過去の似たようなお客様に関する情報を知り，どのようなサービスを行ったらよいのかを事前に決めたり，新たなサービスの提供を企画するときなど，そのための材料となる情報が重要となる。②**充実した教育制度**については，組織が固定的サービスと応用的サービスを行うために必要な研修や教育の機会を，従事者に提供していることをさす。③**エンパワーメントの提供**とは，

従事者1人ひとりが自分の判断でサービスを決めることができるエンパワーメントが与えられているということである。エンパワーメントを与えられている組織では，従事者が応用的サービスを提供する際に，上司の判断を仰ぐことなく自分の判断で提供するサービスを決めることができる。④**上司のリーダーシップ**とは，従事者が応用的サービスを行う際に，それを励まし支援するような適切なリーダーシップの必要性を意味する。

以上のように①情報の蓄積と開示，②充実した教育制度があり（Cohen & Olsen, 2013），③エンパワーメントが与えられ，④上司のリーダーシップのあり方が（Jung & Yoon, 2013 ; Spinalli & Canavos, 2000），従事者のサービスの質，従事者満足度に影響を及ぼし，それが**お客様満足度**に影響を及ぼすことは多くの先行研究から明らかにされている。

3．サービス・プロフィット・チェーン

ホスピタリティ・マネジメントで行うべき要件がそろっていることで，従事者がその職場に満足を感じ，モチベーションがあがり，お客様へのサービスの質が良くなり，お客様が満足する。お客様に満足をしてもらえれば，もう一度行ってみたいと思ってもらえる。それは企業の売り上げと成長，そして利益をあげることにつながるのである。これらの要因について，サッサー，ヘスケット，シュレシンガー，ラブマンとジョーンズ（Sasser, Haskett, Schlesinger, Loveman & Jones, 1994）がまとめている**サービス・プロフィット・チェーン**を用いて考えてみよう。

図表1－2をみてみよう。まず第1にホスピタリティあふれたサービスを行うために必要な情報の蓄積やその開示，適切な教育訓練などホスピタリティ・マネジメントで行うべき要件など（①社内サービスの質）が整っていることで働く人々の満足度（②従事者満足）が高まる。従事者が満足していると企業の定着率があがり（③従事者定着率），生産性も高くなる（④従事者の生産性）。その結果，お客様へ提供するサービスの質があがる（⑤お客様サービスの質）。それはお客様の満足度をあげ（⑥お客様の満足度），お客様がその企業を長く利用しよ

図表1－2　サービス・プロフィット・チェーンの流れ

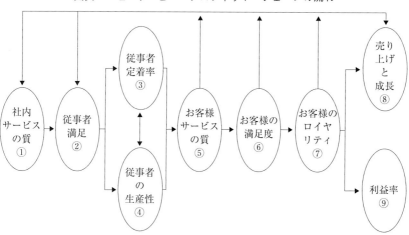

出所：Sasser, Haskett, Schlesinger, Loveman & Jones (1994)，小野 (1994) を一部改編。

うという気持ちであるロイヤリティ（⑦お客様のロイヤリティ）をあげ，最終的にそれはその企業の売り上げと成長（⑧売り上げと成長）につながり，利益率もあがる（⑨利益率）というのである。このチェーンからは，企業が利益率をあげるためには，まずは従事者の満足度をあげ，モチベーションを向上させるホスピタリティ・マネジメントが重要であることがわかる。

4．ホスピタリティ・マネジメントとパーソナリティ

　ホスピタリティ産業においては，ホスピタリティをそれぞれの立場と役割において実践することのできる人間が必要不可欠である（前田，2007）。つまり企業が行うべき要件としてホスピタリティあふれる人材を採用することも重要である。企業で提供するサービスはお客様がお金を払って受け取るものである以上，それは無償の行為であるとされるホスピタリティとは別のものであり，分けて考えるべきであるという考えもある。しかし，相手を思いやる気持ちを日ごろから持っている，つまりホスピタリティあふれた従事者であれば，どのようにしたらお客様が喜ぶのか，歓待の気持ちを表すにはどのようにしたら良い

かなどを考え実行することで、よりお客様の要望にあったサービスを提供できる、つまり応用的サービスを実行できると思われる。ではどのような**パーソナリティ**をもっている従事者がホスピタリティあふれる従事者といえるのであろうか、考えてみよう。

　ホスピタリティあふれる従事者は日ごろからお客様のみならず周りの人に対して歓待の気持ちをもち、それを実行に移せる人であろう。つまり、（1）人の気持ちを理解し、その人の立場に立って考えることのできる**共感性**（empathy）と、（2）人の行動に敏感で、その行動を実際に行うことができる**セルフ・モニタリング**（self-monitoring）が高いというパーソナリティをもっていることが推測できる。そこでさまざまなパーソナリティのなかでも、上記の2つのパーソナリティを取り上げ検討を行いたい。

（1）共感性

　共感性とは、他者がある感情をもっていることに気づき、加えてその感情をあたかも自分自身のもののように感じることである（Buss, 1986）。この共感性は、2つの因子があり、1つ目は相手の感情を理解する傾向である「情緒的共感性」と、2つ目は相手の視点に立ってものごとをとらえることができる「認知的共感性」である。したがって共感性の高い人は、人が困っているのを見たときにはその人がどのような感情をもっているのかを理解することができる。そして、その人の立場に立って、困っている状況を把握できる傾向が強い。たとえば、駅の改札口で地図を片手にどの電車に乗ればいいかを悩んでいる外国人旅行者を見かけたら、あなたはどうするか？　近くに行って彼がどこに行きたいのかを聞き、適切な電車を教えてあげるだろうか。もし、そのような行動をするとすれば、あなたは共感性の高い人であるといえよう。

（2）セルフ・モニタリング

　セルフ・モニタリングとは、人が自分のおかれた状況でどの行動が適切であるか自分のもつ基準に合うように、自分の行動を観察して統制する傾向性のこ

とをいう。スナイダー（Snyder, 1974）が提唱したパーソナリティである。つまり、セルフ・モニタリングの高い人は、人の要望を発見し、その要望に応えるようにその状況において最も適切だと思われる行動をとることができる。

レノックスとウルフ（Lennox & Wolfe, 1984）は、セルフ・モニタリングには2つの因子、「他者の表出行動への感受性（以下、感受性と記す）」と「自己呈示の修正能力（以下、修正能力と記す）」があることを明らかにしている。感受性は、人の感情や行動に敏感で何が適切かをすぐに見つけ出すことに優れている傾向であり、修正能力は人の要望に合わせて、自分の行動を変えることができる傾向性を示す。あなたは久しぶりにあった高校時代の友人と思い出話に花がさいていたとする。ある話題になったときに、その友人の表情や声のトーンからつらそうな気持ちを感じ、その状況で最も適切だと思われる行動をとることができるとすれば、あなたはセルフ・モニタリングの高い人だといえる。

以上のことから、共感性、セルフ・モニタリングが高いというパーソナリティをもっている人はホスピタリティあふれた人であり、従事者として企業が採用すべき人であるといえる。

第5節　ホスピタリティと外国人旅行者

1.「察する」サービスと「聴く」サービス

国際観光において旅行者が行きかう大交流時代を迎えている今、日本において相互交流を通して、多様な価値観を理解し認めあうために、ホスピタリティ産業においてどのようなサービスを行えばよいのであろうか、考えてみたい。

日本においては、お客様のニーズを察し、それを満たすサービスがホスピタリティあふれたサービスであり、お客様満足を促進させるサービスであるといわれている。いわばそれは**「察する」サービス**であり、お客様の立場に立ち、個々のお客様のニーズを先読みし、従事者が考えサービスを提供する、「いわれる前に自分たちで考える」スタイルのサービスである。

しかし、このようなサービスを外国人旅行者に対しても提供することは、ホ

スピタリティあふれたサービスを提供していることになるのであろうか。アトキンソン（cf. 2015）によれば，日本人が良いと思ってきたことを外国人が良いと評価するとは限らない。つまり，「いわれる前に自分たちで考える」スタイルのサービス，「察するサービス」は，同じ価値観をもつ日本人だから成り立っているのではないかというのである。

日本を訪れる外国人旅行者は異なる言語，多様な文化や習慣をもつ。このことは従来の日本人に対して行っているサービスが必ずしも外国人旅行者にとって，最も良いサービスとは限らないということを示している。それではどのようなサービスを提供すればよいのだろうか。

山口・小口（2015）は米国での宿泊施設における対人サービスの検討を行い，「聴く（listen）サービス」の重要性を指摘している。つまり外国人旅行者が何を考え，どういうことを求めているのかをまず「聴き」，サービスを行う必要がある。とりわけ「はっきりと言葉で自己表現をすることが重要である」という考え方をもつ欧米人旅行者に対しては，「聴く」ことで，自身の意見を言葉で表現してもらうこと。これに対して日本人のいわなくてもわかってもらえるという考えは，日本人の特徴的な考え方であることに気づく必要がある（山口，2016）。

異文化コミュニケーションの場合，相互理解の障壁になるものは，語彙や言葉の相違だけでなく，多くの場合それぞれの文化が，人々の行動に対して付与する意味の相違によることが多いといわれている。文化背景が異なることで，相手の行動の原因がわからないことから生じており，相手の行動について誤った原因の帰属をしてしまうことから起こるのである（荒木，2007）。したがってホスピタリティ産業に従事している者は，異文化への理解と異文化コミュニケーションの方法を学ぶことが必要であり，それらを行うことで相互理解の障壁を取り除くことができると思われる。外国人旅行者に対して「聴く」サービスを行い，何を望んでいるのかを聞き理解し，その求めているものを提供することがホスピタリティあふれたサービスを提供することにつながるのである。

2. 外国人旅行者を迎えるために

2015年の「国家ブランド指数(4)」によると，1位は「最先端のアイデア，新しい考え方を生み出すクリエイティブな場所」であり，日本の優れた技術面が認められていることが示されている。それに対して，外国人旅行者を迎えるという面からみてみると，「その国の人を身近な友達に欲しいか」が14位，「歓迎されているか」が13位と総体的に評価が低い（観光庁，2016）。この結果からは，迎える気持ちが外国人旅行者には充分に伝わっていないことが推測できる。

外国人旅行者を迎え，相互理解を深めるために，私たちは外国人旅行者1人ひとりが何を望んでいるのか，まずは「聴く」ことから始めることが必要であろう。ホスピタリティが人を受け入れる精神を表し，その精神から生まれる行為を表していることからも，ホスピタリティ産業に従事している人だけでなく，私たち1人ひとりがホスピタリティをもって行動することが望まれていよう。

【ディスカッションのための問題提起】

1. サービスがもつ特性は，サービスを生産，提供する過程でどのような難しさを生み出しているか，モノと比較して，考えてみよう。
2. 応用的サービスを提供するために，従事者にとって必要な能力や情報は何だろうか。ディスカッションしてみよう。
3. お客様満足度が高いといわれている企業を訪問し，提供されているサービスを経験した上で，お客様満足度が高い理由は何かを考えてみよう。

【注】

(1) 2017年度の調査では，「外国人旅行者に対する国民の姿」についての調査項目はなかった。
(2) 「おもてなし」は「もてなし」の丁寧語であることから，本章では，敬語（接頭語）である「お」を除いた「もてなし」について考える。

(3) サービス・エンカウンターとは，サービス提供の際，そのサービスを提供する企業と顧客との接点になる場面のことをいう（山口，2015）。
(4) 国家ブランド指数とは，アンホルト GfK ローパー国家ブランド指数のことで，サイモン・アンホルトが考案し，米国の調査会社 GfK と共同で毎年実施している国家ブランド評価。インターネットを通じて，各国の「文化」，「国民性」，「観光」，「輸出」，「統治」，「移住・投資」の 6 つの側面に関する質問への回答をまとめ，50 カ国の順位を決定するものである（観光庁，2016）。

【引用文献】

Bardi, J. A. *Hotel from office management*, 3ed. 2003, John Wiley & Sons.

Blois, K. J. "The marketing of services: An approach", *European Marketing Journal*, 1, 1974, p.153.

Buss, A. H. *Social behavior and personality*, Lawrence Erlbaum Associates, 1986（大渕憲一（監訳）『対人行動とパーソナリティ』北大路書房，1991 年）。

Cohen, J. F. & Olsen, K. "The impacts of complementary information technology resources on the service-profit chain and competitive performance of South African hospitality firms", *International Journal of Hospitality Management*, 34, 2013, pp.245-254.

Jung, H. S. & Yoon, H. H. "Do employees' satisfied customers respond with an satisfactory relationship? The effects of employees' satisfaction on customers' satisfaction and loyalty in a family restaurant", *International Journal of Hospitality Management*, 34, 2013, pp.1-8.

Kotler, P., Bowen, J. & Makens, J. *Marketing for hospitality & tourism*, Prentice-Hall, Inc. 1996（ホスピタリティ・ビジネス研究会（訳）『ホスピタリティと観光のマーケティング』東海大学出版会，1997 年）。

Lennox, R. D. & Wolfe, R. N. "Revision of the self-monitoring scale", *Journal of Personality and Social Psychology*, 46, 1984, pp.1349-1364.

Lovelock, C. & Wright L. *Principles of service marketing and management*, Prentice-Hall, 1999（小宮路雅博（監訳）髙畑　泰・藤井大拙（訳）『サービス・マーケティング原理』白桃書房，2002 年）。

Powers, T. *Introduction to the hospitality industry*, John Wiley Sons, 1988

Sasser, W. E. Jr., Heskett, J. L., Schlisinger, L. J., Loveman, G. W. & Jones, T. O. "Putting the service-profit chain to work", *Harverd Business Review*, 1994 March-April（小野譲司（訳）「サービス・プロフィット・チェーンの実践法」『ダイヤモンド・ハーバード・ビジネスレヴュー』ハーバードビジネス，1994 年）。

Snyder, M. "Self-monitoring of expressive behavior", *Journal of Personality and Social*

Psychology, 30, 1974, pp.526-537.

Spinelli, M. A. & Canavos, G. C. "Investigating the relationship between employee satisfaction and guest satisfaction", *Cornell Hotel and Restaurant Administration Quarterly*, December 2000, pp.29-33.

アトキンソン，D.『新・観光立国論』東洋経済新報社，2015 年，pp.103-120。

荒木晶子『文化とコミュニケーション』八代京子・荒木晶子・樋口容規子・山本志都・コミサロフ喜美『異文化コミュニケーションワークブック』三修社，2007 年，pp.32-33。

観光庁『平成 28 年度版　観光白書（概要）』2016 年，p.9。

古閑博美『ホスピタリティ概論』学文社，2003 年。

近藤隆雄『サービス・マーケティング（第 2 版）』生産性出版，2010 年，p.52。

千　宗屋『茶　利休と今をつなぐ』新潮新書，2011 年。

千　宗屋『もしも利休があなたを招いたら—茶の湯に学ぶ"逆説"のもてなし』KADOKAWA，2013 年。

徳江順一郎『ホスピタリティ・マネジメント』同文舘出版，2013 年，pp.135-137。

徳江順一郎「関係性とサービス・ホスピタリティ概念」徳江順一郎（編著）『サービス＆ホスピタリティ・マネジメント』産業能率大学出版部，2011 年，pp.35-53。

新村　出（編）『広辞苑』第四版，岩波書店，1993 年，p.2543。

服部勝人『ホスピタリティ・マネジメント入門』丸善，2004 年，p.17。

平井誠也（編）『思いやりとホスピタリティの心理学』北大路書房，2000 年，p.3。

平野文彦『ホスピタリティ・ビジネスⅡ』税務経理協会，2001 年。

前田　勇『観光とサービスの心理学』学文社，1995 年。

前田　勇「ホスピタリティと観光事業」『観光ホスピタリティ教育』1，2006 年，pp.4-16。

前田　勇『現代観光とホスピタリティ—サービス理論からのアプローチ』学文社，2007 年，p.7, p.29, p.160。

山上　徹『ホスピタリティ・観光産業論』白桃書房，1999 年，p.2。

山口一美『感動経験を創る！　ホスピタリティマネジメント』創成社，2015 年，p.9。

山口一美「国際観光と関わり—対人サービスに焦点をあてて」文教大学国際学部叢書編集委員会『世界と未来への架橋』創成社，2017 年，pp.333-343。

山口一美・小口孝司「リゾートにおける対人サービスが顧客満足，ロイヤリティ行動に及ぼす影響」『日本観光研究学会大会論文集』，2015 年。

【参考文献 URL】

JTB 総合研究所（https://www.tourism.jp/tourism-database/figures/2017/04/wef-competitiveness-report-2017/　2017 年 12 月 28 日閲覧）。

第2章

ホテル・マネジメント

第1節　はじめに

　ホテル・マネジメント（経営）という以上，ホテルを発展・安定，そして継続させなくてはならない。そのためにはその時々の「変化」に対応しなくては成功できない。本章では，19世紀以降のアメリカのホテルが，どのように時代や社会環境に対応してきたかを検証し，そこから日本のホテル産業を俯瞰したい。急騰するインバウンド客特需に触発され「観光立国」を志向する今後の日本のホテル産業の課題について主に宿泊部門を考察していきたい。

第2節　ホテルの役割

1．語源：ホテルの使命とは何か，を語源から探る

　ホテル業の使命とは何であろうか。

　ホテルの語源は，ホスピタリティ（hospitality）にたどり着き，病院（hospital）と同根である。今日，その目的はホテルと病院とでは一見，異なっていても，語源から見る限り，その心構えの根本は変わらない。もてなす対象はホテルでは客人・旅人であり，病院では病人になる。

　それぞれ，歓待する，疲れを癒やす，病気を治す，介護するのである。「ホテルでは癒やされたい」それが，ホテルに求められる本来の使命ではないだろうか。

聖書には，ホスピタリティとその関連語は5カ所も[1]登場するという。さらに，キリスト教以外にも仏教[2]やイスラーム教[3]にも中国の道教[4]にもホスピタリティ精神は存在する。宗旨を問わず，他者をいたわり，歓待することが人間にとって価値ある行為と考えられているからであろう[5]。

全国170軒，客室数約35,000室を営業するAホテル（2017年現在）は，国内最大級のホテルチェーンである。2020年には客室数100,000室を目指しているがこの5年間で顧客満足度を大きく下げた[6]。「ホテルの宿泊料が需要と供給のバランスで決まるのは当然」とする同社M代表の発言はビジネス上では間違ってはいない。しかし，高需要をその都度反映した客室料金設定には「余りに価格変動幅が大きすぎる」「足元を見る」ような料金設定に，利用者の不満が集まっている結果であろう。逆に同調査でトップの座を5年前の前回調査でも獲得したカンデオホテルズの社長は「機能面だけでなく情緒性も求められている」と語る。泊まるだけでは人間は満足しないのである。1923年9月1日の関東大震災時や2011年3月11日の東日本大震災時に見せた帝国ホテルの対応[7]は人々の記憶に確実に残るのである。コトラーの指摘する「売上げの優秀な企業」より，善きことを行う「尊敬できる企業」に評価は移行しているのである[8]。ハード面だけでなく，ホスピタリティ精神を基本にしたソフト面の充実が成功するホテルの条件といえる。

2．観光産業の位置

宿泊業は，旅行業・交通業と共に観光産業の中核をなしている。特にホテルは，宿泊ばかりか，食事・癒し・娯楽・社交性の要素を加えれば，その存在は大きいと考えられる。2008年10月に発足した観光庁は，2030年に年間6,000万人の訪日外国人旅行者数を目標にしている。下図は，その経済効果を試算したものである。今後の日本の成長と雇用の拡大への期待は，観光産業ひいては宿泊業に対して大きいことを示している。

観光産業は，周辺産業を含むと多岐にわたるが，観光客をさらに呼び込むためには，製造業や流通業などの企業や関係省庁・自治体などとの連携が不可欠

図表2-1　訪日外国人旅行者の経済効果その実績と目標

	2007年 (実績)	2015年 (実績)	2020年 (2009年の目標)	2020年 (2016年の目標)	2030年 (2016年の目標)
訪日外客	835万人	1,973万人	2,000万人	4,000万人	6,000万人
外客旅行 消費額	1.5兆円	3.5兆円	4.3兆円	8兆円	15兆円
邦人国内 旅行費	21兆円	20兆4,090億円	記録 不明	21兆円 (過去5年間の平均 から約5%増)	22兆円 (過去5年間の平均 から約10%増)

出所：2007年度実績と2020年の予測値は国土交通省資料による(日本経済新聞2009年7月11日朝刊)。
2015年実績と2020-2030年の目標値は観光統計, 国土交通省, 観光庁による(2017年6月30日)。

である。つまり，日本全体で対処しなければ「観光立国」が実現するのは難しい。

3．宿泊商品の特徴

　宿泊業で提供する商品は「モノ」よりも，主に「おもてなし」という精神である。その「おもてなし」業にはどのような特徴があるのだろうか。サービスに4つの特徴があるとサービスマーケティングで有名なコトラー[9]は述べている。

1. 無 形 性：購入前のサービスは見ること，味わうこと，触れること，聞くことも，匂いさえも嗅ぐことができない。サービスを提供された後には，心のなかの記憶にしか残らない。思い出に残る体験を提供する。無形であるがために，たとえば，施設の清潔さや外観，従業員の外見が有形の証拠の1つになる。
2. 不可分性：サービス提供者と顧客の双方が存在しなくてはならない。それゆえ，マネジャーは従業員と顧客の両者を管理しなくてはならない。
3. 変 動 性：サービスの品質は誰が，いつ，どこで提供するかによって変化しやすく，変動性が高い。そのため，一貫性の欠如や品質の変動性が顧客を失望させる。
4. 消 滅 性：サービスは在庫することができない。

宿泊業をマネジメントの点から見ると、さらに、以下の条件・制約が追加される。

5. 立地条件（場所の制約）：ターミナル駅前・会議場近隣・海山湖に近いリゾートなど、立地によってホテル・宿泊の営業は決定的な影響を受ける。
6. 装置産業（量の制約）：一度建てたホテルは移動できない。収容能力も限定されてしまう。初期投資額が莫大である（その対策として、以下、図表2－2参照）。
7. 労働集約：人的サービスの比重が高い。経費削減の合理化にも限度がある。

図表2－2　ホテル資金調達方法一覧

		メリット	デメリット	対象
Condominium	分譲ホテル	分譲マンションと同じ。オーナーは使用しない時にホテルとして販売し利益を上げられる。開発側は建設投資を早期に回収できる。リゾートホテル向き。	まとまった金額が必要。販売についてホテルとオーナー間でトラブルが起きることがある。	個人・法人
REIT	不動産投資信託	投資家たちは少額から投資できる。	投資のため、収入が不安定	個人・法人
Time Share	タイムシェア	利用希望の期間だけ利用できる。その他の期間は他メンバーにシェアする。別荘よりも実利的。	契約期間は年10日間から2週間。希望が集中した場合は抽選となる。	個人・法人
MC=Management Contract	運営受託方式	資本＝運営＝経営の各専門家が担当するので安定した企業運営となる。投下資金がほとんど不要で、チェーンを拡大できる。高級ホテル向き。	資本＝運営＝経営の三者が友好関係を維持できない場合もある。契約期間は20年が平均的である。	法人
M&A=Mergers & Acquisition	合併と買収	強力なチェーンの構築ができる。	合併・買収先の問題も抱えるリスクがある。	法人

第3節　ホテル産業の歩んできた道

旅行をすれば宿泊と食事の要素は不可欠であり、その旅行が満足できたかどうかは、言い換えれば、どのような宿泊施設に滞在したかによるところが大き

い。この，旅行に重要な影響を与える施設について，この章では，ホテルを軸にその歴史を検証してみる。主に，欧米の歴史，なかでもホテルが「産業」レベルにまで成長した19世紀以降のアメリカは，21世紀の宿泊施設を展望するうえで，示唆を受ける点が多い。

　世界的に宿泊施設がホテル形式に統一される以前，それぞれの国・地域において，たとえば，日本の「旅館」，イギリスの「イン (inn)」，スペインの「パラドール (parador)」[10]，ポルトガルの「ポザーダ (pousadas)」[11]が存在し，そして現在なお，宿泊産業のなかで一定のシェアを占めている。しかし，ホテル・マネジメントのレベルで見るためにはアメリカの歴史が大いに参考になるだろう。なぜなら，他産業と同様に，ホテル産業においてもアメリカで生まれた新しい概念・アイディアは，数年後，他の国々に模倣されたからである。

1．欧米の場合[12]

産業革命（1770年）以降

　18世紀半ばから，イギリス富裕層の子弟が社会見聞を広めるべく，学業終了時にフランス・イタリア・スイス・ドイツを旅行した。この旅行を「グランドツアー (the grand tour)」と呼び，期間が数カ月から，なかには数年間にわたって旅行する者まで現れ，施設やサービスを向上させる要因になった。

　産業革命によって蒸気機関車・蒸気船が誕生し，人々の旅行・行動範囲は格段に広がり，宿場町は商業都市に変貌して行った。その都市部に大きな「inn」が出現し，やがて「ホテル (hotel)」と呼ばれるようになった。最初のホテルはフランス・カレー市[13]に誕生した。グランドツアーでイギリスの若者が，海外旅行の最初のスタートを切ったのは，英仏間でたび重なる戦渦にまみれたこの都市であった。

　1789年のフランス革命を経て，王侯・貴族の社交場としてグランドホテルと呼ばれる高級ホテルが出現する。その代表的ホテルであるホテル・リッツ (The Ritz Hotel) の経営・運営にかかわったのが，セザール・リッツ (Cesar Ritz, 1850～1918) と料理人ジョルジュ・A・エスコフィエ (Georges Auguste

Escoffier, 1684～1935) である。2人は徹底した顧客サービスを追求した結果, パリ・ロンドン・マドリッド・リスボンと拡大し, 最初のホテルチェーンとなった。

またイタリアのフニクラ (funiculars) という山岳ケーブル鉄道の開通など, めざましい交通機関の発展によりリゾートホテルも出現した。第1次世界大戦 (1914～1918) 以降, ヨーロッパからアメリカに経済の中心が移行するに従い, ホテルのすう勢もアメリカ主導に移り変わっていった。

アメリカ

独立後 (1776) しばらくはヨーロッパ並みに豪華な The City Hotel (ニューヨーク, 1794年創業, 73室) のようなホテルが主流であった。1829年には The Tremont House (ボストン, 170室) が誕生した。フランス料理の提供, 鍵つき個室, 無料の石けんなどが装備され「近代ホテル産業の祖」と呼ばれ, 65年間営業した。1893年には現在も営業している Waldorf Astoria Hotel (ニューヨーク) も開業した。

その後も, より大きく, より豪華なホテルの建設ブームが続いた。しかし, 19世紀の終わりになると, 人々の多くはこれらの豪華ホテルはあまりに高額すぎる, 反対に小ホテルはサービス不足であり, かつ清潔さに欠けると思い始めていた。

世界経済の中心となったアメリカは, 活発な経済活動のおかげでビジネス客の往来が頻繁となり, 必然的に安価で, 清潔で, 安心できるホテルが求められるようになっていた。ちょうどヘンリー・フォード (Henry Ford) が大衆車を発売したように, ホテル業界でもエルスウォス・スタットラー (Ellsworth Statler, 1863～1928) がその要望に応えた。当時のキャッチフレーズは「1ドル半で浴室つきホテル (A Room and a Bath for a Dollar and a Half)」だった。安価でありながら防火扉, 全室浴室つき, ドアノブの上に鍵穴, ドア近くの室内ライトスイッチ, 無料の新聞など, 現代のホテル建築様式やサービスのすべてがこの Baffalo Statler (1908年1月18日創業) から始まった。彼は, 多くのホテ

ルが倒産した 1929 年の「世界大恐慌」やその後の 10 年間にわたる不況にも耐え，のちに 3 大ホテルチェーン（他にヒルトンとシェラトン）の 1 つになるほどにチェーン化を進めた。

1940 年代：
　第 2 次世界大戦の勃発は，数百万人のアメリカ人の大移動を生じさせた。そのためホテルは常に満室，顧客がロビーで寝起きせざるを得ない状況や，ホテル従業員不足を招いたが，このピンチは，疑いもなくホテル産業に大きな変化を与えた。なぜなら，押し寄せる顧客に対して，未熟なホテル従業員で対応しなくてはならなかったにも関わらず，快適なサービスを提供できたからである。ホテル業界もホスピタリティ産業の一員と認められる契機となった。

1950 年代：
　1952 年 10 月 27 日に開業した The Los Angeles Statler Hotel は，建物の 1 棟丸ごと貸事務所にし，その収入によりホテルの財政を安定化させる方策を採った。この画期的なホテルは後のホテルの模範となった[14]。この年代を最も特徴付けるのは，モーテル（motel）・モーターホテル（motor hotel）[15] の出現である。アイゼンハワー大統領の指導のもと，1957 年，州間高速道路網の建設が始まった（1991 年完成）。この高速道路の発達のおかげで，それまで商用客が主体であった旅行に，新たに家族客が加わることになった。この頃から，1 年を通じて利用できる年間型リゾートホテルが成功し始めるのは，この家族客を取り込んだおかげである。ディズニーランドのテーマパークのほかに，ケンタッキーフライドチキン・マクドナルド・ダンキンドーナッツ・ドミノピザ等のファストフードが出現し，成功を収め始めるのもこの車社会化（motorization）時代からである。1950 年代の初め，50 部屋程度であったモーテルは，1960 年代には 80〜100 部屋規模になり，次第にホテル規模に接近してきた。1952 年にホリデイインの第 1 号店がメンフィスに誕生し，1962 年には 400 店を誕生させた。ホテルとモーテルの差が不鮮明になり「アメリカ・ホテル協会」も「ア

メリカ・ホテル&モーテル協会」に名称変更を余儀なくされた。アメリカ経済が空前の繁栄をみた時代であった。

1960年代：

この年代は「フランチャイズの黄金時代」と呼ばれる。フランチャイズによるホテルチェーンが発足した当初は，全米のホテル室数の2％にすぎなかったが，1987年に62％，1990年代に入ると年約8％ずつ増大し続け2001年では78％に達した。このホテルチェーン急増の理由は，まずスケールメリットによって能率的・効率的経営が可能になったからであるが，そのメリットを整理すると以下の点があげられる。①大量買付けによる低コストの実現，②人材の確保，③マスメディア媒体を使用した宣伝広告が可能，④コンピューターによる予約の集中化，⑤資金調達が容易，⑥集中会計・リサーチ調査・開発・不動産開発が容易。

1954年にStatlerから営業権を譲渡されたヒルトンホテルは運営受託方式（Management Contracts）を採用し，一方，ホリデイインはフランチャイズ方式とその方式は異なっていても，アメリカで発展したホテルチェーンは，いまや全世界に拡大している[16]。その結果，チェーンに加盟していない独立系小型ホテルは，このチェーンホテルとモーテル，モーターホテルの双方から打撃を受けることになった。また，サービスのよさを誇っていた独立系のホテルも，チェーンの傘下に加わり始め，チェーンホテルに対抗して独立系ホテルもリファーラル（Referral＝互助協会）方式によるチェーンを作った[17]。

1960年代以降の時代のキーワードは，このフランチャイズ（Franchising）に加え，管理運営受託方式，分譲ホテル（Condominium），タイムシェア（Time Share）である。

分譲ホテルとは，1957年にスペインで出現した，ホテルの1室を分譲する形式である。開発側からすると，初期投資を早期に回収できるメリットがある。所有者が利用しない期間は，運営会社がホテルとして宿泊客を受け付け，宿泊収入が所有者に還元される方式。施設・サービスは一般のホテルとなんら変わ

りはない[18]ため，一般ホテルの競争相手になっている。ハワイ・マウイ島では島内の宿泊施設の50％を占めるまでに至っている。リゾート地から始まったこの方式は，現在では，都市のホテルでも例が見られるようになった。

リゾートホテルは，鉄道・航空業の発展とともに増加し，当初は夏季，冬季限定であったものが年間型に変わることができた。その代表がラスベガス (Las Vegas) であり，当初のギャンブル目的から年間型の家族リゾート地に転身し，いまも成長し続けている。さらに，この1960年代になると，急に「健康志向」それもダイエット志向が高まり，スポーツやレジャーを楽しめるリゾート地が栄えた。また，学会・研修・会議などの「大会」の場所として，リゾート地が季節や場所柄から選ばれるようになった。いわゆるMICE[19]市場である。

1970年代：

しかし，1970年半ば，多くの分譲ホテルが破産した結果，タイムシェア方式が始まった。日本では会員制ホテルと呼ばれることが多い，この方式も，リゾート地に増大した。1980年の半ばにはMariottが参入し，それ以降はHilton, Intercontinentalなど大手ホテルチェーンも次々に参入してきた。

1970～1980年代は「合併と買収 (Mergers and Acquisitions = M&A)」時代を招来した。

1980～1990年代：

この年代は「多様化と世界規模化（グローバリゼーション，Globalization）」の時代である。1980年代まで，ホテルを分類するとせいぜい4種類（高級ホテル，コマーシャルホテル＝和製英語ではビジネスホテル，リゾートホテル，モーテル）しかなかった。しかし，その後は限定サービスホテル，全館スイートホテル，ブティックホテル等々多様化した。

そして，Mariott[20]の会長が「今後のわが社の目指すところは『グローバル (global)』である」と発言したように，多くのホテルチェーンがグローバル化を目指した。第2次世界大戦後，航空産業の発達によって旅行者は世界中を自

由に移動することが可能になり，パンアメリカン航空が「インターコンチネンタルホテルズ」を世界各地に建設し，その後，航空会社以外にもHiltonをはじめとする国際的なホテルチェーンが進出した。この傾向が1980～90年代にかけて爆発的に拡大し，文字通り世界規模の企業となったのである。このような米国で生まれた新しい概念・アイディアは，数年後，他の国々に模倣された。

2．日本の場合

　宿泊と飲食を提供する場所としての旅籠屋・木賃宿・宿坊・本陣・脇本陣・茶屋本陣は江戸時代以降発生したといわれる。その後，明治になり清水組（現，清水建設）が外国人専用に建てた本格的ホテルが，東京築地の「築地ホテル館」（1867年）だった。

　1890年には国の迎賓館として「帝国ホテル」が開業し，以降少数のグランドホテルやリゾートホテルも建築されたが，外国人と一部上流階級のみを対象としていたに過ぎず，本格的なホテル産業としての発展は，東京オリンピック以降まで待たねばならなかった。

　1964年東京オリンピック，1970年大阪の万国博覧会，1971年札幌冬季オリンピックなど国際的イベントを契機に，ホテル建設ブームが起きた。東海道新幹線・東名高速道路の開通，ジャンボ機の就航と交通機関の大型化・スピード化が進み，ホテル建設に拍車がかかった。ホテル利用客も国民所得増大・余暇時間増加の影響から一般庶民まで拡大した。ビジネスホテル（和製英語）のような低価格施設も出現した。

　その後，異業種のホテル産業への参入，リゾート開発[21]，大型地域開発[22]，外資系ホテルの日本進出[23]などさまざまな時代の変遷や多様化をへて順調に発展している。2017年現在，1964年東京オリンピック時のホテルは258軒だったのに対して約40倍の10,000軒に増大している。

ブライダル

　海外のホテルと比較して，日本のホテルは宿泊，レストラン，宴会の3部門

に分け，それぞれ3分の1の売上げ構成とする点に特色がある。さらには，一般宴会とブライダルを分け，4部門売上げ構成比も4分の1とする考え方もある。レストラン，宴会部門は料飲部門の比重が大きく，原材料費がかかるため，利益率が低くなる。とりわけブライダル部門は，原材料費に加え衣装，美容着付け，写真，花などのパートナー会社への支払い歩合が通常売上げの60～70％に設定される[24]。また，最近のデータはブライダル市場に悲観的なものばかりである。つまり，結婚人口の減少，結婚しない生き方，価値観の多様化，結婚を不自由と考える女性の増加など結婚に対する否定的意見増大，結婚披露宴実施率の低下，結婚披露宴単価減少，格差社会の増大から経済的に結婚できない男性の増加など。そのような状況下，ブライダル部門を手放さないホテルがまだ存在する理由はどこにあるのだろうか。ホテルは**生涯ビジネス**といわれている。結納・挙式・結婚披露宴，結婚記念日，誕生日，入学進学，成人式。人生の節目節目に立ち会える。顧客関係管理（**CRM** = Customer Relationship

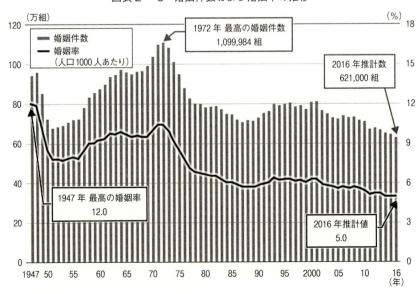

図表2－3　婚姻件数および婚姻率の推移

出所：https://www.nippon.com/ja/features/h00160/

Management）を確立して顧客ロイヤルティを形成できるのである。前述のおもてなしの特色として「無形性」をあげたが，目に見えないからこそ記憶に残る貴重な体験を利用者とホテルは共有するのである。

第4節　観光立国と今後の日本のホテル産業の課題

　アメリカのホテル経営の歴史と同様に，日本でもホテル産業は，チェーン化の手法や運営技術の革新，新業態の開発などにより発展・多様化している。この節では，今後の「日本のホテル産業の課題」を考えてみたい。

1．国策としての「観光立国」

　昭和初期，政府は外国人観光客誘致政策を掲げ，リゾートホテルへの長期低金利融資を実施し，国内のリゾートホテルは増大した。しかしながら，第2次世界大戦により衰退し，その後は敗戦直後以外には見直す期間もなかった。そうした空白期間をおいて2003年，当時の小泉首相が「観光立国」を掲げた。「yokoso japan」の標語のもと，2010年までに訪日外国人観光客を1,000万人とする目標とし，2008年には「観光庁」も新設された。しかし，アジア，特に中国を主体にした訪日客が急騰した結果，2013年には訪日外国人観光客数が1,000万人の大台を超え，当初2020年の目標であった2,000万人も，2016年に2,400万人と早くも超えてしまっている。そのため訪日外国人客数を2020年4,000万人，2030年6,000万人と，意欲的な上昇目標値に急遽変更した。それにより，訪日外国人観光客数が2015年はじめて出国邦人客数を超え，永年のアンバランスな状態を脱却できた。

　この急増する訪日外国人客に対し，平成18年12月に成立した「観光立国推進基本法」を起因として観光関連の法整備の動きが進んだ。旅館業法改正，民泊新法，IR推進法である。

明日の日本を支える観光ビジョン

　この「観光立国推進基本法」を支える「観光立国のビジョン[25]」から懸念されることをホテル産業からみてみる。同ビジョンは，観光立国への「3つの視点」と「10の改革」で構成され，特に視点2では「観光産業を革新し，国際競争力を高め，我が国の基幹産業に」するべく「古い規制を革新し，生産性を大切にする観光産業へ」とある。

民　泊

　ここでいう古い規制とは旅館業法を指すが，同法は1948年に施行され，宿泊業をホテル・旅館業・簡易宿所・下宿の4営業に分類していた。そこに2014年，この4営業業態では分類できない「一般住宅に宿泊客を受け入れる」Airbnb[26]のシステム（民泊）が日本に上陸した。見直しを余儀なくされた政府は，2017年6月に旅館業法の改正と民泊の法制化を整備推進した。その要点は，①旅館とホテルの営業種別を統合し一本化する，②客室数の規制を撤廃する，③トイレ・入浴設備・洗面設備の規制を緩和または撤廃する，④帳場の長さ1.8m以上等の数値規制を撤廃する，⑤本人確認や，善良の風俗保持のための出入りの確認など，対面でのコミュニケーションを代替するICTの活用によって適用を除外するなど，根本的な見直しを図った。また一方では，いわゆるヤミ民泊の取り締まりを目的とした「住宅宿泊事業法」が成立し，2018年6月に施行される。

　同法の施行前ではあるが，民泊利用者像について，2017年7〜9月期の訪日外国人消費行動調査集計表で初めて公表され，「トピックス分析[27]」として観光庁から以下のように報告されている。

* 観光・レジャー目的の訪日外国人旅行者の14.9％が「有償での住宅宿泊（主に民泊）」を利用。
* 国籍別ではシンガポール・フランス・インドネシア・オーストラリアの順に多い[28]。
* 利用者層は，20代以下の若年層，同行者は家族・親戚・友人が多く，往

復交通手段はLCC利用者が「有償での住宅宿泊」の非利用者より多い。
＊旅行中の目的として，繁華街の街歩き，テーマパーク，日本のポップカルチャーを楽しむことをあげた人たちが非利用者より多い。

この報告は，2017年7〜9月期の短期間かつ速報値と限定的ではあるものの，「訪日外国人客はホテル利用が75.1％と圧倒的であるが，2位の旅館利用の18.2％に続き，有償での住宅宿泊（主に民泊）利用が12.4％に達した。訪日外国人旅行者の約7人に1人は日本滞在中1泊は民泊を利用している。旅館の利用が約5人に1人であることから考えると，民泊が既に一定のシェアを獲得している」実態が浮き彫りになった。上記の特色以外にも，宿泊料金の差はあるが，その他の飲食費・交通費・娯楽サービス費などの旅行支出はさほど遜色ない。1人当たりの旅行支出額は，民泊利用者が14.56（万円／人）であるのに対し，非利用者が15.57（同）とやや民泊利用者は低いが，その構成比を見てみると，飲食費・交通費・買い物代は逆に非利用者の方が低い。つまり，宿泊代以外はケチらない都市型観光の若い世代が民泊利用者像といえる。観光庁の田村明比古長官（2017年当時）は「既存の宿泊業が対応できていなかったニーズに民泊がはまり，シェアを広げている」と指摘した。2017年の訪日外国人旅行者数を年間2,800万人と仮定し，今回の利用率を当てはめると，民泊の実宿泊者数は350万人と推測できる[29]。従来のホテル旅館利用者とは異なる，あるいは，棲み分けするこの新しい層に対し対策を講じなければならないのは，以下にあげるMICE需要やIR内のホテル需要，IT技術活用と同様である。

ただし，民泊の導入に対して，懸念を表明する人も多い。たとえば，民泊利用者と住宅および周辺住民間の騒音問題，ゴミ問題，犯罪の温床，風紀の乱れなどのトラブル，訪日外国人民泊利用者とオーナーとのトラブル，宿泊者が新法による年180日制限など設定条件を守らない場合の罰則などその執行は誰がいつどのように行うのか，監視要員は確保できるのか，マンション内規で不認可にするしか対抗処置はないのか，地域への配慮はどのように解決していくのか等である。さらに，宿泊業者側からは，諸外国の例を出してホテル（および旅館）営業が衰退する原因になるのではと心配する声もある。法整備後は，そ

の運営監視システムの維持・整備も重要である。民泊は一般住居に宿泊することで訪問国を直接理解でき，現地の人々と交流できるという魅力は20代若年層だけに限らない。今後，1つのカテゴリーとして定着するのではないかと推測できる。従来のシティホテルか，ビジネスホテルか，旅館かの選択肢に加えて一般住居に宿泊する，という新しい選択肢が出現したといえる。

宿泊に限らず，シェアリングエコノミー[30]は駐車場，会議室，農地，タクシー，自転車，ライドシェア（相乗り），フリーマーケット，レンタルなどスペース・モノ・移動・スキル・お金の分野で裾野は広がっており，その市場規模は1兆1,812億円といわれ，世界的潮流に乗っている。

IR

平成11年当時の石原東京都知事が提案をした「お台場カジノ構想」を端緒として，正式名称「特定複合観光施設区域の整備の推進に関する法律案」（略称IR推進法，通称カジノ法）が2017年12月26日に公布された。

IRはIntegrated Resortの略であり「統合型リゾート」と訳される。この法律案の目的は「観光及び地域経済の振興」と「財政の改善」を「総合的かつ集中的に行なう」こととしている[31]。民営カジノを中心として，ホテル，国際会議場，国際展示場，エンターテイメント施設等が一体的に整備・運営される。IRのビジネスモデルは「ビジネストラベル向け」と「ファミリー向け」の2種類がある。もともと日本は巨大MICE施設が少なく，欧米はもとよりシンガポール，上海，韓国などのアジア諸国都市の後塵を拝している[32]。「ビジネストラベル向き」は，採算の取りにくい巨大MICE施設にカジノを併設して運営する案。ビジネストラベル向けにはMICEの施設が不可欠である。一方の「ファミリー向け」は米国のラスベガスでイメージできる。遊園地，水族館，ショッピングモールといったテーマパークで観光客を呼びこむ案である。

目的の1つである「財政の改善」は，建設による経済波及効果として各調査期間の差異はあるが最大5兆500億円，運営による波及効果の最大値は1兆9,800億円と莫大である[33]。東京オリンピック・パラリンピック後に懸念され

る経済停滞を打破する役割が期待される所以である。ただし，施設面だけでなく運営する人材の育成確保などソフト面の充実が求められる。

　雑誌『時の法令』によると，IR実現には，今後，規制基準や犯罪防止案，ギャンブル依存症対策などを盛り込んだ実施法案も策定が必要であり，少なくとも4～5年先となる。また，カジノは報道各社による世論調査の結果からもわかるとおり，必ずしも国民的な賛同を得られたわけではない[34]。懸念事項として，①ギャンブル依存症への対応策，②反社会的勢力への対策，③マネーロンダリングなどの犯罪対策などの規制をどのように策定するかがIR運営上，今後の課題として残る。

　カジノは運営者（オペレーター）が最も利潤を上げるシステムであるが，そのノウハウは外資系運営会社が握っており日本勢が勝ち組になる余地は少ないともいわれている[35]。ちなみに，公営の競馬，競輪，競艇，オートレース，「ギャンブルではない，遊戯である」パチンコなどがすでに存在するわが国では，ギャンブル等依存症の疑われる者の割合が欧米に比較して2～3倍高い。また，「米国ニュージャージー州は人口減少や高齢化が課題となるなか，1977年に観光地としての再開発を目的としてカジノを合法化した。近年は競争激化等の影響を受けて収益が悪化し，ホテルの閉鎖が相次いでいる」[36]という。カジノは時代遅れ，すでに過当競争だとの声もある。日本のターゲットは中国の富裕層と思われるが「観光および地域経済の振興」と「財政の改善」を「総合的かつ集中的に行う」ことを目指しての実効性があるかどうか注視しなければならない。

　以下の図表2－4はシンガポールのIRの例。リゾート・ワールド・セントーサ。

　訪日外国人観光客数と消費額は，前述のとおり増加傾向にある。しかし，外国人が占める割合はまだそれほど大きくない。外国人旅行者の消費額（2016年は3兆7,476億円）に比べ，日本人の国内旅行消費額（同年20兆9,547億円）の方が5.6倍もあり，外国人旅行消費だけでは，政府の目指す国内観光市場の拡大は難しいのではないかと指摘[37]もある。インバウンド特需に浮かれることなく，地道な地域活性化が長期的には訪日観光客を増大，定着，リピーター化させ，その結果として真の「観光立国」を実現させると考える。

図表2−4

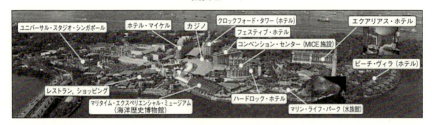

出所：「諸外国におけるIRについて」首相官邸HPより，2017年3月。

2．人口の高齢化と少子化，バリアフリーの課題

　65歳以上の高齢者は2000年には人口比17.3％だったが，2016年には人口の27.09％に達している[38]。このような長寿化は，1960年代を境にして顕在化している。2016年の男女平均では65歳から20年近く余命がある。つまり，元気で自由闊達な生活が可能な「健康寿命」が7年もあることになる。あまりに急速なこの高齢化は「定年後をいかに過ごすべきか」を見渡した人生設計がない状況を生み出している。高齢者が，社会の「従属人口」ではなく，自立し，誇りをもって生きられる環境の整備が必要ではないか。また，ホテル利用者として考えるだけでなく，高齢者が働く場所を確保するのも1つの方策である。一方の少子化の問題も，利用者確保と共に労働力不足が課題である。

　日本の人口のうち障害者数は860.2万人で7.17％である（平成28年度版障害者白書）[39]。誰もがバリアー（障害）のない環境で，安全で自由に旅行できる権利を有している。高齢者・身障者に対してこのようなバリアフリーな環境を整備することは，政府施策「明日の日本を支える観光ビジョン」，「すべての旅行者が，ストレスなく快適に観光を満喫できる環境に」に通底する。誰でも一人歩きできる環境の実現やオリンピック，パラリンピックに向けたユニバーサルデザインの推進が求められる所以でもある。新しい顧客・マーケット創出と考えるべきだろう。すべての人間に行動の自由を確保すること，そこには偏見という差別を無くす意味が込められている。それはホテルの社会的使命でもある[40]。すでに欧米ではTourism for All（すべての人々に開かれたツーリズム）の

考え方が広く浸透しているのである。

3．環境衛生問題

　地球環境保全の意識はいまや全世界的に高揚している。もっとも「豪華・ぜいたく・余裕・ゆとり・快適さ」を旨とするホテルの基本姿勢とは相容れない部分も存在することは事実である。しかしながら，基本的に大量の資源を消費するホテル業も「企業の社会的責任（CSR＝Corporate Social Responsibility）」は免れない。①ゴミ問題，②エネルギー消費問題，③衛生問題，④感染症対策が課題となっている。

4．IT技術の向上

　人件費率が高いホテル業では，従来，対策として固定費から変動費への移行つまり雇用形態を見直すことが常であったが，IT技術の急速な向上からロボット活用も目前の課題となっている。2015年，長崎のハウステンボスで開業した，さまざまなロボットが活躍する話題の「変なホテル」は，すでに3軒開業している（2017年現在）。人件費は従来の1／3で抑えられているという。他業種と同様，ロボット活用は看過できない課題となっている。IT技術を活用すれば多言語対応の接客やキャッシュレス環境の整備は容易であり，サービスレベルは向上する。

5．人材の確保と職業能力評価基準

　ホテル業の特徴は，労働集約型である。人件費が全体の支出に占める割合が非常に高いことを意味する。しかし，だからといって製造業のような徹底した機械化・合理化は，ホテル業では難しい。人を介するサービスの軽減は，サービス低下に連動しがちであるからである。効率的な経営を目指すためには経費の削減が求められるものの，あくまでもサービス低下を生じさせない工夫や努力が必要である。また，少子化による労働力不足問題も迫っており，そのためにも業界の地位向上，労働環境の向上が求められる。

前述のとおり，今後グローバリゼーションはますます加速化し，従来以上に外客接遇の機会は多くなる。顧客も従業員も外国人が増加する予測は，充分信憑性をおびている。したがって，外客接遇ができるよう従業員レベルを向上させなければならない。また，人件費削減の方法として，正社員以外にもパートタイマー・契約社員・業務委託など多様な雇用形態の採用が最早やむを得ぬ方策である以上，サービスの品質維持・向上のためには，日本人でも外国人でも，どの職場に，どのような能力が必要であるかとの基準を明確にしなくてはならない。

　現在，ホテル・マネジメントに従事するための特別な資格認定試験はない。しかし，今後はホテル全職場における**職業能力評価基準**の導入が必要である。ホテル・マネジメント技能管理士（仮称）国家検定試験が「NPO法人・シニアマイスターネットワーク」により企図され2018年には始動予定であり，ホテル・マネジメントに関する職業能力評価基準の策定を目標にしている。他方，ホテル・レストランサービス基準としての国家試験は，すでにHRS（日本ホテルレストランサービス技能協会）が2008年以降実施し実績を上げている。

【ディスカッションのための問題提起】
1．初期投資が莫大である課題をホテル・マネジメントとしては，どのように解決しますか。「図表2－2　ホテル資金調達方法一覧」を参考に考えなさい。
2．民泊に代表されるシェアリングエコノミーの魅力は何でしょうか。今後の展望をどのように考えますか。
3．カジノは有効な観光政策か，時代遅れの観光政策か，どちらだと思いますか。

【注】
（1）小関博美『ホスピタリティ概論』学文社，2003年，p.17「ローマの信徒への手紙」12：13「手厚く（旅）人をもてなしなさい」フランシスコ会聖書研究所訳注。「ヘブライ人への手紙」13：2「ペトロの手紙」4：9「テモテへの手紙」3：2「テトスへの手紙」1：8。

（2）前田勇『現代観光とホスピタリティ，サービス理論からのアプローチ』学文社，2007年，p.3，仏教における"いたわりの実践"についての教え。
（3）上掲書 pp.4-5，Diyafa。
（4）中国では「仁愛」と訳される。
（5）上掲書，p.6。
（6）日経ビジネス『後悔しない航空＆ホテル，5000人満足度ランキング』2017.10.23「ビジネスホテル編」35社中35位。一方『週刊ダイヤモンド』2017.11.04号の特集「10,000人が選んだベストホテル＆エアライン」では立地条件・予約・チェックインの項目からビジネスホテル部門の第1位となっているが，サービスの評価は得られていない。
（7）1923年の関東大震災時には，各国大使館，新聞社に全館開放して全世界にニュース発信した。2011年の東日本大震災時には約2,000人の帰宅難民を収容した。
（8）コトラー著，恩蔵直人監訳『社会的責任のマーケティング』東洋経済新報社，2007年。
（9）Kotler, *Marketing for Hospitality and Tourism*（コトラー著，平林祥訳『コトラーのホスピタリティ＆ツーリズム・マーケティング　第3版』ピアソン・エデュケーション，2003年，pp.26-30）。
（10）パラドール：歴史的建造物である古城や宮殿，修道院といった文化財を国家で買い受けあるいは借り受けて修復を施したホテルなど3タイプある。75カ所あまり。1928年，観光大臣インクラン侯爵の発案により開業（稲垣勉『ホテル用語辞典』トラベルジャーナル，1992年，p.152）。
（11）ポザーダ：ポルトガルに41ヵ所を数える国営のホテルチェーン。歴史的建造物，修道院，古城，要塞などを保存，改築したものから家庭的なものなど4カテゴリーがある。1940年代スペインのパラドールに範を求めた（稲垣勉『ホテル用語辞典』トラベルジャーナル，1992年，p.182）。
（12）参考文献：Gerald W. Lattin, *The lodging and food service industry*, Fifth Edition, Educational Institute of the American Hotel & Lodging Association, 2001, pp.45-115.
（13）Dessiens's Hotel。
（14）日本でも帝国ホテル東京，パレスホテル東京，ニューオータニ等で採用されている。
（15）主要道路沿いに立地。モーテルは平屋，モーターホテルは中層以上でモーテルよりもサービス・施設水準は高い。ただし，高級志向から低価格までその分化が著しい。
（16）Steigenberger（ドイツ），Oberoi（インド），Accor（フランス），DusitThani（タイ）等多数。
（17）フランチャイズは，本部が1地域における独占的営業権を与え，加盟者は，本部

のノウハウ，ブランドでホテル経営を行う方式。運営受託方式は，ホテル施設の運営のみホテル企業が受託する契約（稲垣勉『ホテル用語辞典』参考）。最近は資本・経営・運営が分化している。一方の独立系ホテルのチェーンとして，リファーラル方式（例としては BestWestern）とコンソシアム（consortium）方式（例，LHW）がある。

(18) 稲垣勉『ホテル用語辞典』トラベルジャーナル，1992 年，p.185。
(19) M=Meeting, I=Incentive Travel, C=Congress, E=Exhibition/Event の頭文字。
(20) J. Willard Mariott, Jr., Chairman & CEO, Mariott International, *Mariott Annual Report*, 1996, 前出 Gerald W. Lattin, *The lodging and food service industry*, Fifth Edition, Educational Institute of the American Hotel & Lodging Association, 2001, p.113 より引用。
(21) 総合保養地域整備法（通称，リゾート法）1987 年公布，施行。
(22) ウォーターフロント：幕張新都心・横浜みなとみらい21・東京隅田川沿岸。また，恵比寿，六本木，ミッドタウンなど。
(23) フォーシーズンズ，リッツカールトン，マリオットなど。特にマンダリンオリエンタル（2006.11），シャングリラ，ペニンシュラ（2007）の香港御三家は 2007 年問題として注目を浴びた。
(24) 仲谷秀一他『ホテルビジネスブック』中央経済社，2008 年，pp.60-61。
(25) 観光庁「明日の日本を支える観光ビジョン―世界が訪れたくなる日本へ―施策概要」2016.3.30 策定。
(26) 2008 年，米国で創業。日本経済新聞 11 月 28 日朝刊記事によると「2017 年現在，日本国内登録数 56000 室。利用者数は年間 5000 人に上る。2016 年度の経済効果は 9200 億円と対前年比で 8 割増。」
(27) 「訪日外国人消費動向調査」平成 29 年 7－9 月期　訪日外国人旅行者の宿泊施設利用動向　平成 29 年 11 月 15 日，観光庁発表。
(28) 中国は訪日外客のトップ国であるが，15 カ国中 13 位と低いのは未だ個人旅行者が多くないことに原因があると思われる。
(29) 「週刊・観光経済新聞」2017 年 11 月 25 日。
(30) シェアリングエコノミー（共有型経済）：使っていないものや場所，技能，時間を有償で互いに貸し借り・売買する。
(31) 平成 25 年 12 月 5 日，衆議院に提出された旧法案に記載された法律案提出理由。
(32) ICCA（国際会議協会）2016 年 1－12 月期。JNTO 発表，平成 29 年 5 月 19 日。
(33) 首相官邸 HP「IR の設置根拠」，平成 29 年 7 月 31 日。
(34) 『時の法令』2017.4.15, 法令解説「IR 推進法の制定」。
2013 年男女平均 4.8％，男 8.7％女 1.8％，2017 年男女平均 2.7％，男 4.3％女 1.1％。ギャンブル依存症者数が最低国のドイツでは 2009 年 0.2％～最高国のオーストラ

リアでは 2001 年男 2.4％女 1.7％。この点は上記官邸 HP でも報告されている。同資料によると，すでにカジノ解禁したシンガポール（2005 年解禁）の病的賭博（ギャンブル等依存症）者の割合は，2008 〜 2014 年の傾向値では欧米並みに低下しているが，隣国の韓国（1967 年外国人専用カジノ解禁，2000 年には韓国人も入れる江原ランド開業）では，2008 年の 9.5％から減少はしているものの 2014 年では 5.4％と，やはり欧米の 2 〜 3 倍の数値を示している。

(35) 雑誌『エコノミスト』2017.1.10 の p.20,「カジノ法成立・新市場に早くも皮算用，米系企業（米ラスベガスサンズコーポレーションズや米 MGM リゾーツ・インターナショナルなど）の独占も」。雑誌『金融財政事情』2016.12.19 特集「動き出す IR ＆カジノ」。
(36) 前掲 (33) に同じ。首相官邸 HP「IR の設置根拠」平成 29 年 7 月 31 日。
(37) 『日本経済新聞』「やさしい経済学③」山田桂一郎氏，2017 年 9 月 15 日朝刊。
(38) 平成 27 年国勢調査の確定人口に基づき，平成 27 年 10 月 1 日以降の人口を再計算した改定値。
(39) 障害者内訳は，身体障害者 393 万人，知的障害者 74 万 1 千人，精神障害者 392 万 4 千人。
(40) 新宿の京王プラザホテルは，ホテルの義務である 50 部屋以上 1 部屋ではなく，より以上の専用フロアを設けている。

第3章
マーケティングとマネジメント

第1節　はじめに

　ラムズドン（Lumsdon, L.）によれば，観光は主に娯楽あるいはビジネス目的で，出発地から目的地までの旅行に関連した人間の活動に関するものである。そこには旅行会社はもとより，宿泊産業，運輸業，飲食業，小売業などさまざまなサービス産業や製造業が関与している。また最近では体験型の観光が注目を集めていることから，第一次産業も観光ビジネスと深く関連し始めている。

　このように観光産業はさまざまな産業を含んでいる。それは観光産業が顧客のさまざまなニーズに対応しなければならなくなったことと無縁ではない。観光産業において日々変化する顧客のニーズに対応し，顧客に対して高い満足感を与え，顧客から選ばれる企業になるためには，市場がどのように変化しているのか，顧客が求めていることは何か，どこに顧客が存在するのかを正しく理解する必要がある。さらにその顧客に対して，自社の特徴やサービスを正しく効果的に伝えることが今まで以上に求められることとなっている。

　このような状況に対応するためには，観光産業においてマーケティング活動を効果的に展開していく必要がある。特に観光産業においては多様化する観光客のニーズに対して対応するために，従来型の「モノ」中心のマーケティングに加えて，「コト消費」を前提とした新しいマーケティングコンセプトも取り入れることが必須となっている。

第2節　観光産業におけるマーケティングの基本的な考え方

1．観光産業におけるマーケティングの特徴

　マーケティングという概念は時代とともに変化している。アメリカ・マーケティング協会（AMA）による 2007 年に発表された定義によれば，「マーケティングとは，顧客やクライアント，パートナー，さらには広く社会一般にとって価値のあるオファリングスを創造・伝達・提供・交換するための活動とそれに関わる組織・期間，および一連のプロセスのことを指す」としている。

　マーケティングとは営利のみを目的とするのではなく，社会全体を見据えた活動である。またその活動の中身は，新しい価値を創造すること，伝達すること，提供すること，交換することが含まれている。新しい価値を創造するためには，顧客のニーズを的確にとらえる必要があることに加えて，既存の顧客ニーズから一歩先の新しい提案を創出して顧客に対して提案することも必要である。

　また新しい価値を顧客に伝達する際にも，どのような媒体を使うのか，どのようなメッセージとともに伝達するのかを考える必要がある。最近ではSNSが一般的に使われるようになったことから，顧客そのものが情報の発信役を担うようになってきている。その結果，消費者は企業が発信する情報よりも顧客が発信する情報の方を重視する傾向が高まっている。このような変化は企業に対して情報発信の在り方を改めて考えさせることとなり，新たな情報発信戦略が必要となっている。

　価値の提供方法も多様化している。観光産業における価値とは，お土産品などに代表される目に見えるものと，観光地におけるさまざまな体験や経験など目に見えない価値が存在している。当然のことながら，目に見える価値と目に見えない価値ではその提供方法に違いが生じてくる。また観光産業では，景観のように多くの観光客が共有する観光資源が存在する。しかし観光客が 10 人いれば，彼らの興味も 10 通りあると考えられる。この観光客のニーズに応え

るためには，単に「景色が素晴らしい」というだけではその景観がもつ価値を提供したことにはならない。その地域の歴史や文化，地域の人々の生活や努力などとともにその景観を解釈して理解する方法を提供することが，ここでの価値の提供方法となってくる。

このように考えてくると，価値の交換方法もさまざまな方法があることが理解できるであろう。一般的な価値の交換方法は「貨幣を通じた取引」である。顧客は対価を支払って，その価値を手に入れることとなる。顧客が対価を支払う対象としては，目に見えるモノに加えてサービスや体験という目に見えないモノも含まれる。いわゆる**コト消費**である。さらにこれに加えて，ボランティア活動のように顧客が自ら働きかけてその結果として価値を手に入れるという方法もある。

以上のように，観光産業におけるマーケティングには従来のマーケティングにおける考え方に加えて，新たな考え方を導入する必要があることが理解できるであろう。次項以降はこの考え方に従って，観光マーケティングにおける基本的な考え方について述べていくこととする。

2．観光産業におけるマーケティング・マネジメントのプロセス

マーケティング・マネジメントのプロセスの基本は，**4P** といわれる製品 (Product)，価格 (Price)，流通 (Place)，プロモーション (Promotion) を統一的に展開することである。**コトラー** (Kotler, F.) はマーケティング・マネジメントのプロセスを①市場機会を分析し，②標的市場を選定し，③マーケティングミックス戦略を開発し，④マーケティング活動を管理していく，という4つのステップにまとめている。本節では，この4つのステップに従ってマーケティング・マネジメントについて説明することとする。

（1）市場機会の分析

市場機会の分析とは，対象となる市場におけるビジネスチャンスを明らかにすることである。そのためには，外部環境分析と内部環境分析を行い，そこか

ら事業機会を検討することとなる。

外部環境分析はマクロ環境分析とミクロ環境分析に分けられる。マクロ環境分析では，経済的環境，人口動態的環境，社会文化的環境，技術的環境，政治・法律的環境，自然的環境などが対象となる。ミクロ環境分析では，観光産業をビジネス的視点からとらえることとなる。消費者・競争企業・利害関係集団・産業状況などを分析対象とする。

また**内部環境分析**では，地域と企業・組織の視点から分析することとなる。主な項目としては人的資源，財務資源，物的資源，知的資源などについて分析する。

これらの結果に基づき，外部環境分析結果から機会と脅威を導き，内部環境分析結果から強みと弱みを導き出す。これらの情報に基づきSWOT分析を行い，ビジネスチャンスを導き出すのである。

以下に，観光産業における外部環境分析と内部環境分析の視点について述べ，次いでSWOT分析の実施方法について述べることとする。

① マクロ環境分析

経済的環境では，景気動向や為替レート，可処分所得，経済成長率などが観光産業に与える影響を検討する。観光客が生活をしている国や地域の経済的環境が良い状況であれば，観光客の可処分所得が増えるため，観光産業に対してはプラスの影響を与える。また為替レートも，たとえば円高になれば日本人観光客の外国旅行に対してはプラスの影響を与え，円安になれば外国人観光客が日本に来ることに対してプラスの影響を与えることとなる。

人口動態的環境では，高齢化・少子化が進めばシニア層が重要なターゲットとして注目されることになる。しかし中長期的に見れば，人口の減少が避けられないことから，シニア層マーケットが縮小する可能性があることを念頭においておく必要があるであろう。少子化が進んでいる日本では，子供の数が減少しているが，親が子供1人当たりに費やす金額は増えていくことが予想される。このような状況下では，教育旅行など子供の将来につながるような旅行に対す

る消費が増えることが考えられる。

　社会文化的環境では，文化・国籍・宗教・人種・地域・イデオロギーの変化などが分析の対象となる。最近の日本では，ムスリムの受け入れ環境を整備することが重要な課題となっている。宗教に基づく行動様式を正しく理解し，それに対して対応することで新たな観光客を呼び込むことが可能となる。長野県白馬村では 2011 年から「ムスリム・フレンドリー・プロジェクト」を行い，地域をあげてムスリム観光客の受け入れを強化している。国土交通省も「訪日ムスリム外国人旅行者の受入環境整備等促進事業」を実施しており，近年はマレーシアやインドネシアからの訪日旅行客数が着実に増加しているなどの成果を上げている。今後も社会文化的環境の変化をとらえて対応していくことが強く求められている。

　技術的環境では，観光産業では情報通信技術の発展が注目すべき事項である。インターネットが普及した現代では，ほとんどすべての観光客がスマートフォンをもち歩き，観光旅行の計画段階のみならず，観光旅行中もさまざまな観光情報を検索している。SNS や各地域の HP を活用した観光情報提供は必須事項である。インターネット上での情報提供の利点は，紙媒体などと比較して，タイムリーな情報提供が可能な点があげられる。インターネットを上手く使いこなすことで，新たな観光客を呼び込み消費を増やす施策を講じることが可能となる。また情報通信技術の発展は観光情報提供のみならず，観光旅行商品の販売や物販など流通面での変化にも大きな影響を与えることとなる。技術発展のトレンドをいち早くとらえて適切に対応することが，新たな顧客の獲得とビジネスチャンスの拡大に大きく寄与することとなる。

　政治・法律的環境では，法規制の変化や政府の政策に注目しておく必要がある。法規制の変化や新たな政策の導入はビジネスチャンスを作り出す。最近の観光産業では，外国で導入された新しいサービスが日本に入ってきて，それに対応する形で法律が変わるなどの動きがみられる。このような変化にいち早く対応することが，企業や地域の成長につながることとなる。また多くの自治体では観光促進に向けたさまざまなサポートを実施している。たとえば自治体が

提供している補助金制度などを事業者が上手く活用すれば，事業者は自分たちのアイデアを形にしやすくなるであろう。

自然的環境に関する情報は，新たな観光資源につながることとなる。自然環境保全や自然に親しむイベントなどは，新たな観光客獲得には有効な手段である。近年は地球環境保護に関する注目も集まっていることから，地域固有の自然環境資源の発見などは注目すべき事項である。自然環境は壊れやすいという特徴もあるため，持続可能な観光の発展を考えるとともに，上手く自然と共存できる観光産業の在り方を考える必要がある。

② ミクロ環境分析

消費者に関する**分析**では，消費者市場，消費者の購買行動の変化などについて検討を行う。この分析結果はターゲット市場の決定に大きな影響を及ぼすことになるので，慎重に進める必要がある。消費者市場については，マクロ環境分析結果を踏まえながら消費者のニーズがどのように変化していくのか，市場規模が拡大・縮小するのかなどを検討することとなる。最近は体験・経験や学びなど，モノよりもコトに消費者が注目している。このようなトレンドの変化に注意を払っておく必要がある。

競争企業分析では，同業他社・似たような地域はもちろんのこと，異業種や直接競争すると考えられないような地域の動向についても注意を払っておく必要がある。たとえば，旅行会社やマンションデベロッパーがホテル事業に参入し，新たな観光施設が建設されるなど，観光産業を巡るさまざまな新規事業が立ち上がっている。しかしこれら異業種からの参入や競争企業と真正面からぶつかるばかりが良いことではない。状況によってはこれら新規参入業者や競争企業とネットワークを構築することで，お互いの利益につながるケースも考えられる。観光客にとって重要なことは，観光産業同士が競争することではなく，観光産業同士が協力し合うことで利便性や価値が高まることである。このように，さまざまな形で新たな価値を創造するために，幅広く競争企業や周辺地域の動向を分析しておく必要がある。

利害関係集団とは，**ステークホルダー**とも呼ばれているが，自分たちの活動に関係を及ぼす集団のことである。特に観光産業の場合は，顧客である観光客の行動が多岐に及ぶためさまざまな利害関係者が発生する。たとえば，地域に観光客が増加すれば交通関係への影響が懸念される。道路の渋滞や交通機関の混雑などが生じる。その結果，地域住民に直接影響を及ぼすことになる。観光客が捨てるゴミの問題，地域の治安状況の悪化などマイナス要因もあるが，その一方で地域に新たな雇用が生まれるなど利害関係集団に対する多くのプラス要因も発生する。

　産業状況では，対象となる地域の観光産業の規模や魅力度，供給構造，流通構造などを分析する。そこから対処すべき課題なども明らかになってくる。地域の観光産業にかかわる企業は規模も大小さまざまである。地域の中小零細企業や飲食店や小売店などとの連携は重要である。たとえば，新たな地域産品を開発してその地域のお土産としてプロモーションを考える場合，生産量の制限などからいきなり全国展開を図ることは難しいであろう。その場合は，地域内での知名度や露出度を高めて，その地域に訪れた観光客に地域産品を積極的にプロモーションしなければならない。これを実行するためには，地域産品を製造する企業がどこにあるか，製造規模はどの程度か，地域産品の供給・販売ルートの検討など地域の事情を十分に勘案しなければならない。

③　内部環境分析

　人的資源は観光産業において大変重要である。その地域を訪れた観光客や観光産業の利用客がより良い経験をすること，ホスピタリティを感じてもらえるようにするためには，観光客と地域住民の交流は不可欠だからである。そこで**人的資源分析**では，自分たちの地域や自社にどのような人材がいるのか，彼らがもっているノウハウや経験は何か，彼らが得意とすること，苦手なことは何かを分析する。株式会社星野リゾートが経営する青森屋という宿泊施設では，スタッフが津軽弁で対応してくれたり青森の芸能文化を無料で楽しめるショーが開催されていたりと，青森屋の人的資源を活用して他にはないサービスを提

供している。観光客は非日常を求め、その地域ならではの体験を探しているのであるから、地域住民の日常的な行動は貴重な観光資源として活用することが可能である。

財務資源では、自社の収益力、経営安定性、資金調達力、キャッシュフローなどを分析する。観光産業もビジネスであるから、経営の視点で考えることは避けて通ることはできない。経営の基本は適正な収益を上げることと、企業を継続して経営することである。そのために自社の経営分析を行って、経営上の課題を明確にする必要がある。また地域の視点で考える場合は、地域の観光に関連するさまざまな産業が抱えている経営的課題と現在の収益状況を明らかにすることで、地域のためにどのような観光サービスが必要かを考える切り口を得ることができる。どんなに素晴らしい観光サービスであっても、地域の経済発展に寄与しなければ意味がない。地域を訪れる観光客が増えても、そこで経済的な消費が行われるようにしなければならない。これを実現するための課題を明らかにするという視点で、財務資源を分析することが重要である。

物的資源では、保有している資産の価値などを分析する。観光産業における保有資産とは、企業の場合にはその事業において価値を作り提供するために使われるモノが該当する。それに加えて、宿泊産業であればホテルや旅館の立地、周辺の環境なども重要な物的資源と考えることができる。地域の視点で考える場合には、その地域の観光資源が該当することとなる。観光名所や歴史的価値のある建造物、景観、自然環境など観光客が価値を感じる地域資源が何かを把握する必要がある。観光産業における物的資源は地域の共有財産であることが多い。物的資源は目に見えるものであるから、時間の経過とともに消耗してしまうことが多い。観光資源の消耗を防ぎその優位性を維持するために適切にメンテナンスしていくことも重要である。

④ SWOT 分析

SWOT 分析とは、外部環境分析から得られたビジネス上の「機会」と「脅威」に対して、内部環境分析から得られた自分たちの「強み」と「弱み」をどのよ

図表3－1　SWOT分析

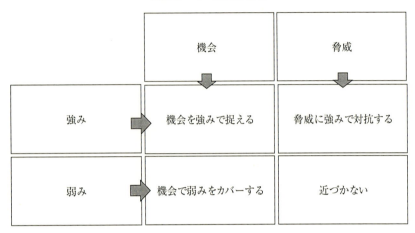

うに活用するかを考えるフレームワークである。SWOT分析に用いるフレームワークを以下に示す。

　SWOT分析を通じて，市場における機会と脅威に対して自社はどのように対応するのかを考えてビジネスチャンスを導き出す。

　たとえば，「訪日外国人観光客が増えている」，「外国人観光客は日本の文化や生活を体験したい」という機会に対して，旅館であれば「和室がある」，「和食を提供できる」といった強みを活かして，地域の特産品を用いた和食体験をプロモーションする案が考えられる。また「人手不足」という弱みがあった場合でも，「布団の敷き方を教えて自分で敷いてもらう」，「宿泊客が自ら準備し，和食を調理する」という顧客参加型サービスにすることで，「日本の生活・文化体験」という機会を活用して「人手不足によるサービスの不足」をカバーすることを考えることができる。

　また宿泊と朝食のみを提供する低価格型の宿泊施設がすぐ近くでビジネスを始めた場合には，この脅威に対してフルサービスという自分たちの強みを活かし，部屋数を減らして価格を引き上げてターゲット顧客を絞り込んだ高級路線へとシフトしていくことも考えられる。

このようにSWOT分析を行うことで，多面的に外部環境と内部環境を見直すことができる。これにより，市場機会をとらえるとともに自社が進むべき方向性や経営方針を見直すこともできるようになる。

(2) マーケティング目標の設定

市場機会を分析した後は，**マーケティング目標**を設定する。マーケティング目標とは，売上高目標，利益額・利益率目標，市場占有率目標など，経営活動を通じて企業が達成したい目標である。マーケティング目標を設定することで，目標値と実績値を比較分析することができる。そこからマーケティング活動が効果的に行われているのかどうかを判断することができる。以下にこれら各項目について説明をする。

① 売上高目標

企業が設定する最も一般的な目標である。そのため，**売上高目標**はマーケティング目標としても最も重要であり，これがマーケティングを考える上での出発点となる。

② 利益額・利益率目標

マーケティングの目標として売上高を達成したとしても，利益が十分になければ企業としてそれに取り組む意味がない。利益額はさらなる成長を実現するための投資の源泉であり，企業が持続するためには不可欠なものである。そのため企業は，**利益額目標**や売上高に対する**利益率目標**を設定する。利益率は，売上から原価を引いた売上総利益の売上に対する割合である売上総利益率，売上総利益から販売費および一般管理費を引いた営業利益の売上に対する割合である営業利益率，営業利益に営業外収益を加えて営業外費用を引いた経常利益の売上に対する割合である経常利益率などを設定する。

③　市場占有率目標

市場占有率（マーケットシェア）とは，目標としている市場において自社の製品の売上高が占める割合のことである。市場占有率が高まれば，ターゲット顧客の目に触れる機会も増え，競合他社との競争を有利に進めることができる。

市場占有率を高めるためには，競合他社との競争に勝たなければならない。そのためには，競争戦略の方針を定める必要がある。自社のもっている経営資源（ヒト，モノ，カネ，情報）の量と質を見極めるとともに，自社の市場におけるポジションを考慮し，価格競争を仕掛けるのか，差別化戦略で進めるのか，直接の競争を避けていくのかなど，何をするのかを明確にする必要がある。

（3）ターゲット市場の設定

マーケティング目標を定めるとともに，どの市場をターゲットとするのか，ターゲット市場を設定する必要がある。ターゲット市場を設定するためには，市場の細分化（セグメンテーション）を行った後に，ターゲットとなる市場を選定する。

① 市場の細分化（セグメンテーション）

消費者のニーズが多様化した現代社会において，マスマーケティングの手法で消費者を満足させることはできなくなっている。そこで市場を消費者のニーズや属性，行動などに基づいて細かく分ける必要がある。そのために消費者をある共通点に基づいてグループ化して分類することを**市場の細分化**（セグメンテーション）という。消費者の行動や考え方に影響を及ぼす要因としては，社会・文化的要因，ライフスタイル要因，個別的要因などがある。これらの要因に影響を与える項目を用いて市場を細かく切っていくのである。

市場を細かく切るための視点としては，①人口統計的変数（年齢，世代，性別，ライフステージなど），②社会経済的変数（所得，資産，職業，教育水準，社会階層など），③地理的変数（消費者の居住地域，気候帯，都市圏と地方，人口密度），④心理的変数（ライフスタイル，性格），⑤生活行動（経験の有無，ロイヤリティの度合い，

使用率，使用時間帯，インターネットの利用頻度など），⑥製品・サービスの属性変数（製品・サービスの品質，性能，サイズ，スタイルなど）[1]が考えられる。

　市場を細分化する際の注意点としては，市場として一定以上の規模があること，市場の規模を測定することが可能であること，細分化された市場にアクセス可能であることがあげられる。市場を細かく分類しすぎてしまうとターゲット市場そのものが小さくなりすぎてしまう。その結果，マーケティング目標を達成することが困難になってしまう。また市場の規模を想定できなければ，マーケティングの効果を評価することができなくなってしまう。細分化された市場にアクセスができなければ，有効なマーケティング施策を講じることができなくなってしまう。これらに注意して，市場を細分化する必要がある。

② ターゲットとなる市場の選定（**ターゲティング**）
　ターゲットとなる市場を選ぶことは，「誰が顧客なのか」を決めることである。顧客を決めることによって，何をすべきかを明確にすることができる。
　ターゲットとなる市場を選ぶ際には，その市場が十分に魅力的な市場なのか，競合他社と競争することになった際に勝算がある市場なのかを考える必要がある。たとえば，ターゲット市場の成長率や拡大可能性はどうか，価格やサービスの変化に対する反応の感度はどうか，競合他社や代替品の脅威はどうかなどさまざまな視点から検討する必要がある。また競合他社との競争に関しては，自社の製品やサービスが競合他社との関係において市場でどのようなポジションを確保することができるのかも重要な視点である。
　これらの検討を繰り返し，さまざまなターゲット市場の組み合わせ方法を評価した後に，ターゲットとなる市場を選定することとなる。

（4）マーケティングミックス戦略の開発
　ターゲット市場が決まったら，それに合わせてマーケティングミックス戦略を決定する。**マーケティングミックス戦略**とは，製品（Product），価格（Price），流通（Place），宣伝広告（Promotion）をターゲット市場に合わせて設計するこ

とである．製品，価格，流通，宣伝広告の4つの要素をまとめて，**4P** と呼ぶこともある．

4Pを考える際に重要なことは，ターゲット市場に合わせて4Pに一貫性を持たせることである．たとえば富裕層をターゲット市場に旅行商品を販売する場合を考えてみよう．その場合，たくさんのオプションを備えた高級な製品・サービスを提供することが考えられる．このような製品・サービスの価格は高価格になるだろう．その場合，流通・販売方法もインターネットや通常商品が販売されている店舗ではなく，ターゲット層を対象としたサロン風の店舗で販売したり，カタログも通常商品よりも見映えの良いものを用意したりするなど，富裕層向けに一貫したコンセプトで設計する必要がある．

(5) マーケティング活動の管理

マーケティング活動を実行する際に重要なことは，マーケティング活動の進捗状況をモニタリングし，その成果や市場の反応を的確にとらえ，その結果に合わせてマーケティング活動を調整することである．この一連の活動をマーケティング活動の管理と呼ぶ．マーケティング活動の管理は計画（Plan），実行（Do），確認（Check），対策・実行（Action）の **PDCA サイクル** を進めていくことである．

マーケティング活動を実行する際には，マーケティング目標を達成するためにいつまでに何をするのかを明確化して工程表を作成し，マーケティング活動の進捗状況を管理する必要がある．進捗状況を管理する際には，マーケティング目標を週単位・月単位の到達目標に分解してモニタリングする．たとえば売上目標であれば，週単位・月単位で達成すべき売上目標を予算として計上し，それと実際の売上実績を対比させて進捗状況を管理する．これを **予実算管理** と呼ぶ．

売上目標は「客単価×客数」に分解することができる．さらに客単価は「平均単価×購買点数」に分解することができ，客数は「新規顧客＋リピート客数」に分解することができる．このようにマーケティング目標を分解することで，

たとえば売上目標が未達だった場合には，各要素の到達目標に対する実績値を比較検討することにより，改善すべきポイントを明らかにすることができる。

また**顧客満足度調査**などアンケート調査を定期的に実施することで，ターゲット顧客の反応を確認することも重要である。顧客満足度調査の結果から，当初想定していた顧客ニーズの変化を察知することができれば，それに対して有効な手段を考え実行することが可能となる。アンケート調査を実施する場合，単に満足度や改善点を質問するのではなく，マーケティング目標やマーケティングミックスを設計した際に前提としていた仮説がずれていないかどうかを確認することが重要である。またアンケート調査の回答率を高めるための施策についても検討しておく必要がある。

予実算管理や顧客満足度調査から得られた市場に関する情報に基づき，マーケティング目標を見直し，新たなマーケティング目標を達成するためのマーケティングミックス戦略を再設計するなどして必要な対策を講じることとなる。この新たな対策を実行した結果を再び定期的にモニタリングして再修正を行う，というサイクルを繰り返していく。この PDCA サイクルを繰り返し実行していくことがマーケティング活動の管理である。

第3節　観光産業と経験価値マーケティング

ここまでマーケティングの基本的な考え方について述べてきたが，ここで改めて観光産業がもつ特徴を考えると，観光産業におけるマーケティングの対象となるものはお土産や旅行商品といった「商材」に加えて，観光客が訪問先で「体験・経験」することも重要であることがわかる。特に訪日外国人観光客は，日本滞在中に日本の生活や文化を体験することを望んでいる。成熟化した社会においては，消費者の関心も「モノ」から「コト」へと移っていくのである。

そこで本節では，観光産業と経験価値マーケティングの関連について説明する。

1. 経験価値とは何か

経験価値とは，経験が作り出す価値である。観光客は訪れた先でのさまざまな経験を期待している。そこでしか見ることができない景色を楽しんだり，温泉に入ったり，郷土料理を食べたりして，非日常的な体験をすることを求めている。つまり，体験や経験そのものに価値があるということである。

パインとギルモア（Pine, B. J. & Gilmore, J. H.）はコモディティ，製品，サービスに次ぐ第4の経済価値としての経験という考え方を示した。経験は思い出に残るという特性があり，経験を買う人はある瞬間やある時間に企業が提供してくれる"コト"に価値を見いだしているのである。たとえば東京ディズニーランドを訪れる観光客は，製品やサービスそのものではなく，それをベースに顧客のなかに作られる感覚的にあざやかな経験を求めている。経験は感情的，身体的，知的，さらに精神的なレベルでの働きかけに応えた人のなかに生まれる。したがって，経験は個人個人によって異なるものであり，各自のその時の気持ちや状況と体験が相互作用して1つひとつの経験が生まれてくる[2]。

図表3-2 経済価値の進展

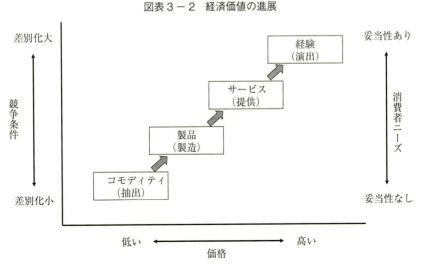

出所：パインとギルモア（2005），p.46に基づき筆者作成。

2．経験価値マーケティング

　この経験価値の考え方に基づき，シュミット（Schmitt, B. H.）は**経験価値マーケティング**という考え方を提唱している。経験価値マーケティングでは，従来型のマーケティングで重視されていた機能的価値と便益的価値に代わり，「顧客の経験価値」，「包括的経験価値としての消費」，「顧客は理性的かつ情緒的な動物」，「方法は折衷主義」という考え方を示している。

　「顧客の経験価値」とは，感覚，感情，精神への刺激によって引き起こされる。経験価値が提供するものは感覚的，情緒的，認知的，行動的，関係的価値であり，これらの価値が機能的価値に代わるということである。「包括的経験価値としての消費」とは，顧客は消費を通して価値を実現するのであり，消費状況に意味があり消費を通じた経験価値が顧客満足とロイヤリティにつながるということである。「顧客は理性的かつ情緒的な動物」とは，顧客は理性的な選択を行うとともに楽しみの追求という情緒的な感覚に支配されることが多いことを示している。「方法は折衷主義」とは，経験価値マーケティングの方法とツールは消費を全体的な経験価値として扱うため，理性と情緒の両方を重視し，さまざまなツールを組み合わせた折衷主義的な方法論を取るということである[3]。

　以上の考え方に基づき，シュミットは経験価値マーケティングの枠組みの基礎となる5つの経験価値について，SENSE（感覚的経験価値），FEEL（情緒的経験価値），THINK（創造的・認知的経験価値），ACT（肉体的経験価値とライフスタイル全般），RELATE（準拠集団や文化との関連付け）を提唱している。

　「感覚的経験価値」とは，視覚，聴覚，触感，味覚，嗅覚を通じて得られる経験価値である。「情緒的経験価値」は，顧客の内面にあるフィーリングや感情への訴求であり，「創造的・認知的経験価値」は顧客の創造力を引き出す認知的，問題解決的経験価値を通じて顧客の知性に訴求する。「肉体的経験価値とライフスタイル全般」は，顧客の身体的な経験価値を強化したり，これまでにはない新しいやり方を用いて顧客に経験価値を提供したり，今までとは違うライフスタイルや他の人々との相互作用を取り上げることにより，顧客の生活

を豊かにする。「準拠集団や文化との関連付け」とは，自分の理想像や特定の文化やグループに属しているという感覚をもってもらい，個人の自己実現への欲望に訴求する[(4)]。

このように，個人の経験に焦点を当て，顧客の経験価値が生じるような刺激を与えるために何をすべきかを考えることが経験価値マーケティングである。

3．観光産業と経験価値マーケティング

観光行動とは観光客による「経験」であると考えることができる。観光客は旅行を通じて非日常的な体験をすることや旅先での出会いを期待する。訪れた地域の特産品や郷土料理を食べたり，見たこともない景観に感動したり，その土地の歴史や文化に触れて教養を高めたり，旅先で知り合った観光客や地域住民との共同作業を楽しんだりする。

経験は各々の考え方やそれまでの経験によって受け取り方が異なるため，経験が一般化することはない。また同じ経験であっても，その時の状況によって得られる感覚は異なるであろう。観光産業においては，観光客がどのような経験を求めているのか彼らのニーズやウォンツを考え，自分たちがもっている観光資源や経営資源を活用して，それを満たす方法を考える必要がある。

たとえば，ハイキングをする際に観光客に対してその地域の歴史や文化を紹介したり，ハイキングコースで見ることができる植物の意味を観光客に伝えたりすることで，観光客の経験をより密度の濃いものにすることができる。旅館やホテルでの食事の際にも，その料理を地域の文化との関連で観光客に紹介したり，料理に使用している材料を提供してくれる生産者の思いを観光客に伝えたりすることで，観光客は地域とのつながりを意識することができる。

このように観光産業が積極的に観光客の経験をプロデュースすることで，観光客にとってその地域は特別な経験をした場所となり，特別な思い出として記憶される。このような経験はその土地を訪れた観光客の満足度を高めることとなり，再来訪へとつながることとなる。また次回の訪問では，今回の経験を踏まえてさらに新しい経験を提供することができれば，観光客はまた満足感を得

ることができ，リピーターになっていくのである。

第4節　顧客が作り出す新しい「価値」とSNSを活用したプロモーション

　観光地における観光客の経験につながる新しいアイデアを創出し続けることが，マーケティング目標の達成と観光産業の持続的発展を実現するためには不可欠である。

　そのためには観光産業自らの創意工夫はもちろん必要であるが，観光客の行動にも注目する必要がある。観光客のなかには，自ら遊び方や楽しみ方を考えて実行している人たちがいる。また地域を訪れる多くの観光客のなかには，その地域の人が気付かなかった面白さを発見する人も多く存在する。

　本節では，地域を訪れた観光客のアイデアを集約し取り入れるための考え方について述べることとする。

1．顧客のアイデアを活用する

　ヒッペル（Hippel, E.）は，製品開発やイノベーションにおいて，先進的なユーザー自らが製品の使用経験に基づいて新しいアイデアを考え，それを製品に反映させていることに注目した。多くの企業が自社の新製品や新サービス開発においてユーザーを活用している。

　観光産業においても，この考え方を積極的に取り入れることで新しい地域の魅力を作り出すことができる。最近はFacebookやInstagram，TwitterといったSNSが広く普及している。多くの観光客が，観光地における経験や行動をスマートフォンで撮影し，それをコメントとともにSNSに投稿している。SNSに投稿された写真は観光客の行動履歴であり，それを分析することで新たな観光商品開発やサービス開発に結び付けることが可能である。

　観光客のなかには好奇心が旺盛な人たちがいて，彼らは一般的な観光コースや体験では物足りないと感じている。この好奇心旺盛な観光客は，自分たちで

新しい楽しみ方を考えて実際に試している。彼らが作り出した新しい地域の楽しみ方を，より多くの人が楽しめる形に変えることで，その地域ならではの新しい価値を提供することができるようになる。

2．SNSを活用したプロモーション

　多くの観光客がSNSを活用している。旅行の準備段階では，訪日観光客の多くが個人のブログやFacebook，InstagramといったSNSを活用して観光地の情報を収集している。また旅行中も，観光客はSNSを使って，「今，何ができるのか」や「今，地域で行われているイベントは何か」などの情報を収集している。

　最近では「インスタ映え」という言葉がある通り，観光客は自分の写真がSNS上でより多くの閲覧者の注目を集めることに興味をもっている。このような観光客のニーズに対して観光産業が提供できることもたくさんある。

　たとえば，自分たちの地域のなかで他の地域では撮ることができない写真を撮影することができる写真スポットを探し出して観光客に対して伝えたり，写真スポットを新たに作り出したりする取り組みを行うこともできる。また，「ゆるキャラ」と呼ばれるご当地キャラクターを使ったユニークなパッケージや形状の土産物を作り，地域全体でそれを販売することも効果的である。熊本県のご当地キャラクターである「くまモン」は地域に高い経済効果をもたらすことができた。観光客がご当地キャラクターと一緒に撮影した写真や面白いパッケージをSNSに投稿することで，地域の情報を広く拡散することも可能である。

　しかしSNSはプラスの効果を観光地にもたらすだけではなく，マイナスのイメージを拡散してしまうこともあることに注意が必要である。観光客が感じた不満足をSNSに投稿されてしまうと，その悪評判はその地域に訪れたことのない人々の目にも留まってしまうこととなる。そのようなことが起きないよう，観光産業側も常にSNSやインターネット上の投稿に対しては注意を払い，観光客によって問題を指摘された場合には速やかに対処するとともに二度とそ

のような投稿が発生しないよう，問題点を解決するなど対策を講じる必要がある。

【ディスカッションのための問題提起】

1. 日本における観光産業を取り巻く外部環境について，P（政治），E（経済），S（社会），T（技術），の視点を含めて情報を整理し，そこから考えられる「機会」と「脅威」について考えてみよう。
2. 京都は多くの訪日外国人観光客が訪れる場所である。京都は訪日外国人観光客に対してどのような「経験」を提供しているのだろうか。経験価値マーケティングの5つの経験価値の視点で考えてみよう。
3. 訪日外国人観光客に対するSNSを活用した情報提供方法について，旅行前，旅行中，旅行後の3段階の視点で考えてみよう。

【注】

（1）石井他（2013），p.225。
（2）Pine & Gilmore（1999）（岡本・小高訳（2005），pp.28-29）。
（3）Schmitt（1999）（嶋村・広瀬訳（2000），pp.46-51）。
（4）Schmitt（1999）（嶋村・広瀬訳（2000），pp.92-98）。

【引用文献】

Baron, Steve, Tony Conway and Gary Warnaby, *Relationship Marketing: A Customer Experience Approach*, SAGA Publications of London, 2010（井上崇道他訳『リレーションシップ・マーケティング　消費者経験アプローチ』同友館，2012年）。

Lamsdon, Les, *Tourism Marketing*, International Thomson Business Press, 1997（奥本勝彦訳『観光のマーケティング』多賀出版，2006年，p.3）。

Pine II, B. Joseph and James H. Gilmore, *The Experience Economy*, Strategic Horizons LLP, 1999（岡本慶一・小高尚子訳『新訳　経験経済　脱コモディティ化のマーケティング戦略』ダイヤモンド社，2005年，pp.28-29）。

Schmitt, Bernd H., *Experiential Marketing*, The Free Press, 1999（嶋村和恵・広瀬盛一訳『経験価値マーケティング　消費者が「何か」を感じるプラスαの魅力』ダイ

ヤモンド社，2000年，pp.46-51，pp.92-98）．
石井淳蔵・栗木 契・嶋口充輝・余田拓郎『ゼミナールマーケティング入門 第2版』日本経済新聞出版社，2013年，p.225。
TAC株式会社『2016年度版 スピードテキスト1 企業経営理論』TAC株式会社，2016年。

第 4 章
起業とマネジメント

第1節 はじめに

　2003年に「ビジットジャパン」キャンペーンがスタートして以来，日本では観光立国を目指す動きが着実に進められてきた。その成果もあり，2003年に521万人だった訪日外国人旅行者数は2017年には2,869万人へと急増している（観光庁ホームページ）。こうしたなか，「観光立国推進基本計画」（2017年）が閣議決定され，2020年までに訪日外国人旅行者を4,000万人に，訪日外国人旅行消費額を2016年の3.7兆円から8兆円に増加させるという目標が掲げられた。訪日観光をさらに活発化することは重要な政策課題と位置づけられている。

　より多くの外国人に日本に来てもらい消費を増やしてもらうためには，楽しい経験ができるように，そして快適に旅行できるようにしなければならない。そのためには，新しい製品・サービスを提供したり，現在の製品・サービスを改善したりしていくことが欠かせない。この点で大きな役割を果たすことが期待されているのが起業である。起業が活発になることで，旅行者の体験をより豊かなものにできる可能性がある。

　本章では，起業について論じる。まず，起業とはどのようなものかを事例を通して概観し（第2節），起業には経済的・社会的にどのような意義があるのかについて論じる（第3節）。その後，起業を実現するための活動（**起業活動**；entrepreneurship）とそのマネジメントについて検討していく（第4節）。最後に本章をまとめる（第5節）。

第2節　起業とは何か

　起業とは，新しく組織（会社）をつくり，ビジネス（事業活動）を新たに始めることである。起業に取り組む人は起業家（entrepreneur），起業の結果，新しく生まれた組織は新規開業企業と呼ばれる。一般に，新規開業企業は起業してから3〜5年くらいまでの企業を指す。

　まずは，起業のイメージをつかむために，2つの事例を見てみよう。

事例1：Airbnb[1]

　Airbnb（エアビーアンドビー）は2008年8月に，ブライアン・チェスキー（Brian Chesky）とジョー・ゲビア（Joe Gebbia），ネイサン・ブレチャージク（Nathan Blecharczyk）の3人によって，米国・カリフォルニア州のサンフランシスコで設立された。同社は，個人の家や部屋を短期間貸したいというホスト（家主）と旅行先で民家に泊まりたいという旅行者をウェブサイトを使って結び付ける，つまり民泊の仲介を行っている。実際に旅行者が宿泊することになった場合，旅行者からは宿泊料の6〜12％を，ホストからは3％を手数料としてAirbnbは受け取る。

　同社の設立のきっかけは，米国のインダストリアルデザイナー協会が主催するインダストリアルデザイン会議（2007年10月）という大規模なイベントがサンフランシスコで開催されたことである。この会議の期間中，サンフランシスコではホテルが満室となり，予約を取れなくなることが予想された。そこで，ルームシェアをしていたチェスキーとゲビアは，家賃の足しにしようと，自分たちの部屋の一角を朝食付きで貸し出そうとした。会議の主催者に依頼して宣伝させてもらったところ，3人が宿泊することとなった。

　この出来事をきっかけに，ブレチャージクを加えた3人は本格的にビジネスを始める（起業する）ことを決意，大規模なイベントのある時期・場所だけではなく，常時，個人の家や部屋を仲介するようにした。その後，先輩起業家な

どからアドバイスを受けつつ，Airbedandbreakfast.com と名付けられたウェブサイトを使いやすくするなどして，利用する旅行者，ホストとも次第に増加させていった。

2011年からは米国以外でのサービスも開始した。日本には2014年に進出している。2017年12月現在，191カ国65,000都市以上の約300万にも及ぶ物件を仲介している。この物件数は，世界で最も大規模なホテルチェーンの部屋数の100万室を大きく上回る。同社の仲介で民泊した人は2億人以上に上る。

その後，民泊の仲介とともに，旅先での体験イベントの仲介やレストランの予約など，旅先でのさまざまな経験を仲介するという取り組みも開始した。「旅のすべて」を囲い込もうとしているのである。起業後10年しか経過していない同社だが，観光業界において今や世界有数の企業へと成長を遂げている。

事例2：サウスウエスト航空[2]

サウスウエスト航空（Southwest Airlines）は米国の航空会社である。起業したのは1971年。ハーバート・ケレハー（Herbert Kelleher）という弁護士を中心としたチームによって同社は設立された。本社をテキサス州ダラスに構える。

当時，航空業界においては参入や運賃設定などについて政府が厳しく規制していた。こうした規制もあり，航空会社は本格的に競争しておらず，その結果として乗客は高い運賃を支払わされていた。ケレハーたちは安い運賃で飛行機に乗れるようにしたいと考えた。

しかし，運航開始までの道のりは平たんではなかった。当時テキサス州内で操業していたブラニフ航空，トランステキサス航空，コンチネンタル航空といった，規模が大きな航空会社がサウスウエスト航空の参入を阻止しようと，法廷闘争に打って出たのである。これらの航空会社の政治力は強く，サウスウエスト航空の敗訴を予想する声も多かった。それでも同社は最終的にこの法廷闘争に勝利し，運航を開始する。

運航開始後，テキサス州の航空業界では同社が参入する前とは打って変わって厳しい競争が繰り広げられた。サウスウエスト航空は低運賃を武器にこれら

の航空会社に挑んだ。さらに，空席を少なくするために乗客が少ない時間帯の便の料金を引き下げる（オフピーク運賃）といった工夫も業界で初めて行った。資金が不足していたり，乗客がなかなか集まらなかったりした時期もあったが，最終的に競争に打ち勝ち，逆に敗れた航空会社は倒産や路線撤退に追い込まれることとなった。その後，サウスウエスト航空はテキサス州以外にも路線を拡大し，2016年には従業員数が5.4万人を数えるまでに成長してきている。

サウスウエスト航空が起業した1970年代以降，米国航空業界の競争は激しくなり，アメリカン航空やデルタ航空をはじめ有力な航空会社の多くは，経営が悪化し破綻を余儀なくされた（ただし，その後再建されている）。一方，サウスウエスト航空は，1973年以降すべての年で利益を計上している。米国航空業界の優等生といえる。

事例1は，チェスキー，ゲビア，ブレチャージクの3人が民泊をしたいという旅行者と民泊を提供したいというホストをウェブで結び付けるビジネスをAirbnbという組織をつくることによって実現した起業である。事例2は，ケレハーたちが低運賃での飛行機の運航というビジネスをサウスウエスト航空という組織をつくって手掛けた起業ととらえられる。

第3節　起業の意義

では，起業は，観光をはじめ多くの産業，そして経済においてどのような役割を果たしているのだろうか。起業の意義としては次の3つを指摘できる。

1．イノベーションの創出

第1に，イノベーション（innovation）を生み出すことである。イノベーションの定義は多様だが，ここでは経済や社会においてさまざまな変化を生み出す革新とする。ビジネス分野のイノベーションとは，一般に，新しい製品・サービスを生み出したり，従来よりもはるかに低いコストで生産できる方法を考案

したりすることなどである。たとえば，先にみた Airbnb は民泊の仲介という新しいサービスを生み出した。また，後述するサウスウエスト航空は，既存の航空会社とは異なる方法で飛行機を運行する方法を考案し，低運賃を実現している（詳細は後述）。イノベーションが生まれることで，訪日外国人観光客に対して新たな体験を提供することができるようになり，日本での滞在をより豊かなものにすることができる。

　もちろんイノベーションの担い手としては，新規開業企業だけではなく，長く事業を行っている会社（既存企業）も考えられる。しかし，イノベーションを創出するうえで，新規開業企業には過去のしがらみにとらわれにくく，その分，斬新な発想ができるという有利さがあるとされる[3]。

2．競争の活性化

　第2の意義は，サウスウエスト航空の事例にみられるように，競争を活発にすることである。新規開業企業がイノベーションを武器に競争を挑めば，既存企業もより良い製品・サービスを開発したり，今までの製品・サービスをより低い費用で生産できる仕組みを考案したりすることで対抗しようとする。こうした競争の結果，消費者はより良い製品・サービスをより安く入手できるようになる。

　他方，競争に敗れた企業は倒産・廃業することになる。すると，そこで働いていた人たちが競争に勝ち抜いた企業に移動する。その結果，より良いまたはより安い製品・サービスがより多く社会に供給されるようになる。この意味で競争は生産性を高め，経済全体にも好影響を与える。

3．雇用の創出

　第3の意義は，起業が増えると雇用（働く場）が創出されることである。
　起業にあたっては従業員が雇われることが少なくない。1つの新規開業企業が雇う従業員の数は日本では3〜4人程度であり（日本政策金融公庫総合研究所「新規開業実態調査」），それほど多いとはいえない。

しかし、個々の起業では小さくとも、全体としてみると大きな雇用を創出していることが多くの研究で確認されている。たとえば、中小企業庁（2011）によると、2004～2006年に創出された雇用の約6割は新規に開設された事業所で創出されている。起業後、成長すれば雇用創出力はさらに大きいものとなる。

以上、起業の3つの意義をみてきた。なお、ここで確認したいのは、国全体はもちろん、地域の活性化という点でも起業は好影響をもたらすということである。

近年、都市部との格差をはじめ地方の低迷が指摘されることが多い。その背景の1つは、地方に働く場がなく、若者が大都市に流出してしまうことである。起業が活発になれば新しい働き口が生まれる。生み出されたイノベーションが普及すればさらに働き口は増える。そうなれば人口流出に歯止めがかかる可能性がある。

このように起業には多くの意義がある。しかし、現在の日本では起業が、米国や英国と比べて活発ではないことが多くの調査によって確認されている。たとえば、グローバル・アントレプレナーシップ・モニター（世界約70カ国を対象とした起業の実態に関する国際調査）によると、成人人口（18～64歳）のうち、起業を準備している、または起業後3.5年以内という人の割合（2017年調査）は日本では4.7％となっており、米国の13.6％、英国の8.4％を大きく下回る。

起業の重要性を踏まえ、日本では起業を増やそうとさまざまな取り組みが、現在行われている。起業を英米並みに活発にすることを政策目標として掲げた「日本再興戦略」（2013年5月）はその表れの1つである。

第4節　起業活動とは何か

では、起業するには何を行わなければならないのだろうか。ここからは起業のマネジメントについて論じていく。

起業のための活動、つまり起業活動は次の3つの活動に大別できる（高橋、

2005；バイグレイブ・ザカラキス，2009；忽那ほか，2013)⁽⁴⁾。このうち，②と③は，①で認識した事業機会を実現する活動とまとめることができる。以下それぞれについてみていこう。

① 事業機会（ビジネスチャンス）を認識する
② **ビジネスモデル**を構築する
③ **経営資源**を調達する

1．事業機会の認識

（1）事業機会とは何か

　起業活動の第一歩は**事業機会**を認識することである。事業機会とは，ビジネスのアイデア，具体的にはだれに対してどのような製品・サービスを提供するのかというアイデアである。ただし，すべてのアイデアが事業機会というわけではない。実際にビジネスとして行うことが可能であり，かつ利益をあげられるアイデアに限られる。このため，木星旅行を提供するというアイデアは実現可能性がないため事業機会にはならない。事業機会は，ビジネスチャンスと称されることもある。

　訪日外国人観光客は，こんな体験をしてみたいという願望やさまざまな不満をもっている。旅行先の人が普段暮らしている場所で過ごしてみたい，航空運賃がもっと安かったら気軽に日本に来れるのに，といった具合である。前者の悩みを解決しようとしているのがAirbnbのような民泊仲介を手掛ける企業，後者に取り組んでいるのが**格安航空会社**（Low-Cost Carrier, LCC）である。こうあってほしいという理想に現実を近づけることが事業機会となる。

　このため，事業機会を認識するうえで重要なのは，どうしたら人々の願望をかなえられるのか，悩みや不満を解決できるのかを徹底的に考えること，つまり自分のビジネスの顧客となる人が求めるもの（ニーズ）を十分に把握することである。強制的に人からお金を取り上げることはできない以上，願望をかなえたり不満を解消したりしなければお金を支払ってもらえない。さらに，一口

に訪日外国人観光客といっても，人によってニーズは異なることも理解すべきである。たとえば，欧米と東アジアの訪日外国人観光客が日本での滞在中に経験したいことは違うだろう。このため，自社の製品・サービスをどのようなタイプの人たちが高く評価してくれるのか，だれが買ってくれそうなのかについて考え抜くことが不可欠である。

　ただし，起業家が思いつく製品・サービスの多くは他の企業がすでに提供していることに留意しなければならない。新規開業企業が既存企業と同じような製品・サービスを提供していては競争に勝つことはできず，利益もあげられない。このため，創意工夫を通じて，何らかの点で違いを打ち出すことが欠かせない。そのための方法としては，①従来からある製品・サービスよりも質が高いものを提供する，②同じような製品・サービスであってもより低い価格で提供する，の2つに大別される。一般に，新規開業企業は前者の質が高いものを提供しようとすることが多い。

（2）事業機会を生み出す経済・社会の変化

　事業機会は，経済や社会の変化によって誕生することが多い。米国の経営学者，ピーター・ドラッカー（Peter Drucker）は，事業機会を生み出す変化として，人口構造の変化，認識（ものの見方，感じ方，考え方）の変化，新しい知識の出現の3つをあげている（ドラッカー，2007，pp.15-16）[5]。

　人口構造の変化とは，少子高齢化や教育水準の向上，所得の変化などである。たとえば，高齢化が進めばシニア向けの旅行企画へのニーズが高まる。また，現在，日本で進行している晩婚化への対応として，おひとり様をターゲットとした旅行企画が増えている。次に認識の変化としては，健康志向の高まり，女性の社会進出などを指摘できる。この結果，ヘルスツーリズムや女子旅の企画を行う旅行会社が増えている。新しい知識の出現の代表例は技術的な知識である。インターネットが普及し代金決済の仕組みを改善するような知識が生まれた結果，旅行会社のカウンターからネット上へと旅行予約の方法が大きく変わったというのはその一例である。

これら3つ以外にも，さまざまな変化が事業機会を生み出しうる。たとえば，航空業界においては規制緩和が重要な変化である。航空業界では参入（特定の路線で飛行機を運行することに伴う規制）や運賃，便数規制など数多くの規制が従来あったが，これらが徐々に緩和されてきた。こうした変化に対応し，LCCが低運賃を武器に運航を始めるようになっている。

以上を踏まえて，ここでは民泊の仲介というAirbnbの事業機会を生み出した経済的，社会的変化を考えてみよう。まず，国際的に観光が活発になっているという変化がある。この結果，宿泊施設に対するニーズは増加した。加えて，観光客の欲求が「モノ」から「コト」消費に変化してきたことがあげられる。旅行先の風景や観光名所を訪れることで満足していた旅行者が，非日常的なまたは現地の生活を体験したいというニーズをもつようになった。

2008年に発生したリーマンショックに伴う景気の悪化という経済的な変化も指摘できる。所得の伸び悩みに伴い，よりお金をかけず旅行したいというニーズは高まった。同時に，景気低迷によって少しでも収入を増やそうと自分の部屋を貸し出したいと考える人たちが増えたことも見逃せない。

さらに，一人暮らしが増えるとともに，人が疎遠になっていく社会において，誰かとつながっていたいという気持ちが高まったことも，民泊にニーズを生み出したといえるだろう。実際，Airbnbは「世界中を居場所にする」というミッションを掲げている。

変化によって誕生した事業機会は，日々の仕事のなかで認識されることが多い。訪日外国人観光客向けのレストランのスタッフが，イスラム教徒の顧客の増加に着目し，ハラルフードを提供するレストランを始めるといったケースである。他方，「自分たちのように，部屋を貸して小遣い稼ぎをしたいと思っている人たちがいるはずだ」と考えたAirbnbの創業者たちのように，生活のなかに事業機会を見出す人もいる。

いずれにせよ，ここで留意すべきは，認識された事業機会は自分が考えた「良いもの」に過ぎないということである。それが訪日外国人観光客など顧客となりうる人たちにとっても本当に「良いもの」なのかを確かめる必要がある。

起業にあたっては、訪日外国人観光客を観察したり、彼らの意見を聞いたりすることが欠かせない。こうした調査を綿密に行い、そこから学ぶことができるかどうかが起業の成否を大きく左右する。

2．ビジネスモデルの構築

(1) 製品・サービスを提供する仕組みとしてのビジネスモデル

　ビジネスモデルとは、認識した事業機会を実現するための仕組みである。バイグレイブ・ザカラキス（2009）によると、起業を成功させるカギは、良い事業機会（アイデア）を思いつくことではなく、平凡なアイデアでもそれを上手にビジネスの形にすることである（p.89）。適切なビジネスモデルを構築できるかどうかは、起業の成否を大きく左右する。

　ビジネスモデルには、①製品・サービスを顧客に確実に提供できること、そして②利益をあげられるようにすること、という2つの役割がある。まず①からみていこう。

　事業機会は形がないアイデアにすぎない。このため、起業するにあたっては、思い描いている製品を実際に製造したり、サービスをスムーズに提供したりできるような仕組みをつくり上げなければならない。良い製品・サービスを思いついたとしても実際にそれを提供できなかったり、顧客が求めるだけの量を提供できなかったり、欠陥品ばかりであったりするようでは、ビジネスとして成り立たない。

　製品・サービスを提供するにはさまざまな活動が必要である。たとえば、パッケージツアーであれば、①まず日数や旅先などを決定しツアー旅行を企画する、②企画したツアーに必要な素材（宿泊、移動手段など）を確保する、③広告などを通じて企画したツアーを多くの人たちに知ってもらう（販売促進）、④店頭またはインターネット上で販売する、⑤ツアーに添乗員として同行する、⑥旅行終了後、感想を尋ねて次のツアー企画に役立てたり、別の旅行への参加を呼び掛けたりする、といった活動が必要となる（図表4-1）。レストランであれば、①提供するメニューを開発する、②必要な食材を調達する、③SNSな

図表4-1　製品・サービスを提供するための仕組みの例

　どを使って宣伝を行い店に来てもらう，④食材を使って調理する，⑤来店客に接客を行う，といった活動を整えることになる。このように，構築すべき仕組みは，事業機会の内容によって異なるものとなる。しかし，どんな事業機会であっても，製品・サービスを確実に提供できる仕組みを整えなければ起業することはできない。

　Airbnbも民泊の仲介を的確に行えるようなビジネスモデルを構築している。同社のビジネスモデルは，①ホストを確保する，②サイトに旅行者を集客する，③ホストと旅行者を仲介する，④代金決済，仲介料を徴収する，⑤レビュー掲載を依頼する，というものである。このようなビジネスモデルを構築するうえで最大の課題は，旅行者とホストとの信頼関係をどのように構築するのかである。民泊の場合，初めて会ったホストと旅行者が同じ家のなかで過ごす，もしくはホストは自分が不在のまま旅行者に自宅で過ごしてもらうことになる。このため，民泊を上手に仲介するためには，旅行者またはホストがどのような人なのかという不安を解消し，信頼できるという安心感を高めるようにすることが欠かせない。実際，旅行者に部屋を荒らされたという苦情がホストから寄せられたこともあった。そこで，Airbnbは，身元確認システムを整備したり，宿泊後お互いのレビューを掲載できるようにしたりするなどの工夫を行った。

　ここまでみてきたように，ビジネスモデルは数多くの活動で構成される。しかし，一般に，規模が小さな新規開業企業がすべての活動を手掛けることは難しい。そこで，一部の活動を**アウトソーシング**（外部委託）することが少なく

ない。アウトソーシングとは，必要な活動の提供をその活動を得意とする他社に委託することである。添乗員を自社で抱えるのではなく，派遣会社に派遣してもらうというのがその一例である。

　アウトソーシングを上手に活用すると，自社が手掛ける活動を絞り込むことができる。その分，必要な設備や従業員が少なくなり，起業の際に必要な資金を抑えることができたり，アウトソーシング先のノウハウを使うことで，より質の高いサービスを提供したりすることが可能となる。一方，アウトソーシング先とは上手にコミュニケーションをとり，適切なタイミングで適切な質（たとえば添乗員の能力）と量（添乗員の人数）が提供されるよう十分調整することが欠かせない。アウトソーシング先を上手に管理することは，重要な起業マネジメントの1つである。

（2）強み（競争優位）を生み出す仕組みとしてのビジネスモデル

　先に，利益をあげるために，製品・サービスについて違いを打ち出すことが重要と指摘した。製品・サービスだけではなく，ビジネスモデルの諸活動を工夫することで利益をあげることも可能となる。これがビジネスモデルのもう1つの役割である。

　ビジネスモデルの工夫の仕方は事業機会によって異なる。そこで，ここではサウスウエスト航空を例にとって具体的に検討していこう[6]。

　サウスウエスト航空は，前述のように，運賃を引き下げることで乗客を確保しようとした。そうすることで，これまで飛行機を利用していた人たちだけではなく，運賃が高いため自動車で移動していた人たちも自社の顧客にしようとしたのである。こうした狙いもあり，サウスウエスト航空の路線は数百キロで1時間程度のものが多かった。

　しかし，運賃を単に引き下げるだけでは，利益が減少してしまい，赤字になってしまうことすら考えられる。それではビジネスを長く続けることはできない。そこで，サウスウエスト航空は，以下のように，運航システムを工夫して費用を抑えた。こうした努力があって，運賃の引き下げに成功するとともに，

図表4－2　サウスウエスト航空のビジネスモデル

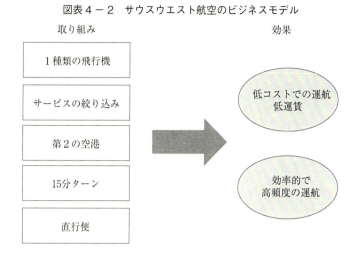

後述するように，高頻度での運航が可能となり乗客を確保できている。同社のビジネスモデルの工夫は次のようにまとめられる（図表4－2）。

① １種類の機種のみ使用

　サウスウエスト航空が運航している機種は，限られた時期を除きボーイング737だけである。１種類の機種しか使用しないことで次のような費用を削減できる。

　第１は，パイロットや客室乗務員，整備士などを訓練するための費用である。たとえば，パイロットは機種ごとに操縦免許を取得しなければならない。単一機種に絞り込むことで，その分パイロットの訓練を少なくできる。客室乗務員もボーイング737以外の機内サービスの手順を学ばなくてもよいし，整備士はこの機体の整備方法だけ覚えればよい。これらの結果，従業員研修の費用を抑えられる。第２は，機体を購入する際の費用である。同じ機体を数多く購入することで，飛行機の製造会社から大量に購入する見返りとして割引が受けられる。

② 乗客サービスの絞り込み

　当初，サウスウエスト航空は航空券の代わりにレシートを発行していた。航空券の発券システムを導入する際にかかる費用を抑えるためである。さらに，他の航空会社が利用しているコンピューター予約システムも導入していない。その結果，旅行会社は予約の電話を掛けなければならないが，システムを導入しない分，費用が削減される。

　一方，乗客にも負担を求めている。たとえば，他の航空会社と比べて路線が短いこともあり，機内食は出さず，事前の座席指定も受け付けていない。

　このように，サウスウエスト航空は本質的ではないサービスを削減することで費用を抑えている。

③ 第2の空港の利用

　米国の大都市の多くには複数の空港がある。その場合，サウスウエスト航空は，混雑が少なく中心部に近い空港を選ぶことが多い。こうした空港は一般に狭く設備は古いものの，その分，空港使用料が安い。また，費用の削減とは直接関係はないが，乗客にとっても空港までのアクセスが良いというメリットもある。

④ 15分ターン

　空港で離陸準備の状態にある時間を短く，逆に飛行している状態にある時間を長くできれば，運航に必要な飛行機の数を削減できる。

　そこで，サウスウエスト航空は，飛行機が空港に着陸してから，乗客の乗り降り，機内の清掃，燃料補給，荷物の積み下ろし，機体の検査などを行い，次の目的地に向かって離陸するまでにかかる時間を15～20分（フライバーグ・フライバーグ，1997, p.81）に抑えている。15分というのは他の航空会社の約3分の1から半分の時間といわれる。そのために，整備の手順を工夫するとともに，整備士はもちろん，客室乗務員やパイロットなども離陸準備に携わるようにしている。

この15分ターンは前述のさまざまな取り組みによっても支えられている。まず，1機種に絞ることで，整備士や客室乗務員などの離陸準備に関する技能やノウハウが高まり，作業スピードが速くなる。また，機内サービスを限定すれば，離陸準備のための作業が少なくなる。さらに，第2の空港は混雑していないため，飛行機が着陸してからゲートまで向かう際に待たされることが少なくなる。これらの結果，離陸準備に要する時間が大きく削減される。

　サウスウエスト航空のビジネスモデルでは，そのなかの諸活動がうまく組み合わされている。この結果，15分ターンが実現されているのである。

⑤　直行便システム

　サウスウエスト航空が採用している直行便システムも，必要とする飛行機の数を抑えるのに役立っている。

　飛行機の運航システムには，直行便システムとハブ・アンド・スポーク・システムがある（図表4－3）。直行便システムは2つの都市を直接結ぶ便を就航させるという単純なシステムである。これに対して，ハブ・アンド・スポーク・システムでは，いくつかのハブ空港（拠点空港）が設けられ，ハブ空港以

図表4－3　2つの運行システム

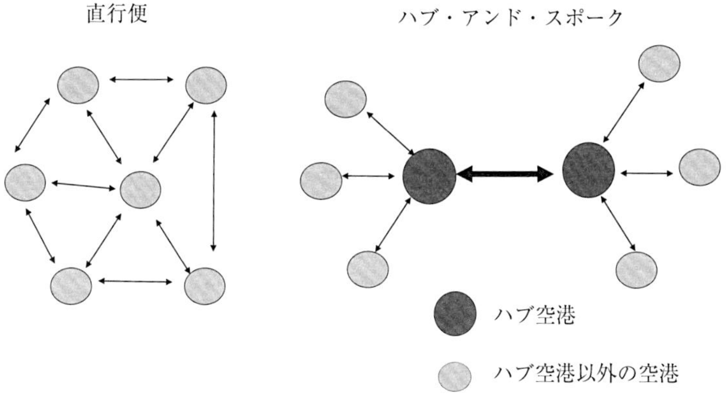

直行便　　　　　　　　　　ハブ・アンド・スポーク

● ハブ空港
○ ハブ空港以外の空港

外からの乗客はハブ空港を経由して目的地に向かう。航空会社にとっては，少ない路線で多くの都市に運航することが可能となる，直行便システムと比べて路線が集約される（1つの路線に複数の目的地に向かう乗客が搭乗する）ことから搭乗率が高まるといったメリットがある。このため，ハブ・アンド・スポーク・システムは多くの航空会社によって採用されている。他方，乗客にとっては，路線が集約される結果，便数が増えるというメリットと，ハブ空港での乗り継ぎが生じるというデメリットがある。

サウスウエスト航空が直行便システムを採っているのは，ある路線の遅延が別の路線に伝染しにくいからである。逆に，ハブ・アンド・スポーク・システムでは，ある便が遅延すると乗り継ぎ客を待たなければならず，他の便に遅延が伝染してしまう。他の便を待たなければならないのでは15分ターンが難しくなる。15分ターンを実行するためには直行便システムを採ることが欠かせないのである。

以上がサウスウエスト航空の取り組みである。ではその成果はどうなっているのか。

フライバーグ・フライバーグ（1997）によると，ゲートからの出発便数は業界平均が5.0便，これに対してサウスウエスト航空では10.5便と倍以上となっている（p.73）。飛行時間もサウスウエスト航空では1日平均11.5時間と，他社の8.6時間を大きく上回る（p.74）。このように飛行機を効率的に活用することで，飛行時間が業界平均並みである場合と比べて，利用する飛行機を35機少なくすることができ，13億ドル節約できたと試算されている（p.81）。この額は，この試算が行われた1990年代半ばにおける，同社の利益の数年分にも相当する。取り組みの節約効果はきわめて大きい。

このように，サウスウエスト航空はさまざまな費用を削減することで運賃を引き下げている。さらに，飛行機の効率的な活用によって，他社と同じ数の飛行機で，場合によっては少ない数で，より多くの便を運航できるようになる。実際，サウスウエスト航空の便数のシェアは，多くの路線で60％を超えるといわれる。

運航頻度の高さは，乗客を確保するうえできわめて有利に働く。ある路線において複数の航空会社が飛行機を運行しているとしよう。その場合，便数のシェアが一定以上になると，乗客のシェアがそれ以上に高くなるという関係が存在するとされる。たとえば，80％の便数のシェアを有する航空会社では，乗客のシェアが80％を超えるといった具合である。こうした関係が生まれるのは，便数が多いため出発時間を選びやすいこと，便数が多い航空会社の方が乗客の目に留まりやすいことという2つの理由によって，選ばれやすくなるからである。

　このように，サウスウエスト航空は，さまざまな工夫を積み重ねることによって，コストを削減し低運賃を実現するとともに，運航頻度を高めより多くの乗客を確保している。そして，大きな利益をあげ，起業を成功させることができたのである。サウスウエスト航空の事例からは，独自のビジネスモデルを構築することの重要性を学ぶことができる。

3．経営資源の調達

　ビジネスモデルを構築すると，次に経営資源を調達し，組織（会社）をつくっていくことになる。

　経営資源とは，ビジネスを行っていく際に活用できるさまざまな資源，いわば組織の財産である。具体的には，従業員，機械をはじめとする設備や店舗，資金などのほか，技術やノウハウなどがあげられる。

　経営資源を確保することは，起業するためには不可欠である。従業員がいなければツアーの企画や随行はできない。ホテルを始めるにしても，建物がなければだれも宿泊することはできない。

　新規開業企業において最も重要な経営資源は，通常，起業家本人である。起業家が社内で1番の技術者かつ1番の営業担当者かつ1番の財務担当者ということは少なくない。

　事実，起業の成否は起業家の能力によって大きく左右される。このため，起業家は，学校や勤務先などで十分な知識や能力を身につけたうえで起業に踏み

切ることが不可欠である。学校教育のなかでは情報収集・分析力や一般的な教養，問題解決能力などを，勤務先においては業界で必要とされるノウハウや知識，ネットワーク（人脈），社会人としてのビジネスマナーなどを学習することができる。起業前の入念な準備が起業を成功させるためには重要である。

　他方，起業家1人だけではビジネスを始められないということも少なくない。自分がもっていないノウハウを補完してくれる従業員が必要となることもあるし，人手が足りないということもある。資金的にも，勤務時代の貯蓄を元手とすることが多いが，それだけでは足りないということもある。その場合，何らかの方法で経営資源の不足を補わなければならない。

　しかし，それは必ずしも容易なことではない。考えてみてほしい。これから新しいビジネスを始めようとする起業家に，お金を貸してほしいといわれたとする。実績がなくうまくいくかどうかわからない起業に対して，あなたはお金を貸すだろうか。失敗すれば貸したお金は返ってこない。もちろん，起業家はうまくいくと考えているが，その根拠を正確に知るのは通常困難である。とすれば，多くの人は貸そうとは思わないだろう。

　もしくは，新規開業企業に就職したいと思うだろうか。将来起業したいと考える人にとっては，起業に必要な知識やノウハウを学習できる最高の環境かもしれない。起業が成功すれば莫大な報酬も得られる。半面，新規開業企業は既存企業と比べると廃業する可能性が一般に高い。さらに，初めのうちは売り上げや利益があがらず，世間相場の給料を払えないことも多い。このため，新規開業企業で働きたいと考えない人も少なくないだろう。

　このように起業家は人材や資金など経営資源を確保するのに苦労しがちである。サウスウエスト航空もかつてはそのような新規開業企業だった。前述の15分ターンも，当初は資金不足で十分な数の飛行機を購入できなかったという状況下における苦肉の策だった。

　では，起業家はどのように経営資源の不足に対処しているのか。2つの対応策が考えられる。第1は，家族や友人・知人など，個人的に知っている身近な人から資金を調達したり，そのなかから従業員を探したりすることである。赤

の他人とは異なり，身近な人たちは起業家を信頼し，経営資源を提供してくれることがある。経営資源を確保するうえで起業家が有するネットワークは重要な役割を果たす。

　第2に，確保できる経営資源の範囲内で実行可能な事業機会を手掛けることである。資金が調達できなければ，手元の資金だけでできるようにビジネスの内容や規模を検討する，従業員が確保できなければ，自分だけでできるビジネスを始めるということが考えられる。そして，ビジネスが上手くいき始めてから従業員を徐々に雇うなどして，経営資源を増やしていくのである。こうした方法はブートストラッピング（bootstrapping）と呼ばれる。ブートストラッピングを成功させるには，起業家の創意工夫が欠かせないことはいうまでもない。

第5節　おわりに

　本章では起業の意義，そして起業活動のマネジメントについて論じてきた。本章の議論は次のようにまとめられる。

　まず，起業の意義として，イノベーションの創出，競争の促進，雇用の創出の3つを指摘した。このうち，訪日観光振興という観点からは，外国人観光客を満足させられるような製品・サービスを生み出すイノベーションの創出が重要である。3つの意義に注目し，日本では政策的に起業を増やそうという取り組みが進められている。

　次に，起業のマネジメントについて論じた。起業活動は大きく分けて，事業機会の認識とビジネスモデルの構築，経営資源の調達という3つに大別できる。

　事業機会の認識については，経済や社会などの変化が事業機会を生み出すことを指摘した。近年，変化のスピードが速くなっており，それだけに起業のチャンスは増えているともいえる。また，顧客となりうる人たちのニーズを十分把握することの重要性も忘れてはならない。

　ビジネスモデルとは，製品・サービスを確実に提供するとともに，利益をあげられるようにするという2つの役割を果たす仕組みである。サウスウエスト

航空の事例は，起業を成功させるうえで独創的なビジネスモデルの有効性を教えてくれる。最後に，経営資源としての起業家の重要性を指摘するとともに，経営資源の不足への対応策を概観した。その際，起業家のネットワークと創意工夫が重要な役割を果たす。

　起業したばかりの企業は脆弱である。このため，ちょっとした見込み違いや失敗が廃業につながりかねない。それだけに起業のプロセスを慎重にそして論理的に進めていくことが欠かせない。本章で論じた起業のマネジメントが重要となるのである。

【ディスカッションのための問題提起】

1．観光業界の新規開業企業が提供している，特徴ある製品・サービスを調べてみよう。それらの製品・サービスは旅行者のどのようなニーズを満たしているのだろうか。
2．観光に関する社会，経済の変化を考えてみよう。そのような変化によって観光業界にはどのような事業機会が誕生しているのだろうか。
3．観光業界における新規開業企業のビジネスモデルを調べてみよう。そのビジネスモデルにはどんな工夫がみられるのだろうか。

【注】

（1）Airbnbに関する情報は，主としてギャラガー（2017）に基づく。
（2）サウスウエスト航空に関する情報は，主としてフライバーグ・フライバーグ（1997）に基づく。
（3）本文中に示した有利さとは逆に，イノベーション創出における新規開業企業の不利を指摘する見解もある。具体的には，①人材や資金などが不足しがちである，②イノベーションの成果を用いた製品・サービスを販売する力が弱く，利益に結び付けることが難しい，③1つの製品・サービスしか販売していないことが多いので，大企業とは異なり，イノベーションの成果を他の製品・サービスに転用できない，などがあげられる。
（4）勤務先で新しい事業を始めることも起業の一部である。こうした起業は社内起業，

社内ベンチャーなどと呼ばれる。ただし，以下の記述はこうした起業ではなく，勤務先から独立して行われる起業を念頭に置いている。
（5）ここに掲げたのは，ドラッカーが指摘する企業・産業の外部の変化である。これ以外に，企業・産業内部の変化として，予期せぬことの生起，ギャップの存在，ニーズの存在，産業構造の変化があげられている。
（6）サウスウエスト航空の成功については，本文で指摘したビジネスモデルの独自性とともに，客室乗務員によるホスピタリティ溢れる機内サービスも指摘される。その背景には，従業員第一主義（顧客第一主義ではなく）がある。従業員第一主義とは，働きやすく，楽しく，家族的な雰囲気の職場づくりを通じて，従業員の職務満足度を高めるという取り組みである。その結果，従業員のモチベーションは高まり，より良いサービスが提供されるようになる。さらに，離職率の低下につながり，従業員を募集・採用し研修するための費用も削減されるという効果もある。

【参考文献】

ウィリアム・バイグレイブ，アンドリュー・ザカラキス，高橋徳行・田代泰久・鈴木正明訳『アントレプレナーシップ』日経BP社，2009年。
忽那憲治・長谷川博和・高橋徳行・五十嵐伸吾・山田仁一郎『アントレプレナーシップ入門―ベンチャーの創造を学ぶ』有斐閣，2013年。
ケビン・フライバーグ，ジャッキー・フライバーグ，小幡照雄訳『破天荒！ サウスウエスト航空―驚愕の経営』日経BP社，1997年。
高橋徳行『起業学の基礎―アントレプレナーシップとは何か』勁草書房，2005年。
中小企業庁『2011年版中小企業白書』同友館，2011年。
ピーター・ドラッカー，上田淳生訳『イノベーションと企業家精神』ダイヤモンド社，2007年。
リー・ギャラガー，関美和訳『Airbnb story：大胆なアイデアを生み，困難を乗り越え，超人気サービスをつくる方法』日経BP社，2017年。

COLUMN 01　国際観光と経済の関係

　リーマンショック以降，世界経済は緩やかな回復が続いているが，中長期的には成長の鈍化が想定されている。今後，世界全体でみても，高齢化，人口減少の問題が顕在化し，主要先進国の**潜在成長率**の伸びは低い水準にとどまっている。さらに，主要新興国の潜在成長率も現状は比較的高い水準にあるものの，緩やかな低下が予想されている。日本の潜在成長率も1%を下回る水準で推移する可能性が高い。

　一方，UNWTO Tourism Highlights 2017 Editionによると，世界の観光客到着数は順調に増加している。2003年以降，リーマンショックの影響があった2009年を除いて順調に増加しており，2016年までの13年間で1.8倍（2016年には12.4億人）まで増加している。この間の**経済成長率**（実質GDP）が1.6倍強であったことを考えると，経済成長以上に海外旅行者が増えていたことになる。日本では2009年のリーマンショックと2011年の東北地方太平洋沖地震の影響があったものの，その後は急激に国際**観光客到着数**が増加しており，2012年以降2017年までの5年間に3.4倍に急増していることがわかる。この間の日本経済は回復基調にはあるものの，力強さに欠けるもので，年平均で1%に満たない成長率であった。

　少子高齢化が急速に進む日本の経済力の低下が明らかになりつつあるなかで，訪日海外旅行者が増加している背景には，政府をあげての観光客誘致などによるところも大きいが，それ以上に東アジアの国々の急激な経済成長によるところが大きい。図1には，UNWTOによる，2030年までのディスティネーション地域別の観光客到着数の長期予測の結果を示している。推定値であるため，当然，誤差があることを前提として考える必要があるが，現時点では最も信頼できる予測値の1つであると考えてよいであろう。図1（1）の世界全体のなかの地域別の予測数値を見ると，ヨーロッパ地域からの観光客到着数が2030年の時点でも最も多いが，伸び率という意味では，アジア・太平洋地域

図1 UNWTO2030 長期予測：国際観光 ディスティネーション地域別（単位：100万人）

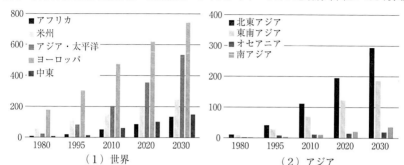

（1）世界　　　　　　　　　（2）アジア

出所：UNWTO Tourism Highlights, 2017 Edition.

が大きいことがこの図から予想できる。図1（2）では，伸び率の大きいアジア・太平洋地域をさらに細分化した場合の観光客到着数を示している。この結果を見ると，中国を中心とした北東アジア地域の観光客到着数が多いことがわかる。一般に海外旅行は近隣諸国への旅行が多いといわれているが，日本の観光客到着数が急増した最も大きな要因の1つが，近隣諸国の北東アジア地域の人々が海外旅行先として日本を選択し，訪日観光客が増加した可能性が高い。

図2には，2010年時点と2030年時点での，世界全体での観光客到着数に対する地域ごとの観光客到着数のシェアと2時点間のシェアの差を示している。この図から，ヨーロッパ地域の相対的なシェアの減少（約9％）とアジア・太平洋地域の相対的なシェアの増加（約8％）が確認できる。さらに図2（2）を見ると，増加しているアジア・太平洋地域のなかでも，北東アジア（4％程度），東南アジア（3％程度）の増加が大きいことが確認できる。日本を含む北東アジアの観光客到着者数が増加するということは，日本への観光客到着者数にプラスの影響を与えることが期待される。

国内の産業に成長を期待できない日本経済にとって，観光客到着数の増加は重要な意味をもつ。日本の経済状況とは無関係に成長を続ける，隣国からの海外旅行者数が増加することが今後も予想され，日本経済にプラスの影響を与えるはずである。もちろん，GDPを経済成長の代理変数とすると，直接的な貢

図 2 UNWTO2030 長期予測：国際観光 ディスティネーション地域別シェア（単位：%）

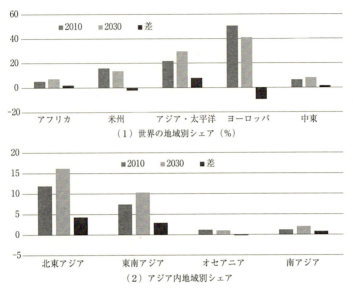

（1）世界の地域別シェア（%）

（2）アジア内地域別シェア

出所：UNWTO Tourism Highlights, 2017 Edition.

献度はまだ小さい。GDP には，「輸出（インバウンド消費）」に外国人観光客が消費した支出が含まれることになるが，2017 年でも 1％未満でそれほど大きくない。しかし，観光産業の他産業への波及効果や雇用効果は非常に大きく，その効果は 2016 年の時点ですでに 6％に達しているという報告[1]もある。さらに今後も外国人観光客が増え続け，訪日外国人旅行者の消費支出が増えれば，GDP への貢献度が高まることが予測される。近い将来，日本の経済力が相対的に低下して円安が進むと，海外から見た日本の観光地としての魅力度がさらに増すことにもなる。少子高齢化が進む日本のなかで，将来を期待できる分野は限定されている。観光業は，数少ない成長が期待できる産業の 1 つである。

【注】

（1）JTB 総合研究所の「考えるプロジェクト」必要性を考える（https://www.tourism.jp/project/tcm/why/economy/ 2018 年 1 月 22 日参照）。

第Ⅱ部　国際観光と観光ビジネス

第5章
トラベル・ビジネス

第1節　トラベル・ビジネスを読み解く視点

1．ツーリズム・システムにおけるトラベル・ビジネス

　21世紀は観光の時代である。2017年の1年間に日本からは延べ1,789万人が海外旅行に出かけ，海外からは延べ2,869万人が日本を訪れた（日本政府観光局，2018）。世界を見ると，2016年には12億人以上もの人々が国境を越えて移動している（UNWTO, 2017）。

　観光研究の先駆けの1人であったレイパー（Leiper, N.）は，観光現象を5つの基本的要素から構成されるシステムとしてとらえた。**ツーリズム・システム**の基本的要素は「旅行者」，「出発地域」，「通過・経由地域」，「到着地域」，「観光産業」である。これらの要素は相互に関連し依存し合いながら，また，周囲の「環境」に影響をうけながら，観光現象を作り出している（図表5 - 1）。

　ここで，ツーリズム・システムにおいて観光産業がどのように機能しているのか，私たちが海外旅行をすると仮定して考えてみよう。

　私たちは居住地から出発し，移動して（場合によっては経由地を経て）目的地に到着する。移動手段としては，バス，鉄道，エアラインや船舶などの「交通業」を利用するだろう。目的地に到着すると，ホテルやゲストハウスなどの「宿

図表５−１　ツーリズム・システム

出所：Leiper（1979）をもとに筆者作成。

泊業」、レストランやカフェなどの「飲食業」、買い物では「小売業」などを利用するだろう。また、テーマパークや博物館などの施設を利用するかもしれない。これらのさまざまな業種や組織が観光産業を形成し、ツーリズム・システムが機能することによって、私たちは旅行を楽しむことができるのである。

　そのほかにも、タビマエ（旅行前）、タビナカ（旅行中）には、旅行ガイドブックやインターネット上の情報を利用したり、目的地ではガイドに案内してもらったりするかもしれない。さらに、タビナカやタビアト（旅行後）にはSNSを利用して旅行中の画像や動画を発信することも多いだろう。情報関連業種もまた観光産業の一翼を担い、ツーリズム・システムに組み込まれていると考えることができる。

　では、本章で取り上げるトラベル・ビジネスとは何を指しているのだろうか。日本国内については、旅行業法で規定されている「**旅行業者**」「**旅行業者代理業**」がこれに当たる。近年では店舗をもたないオンライン旅行会社（**OTA**：Online Travel Agent）もトラベル・ビジネスの重要な担い手である。また、2018年施行の改正旅行業法で新たに定められた「**旅行サービス手配業**（いわゆ

るランドオペレーター)」もインバウンド観光の重要なプレイヤーである。

　日本に限定せず，より一般的にトラベル・ビジネスを定義するとどうなるだろうか。交通業，宿泊業，飲食業，小売業などが，旅行を形作る素材（旅行素材）そのものを提供している**サプライヤー**（Suppliers）＝**供給業者**であるのに対し，トラベル・ビジネスはこれらの旅行素材をまとめあげツアーとして商品化し，消費者に販売する**インターミディアリー**（Intermediaries）＝**仲介業者**である。つまり，トラベル・ビジネスはツーリズム・システム全体にかかわる観光産業の中核的存在なのだ。

　本章では，トラベル・ビジネスがどのようにして成立し，発展してきたのか，どのような仕組みに支えられているのか，現在の社会においてどんな価値を生み出し，役割を果たしているのか，また，どのような課題を抱えているのか，可能性を秘めているのかを学ぼう。

2．トラベル・ビジネスに関わる用語の定義

　観光に関わる教育や研究の歴史は比較的浅く，関連用語も統一されていないものが多い。ここで「観光」，「旅」，「旅行」，「トラベル」，「ツーリズム」について，本書の初版（2010年発行）の第1章（著者は海津ゆりえ氏）における定義を紹介し，本章における定義としたい。

　　「観光」と「旅」「旅行」は，言葉がうまれたいきさつが異なっている。「旅」や「旅行」は，古来，住む場所を離れて他の土地へ行くことを意味している。それに対して「観光」は，ほかの土地の風物を視察するという意味がある。たんに'行く'という行為を指すだけでなく，'観る'という旅人のふるまいが含まれた言葉だ。「観光」は，中国の占いの本『易経』から探し出された「観国之光」という表現からとっている。訪日外国人が日本各地を訪れて楽しむ活動を意味した「ツーリズム」の訳語として用いられるようになったのは，大正に入ってからのことと言われている。「国の光を観る」と読むが，観るという言葉には，（外から）「見る」と，（内から）

「しめす」両方の意味がある。「トラベル」を訳すと「旅行」である。したがって，＜トラベル＝旅行＞，＜ツーリズム＝観光＞ということになる。
(山口一美・椎野信雄（編著）『はじめての国際観光学』創成社, 2010 年, pp.4-5)

第2節　トラベル・ビジネスの仕組み

1．トラベル・ビジネスの誕生と発展―旅の商品化プロセス―

　国際観光市場は年々，拡大の一途をたどっている。国連世界観光機関（UNWTO）によると，観光目的地（Destination, デスティネーション）における 2016 年の国際観光収入は 1 兆 2,200 億米ドル（UNWTO, 2017）であった。1950 年の 20 億米ドル，1980 年の 1,040 億米ドル，2000 年には 4,950 億米ドルと増加の一途をたどっている。

　現在，市場拡大に伴って成長を続けるトラベル・ビジネスだが，その起源は 19 世紀の英国にさかのぼることができる。なぜ，どのようにして，19 世紀の英国でトラベル・ビジネスが誕生したのだろうか[1]。

　この時期は，資本家と労働者階級の貧富の差が拡大した産業革命後期にあたる。資本家＝富裕層はツーリズム，すなわち楽しみのための旅行を享受しており，国際観光のさきがけとなった「グランド・ツアー」はすでに 17 世紀後半から 18 世紀に英国で大ブームとなっていた。貴族の子息の教養旅行として，イタリアやフランスを 1～2 年かけて周遊する旅行で，映画やアニメの素材にもなっているので，聞いたことのある人もいるだろう。一方，労働者階級は劣悪な環境のもとでの長時間労働を余儀なくされ，苦しい日常生活のストレスのはけ口として暴力や飲酒習慣が蔓延していた。

　そのようななかで禁酒運動がおこったが，敬虔なクリスチャンであった**トーマス・クック（Thomas Cook）**は，1841 年，禁酒同盟大会への日帰り団体旅行を企画・実施した。禁酒論者を対象として，英国中部のレスターから大会開催地ラフバラまで片道 11 マイル，鉄道を使った団体旅行である。クックはミッドランド・カウンティーズ鉄道と交渉し，臨時列車の運行と団体割引運賃を実

現させた。参加者は570名といわれている。史上初のビジネスとしての団体旅行であり，旅行業，そして，トラベル・ビジネスが産声をあげた瞬間である。

　その後，クックはトラベル・ビジネスの本格的展開に着手し，1851年ロンドンでの万国博覧会へ16万人を送客，1855年にはパリ万博への初の国際間送客に成功，1871年には息子のジョン・メイソン・クック（John Mason Cook）とともにThomas Cook & Son社を開業するにいたり，翌年初めての世界一周団体旅行を実施しているが，その行程には日本も含まれていた。まさに飛ぶ鳥を落とす勢いでクックのトラベル・ビジネスは拡大していったのである。その後，同社は他社への株式譲渡や他国の企業による買収対象になるなどの紆余曲折を経て，2018年現在も世界的な旅行企業グループとして存続している。

　上記のような起業当時の華やかな成功ストーリーから「近代旅行業の始祖」と呼ばれるトーマス・クックだが，その真意は現在も続くトラベル・ビジネスの原型を彼が作り上げたことにある。団体運賃，夜行列車，旅行小切手（トラベラーズチェック），ホテル・クーポン（バウチャー），ツアーパンフレット，時刻表雑誌，観光ポスターなどである。

　トーマス・クックが発案し実現したさまざまなトラベル・ビジネスの本質はいったいなんだったのだろうか。

　それは，人びとを旅に出たいと思わせ（観光ポスターやパンフレットなど），旅行費用を抑え（団体運賃など），旅に関わるさまざまなリスクや煩わしさから解放して（旅行小切手，添乗員，ホテル・クーポンなど），旅を「商品」として多くの人びとの手に届くものにしたことである。19世紀後半以降，いわゆる「**マス・ツーリズム**（大衆観光，あるいは観光の大衆化）」を推し進め，富裕層以外の多くの人が旅の楽しみを享受できるようにしたこと，それこそがトーマス・クックが着手したことであり，その後につづくあまたの旅行会社が行ってきたことの本質である。

　英国で誕生したトラベル・ビジネスは，その後，19世紀後半から20世紀前半にかけて世界各地に広がっていく。米国ではアメリカンエキスプレス社（開業時は運送業者），日本でも日本旅行，ジャパン・ツーリスト・ビューロー（現

在のジェイ・ティー・ビー）が誕生しているが，これらの企業のビジネスの仕組みはクックの原型を踏襲するものであった。

2．マス・ツーリズムを支える仕組み
　―旅の流通と大量仕入れ・大量販売―

　ここで，商品としての旅が消費者に購入されるまでのルートである旅の流通システムについて整理しよう。流通とは，私たちが購入しているさまざまな商品がどのようにして私たちのもとに届いているか（購入できる状態になっているか）に関連する概念である。たとえば，洋服を考えてみると，製造業者であるアパレルメーカーは布地や糸，ボタンなどの原材料を仕入れて裁断・縫製などの加工を行い，最終製品を製造する。製品は卸売業者や小売業者を経て，私たち最終消費者の前に商品として現れる。この経路，すなわち製造業者－卸売業者－小売業者－最終消費者というルートを通って，製品が製造され商品として消費者に購入されるまでの一連の流れが流通である（図表5－2）。なお，この例は従来型の典型的な流通の形であり，実際にはさまざまな流通のバリエーションが存在している。たとえば，製造業者と小売業者を1社が兼ねるような**垂直統合**された流通もある。アパレル業界でファストファッションと呼ばれるブランド群は垂直統合された流通を実践している。

　洋服は「手に取って触ることのできる有形のモノ商品」だが，旅はそうではない。いわゆる「無形の商品」，「サービス商品」である。にもかかわらず，モノ商品と同じような流通が存在している（図表5－3）。

　旅行会社は「ツアー」という最終製品を「造成」するために（トラベル・ビジネスでは製造のことを「造成」と呼ぶ），サプライヤーであるホテルやエアラインから座席や客室を仕入れる。そしてひとまとまりのツアーとして「包装して（パッケージングして）」販売するのである。**パッケージ・ツアー**という言葉はこの造成の作業に由来している。

　旅行商品の流通において，欧米では2種類の旅行会社が存在している。ツアーの製造元であるツアーオペレーター（tour operator）と，ツアーの小売業

図表 5 − 2　一般的な流通

川上
- 製造元（Maker）
- 素材メーカーや部品メーカーから仕入れた原材料から製品を製造する

- 卸売業者（Wholesaler）
- 製造元から仕入れた製品の在庫管理・保管・物流を行う

- 小売業者（Retailer）
- 卸売業者から仕入れた製品を最終消費者に商品として販売する

川下
- 最終消費者（Consumer）

図表 5 − 3　旅行商品（ツアー）の流通

川上
- 製造元（Maker）兼　卸売業者（Wholesaler）＝「旅行会社」
- ホテルやエアラインなどのサプライヤーから旅行素材（原材料）を仕入れてツアーを造成（製造），小売業者に卸す

　　　　欧米ではこのような旅行会社を Tour Operator という

- 小売業者（Retailer）＝「旅行会社」
- 卸売業者から仕入れたツアーを最終消費者に販売する

　　　　欧米ではこのような旅行会社を Travel Agent という

川下
- 最終消費者（Consumer）

（注）旅行会社が販売しているのは，必ずしも「ツアー」であるとは限らず，たとえば航空券のみといったようないわゆる「代売」もあるが，ここでは流通の仕組みを理解しやすくするために図表 5 − 3 では「ツアー」という表現を用いている。

者（販売会社）であるトラベルエージェント（travel agent）である[2]。また，前述した垂直統合が欧州のトラベル・ビジネスでは特徴的である。

　一方，日本ではトラベル・ビジネスの発展において，この 2 つの機能を 1 社が併せもつ「総合旅行会社スタイル」が一般化した。

　トーマス・クックから始まった旅の商品化は，こうした流通システムの整備と相まって，マス・ツーリズムの時代をもたらしたが，もう 1 つ忘れてはならないのが「**規模の経済性**（economies of scale）」を生かした「**大量仕入れ・大量**

販売」の仕組みである。

　一般的に，ある製品を生産する際に，多く生産すればするほど1製品当たりにかかる原材料や労働力，すなわちコストが減少するという性質を規模の経済性という。規模の経済性が働くと，その結果として製品の価格を下げることができるので収益性が高くなる。

　旅行会社が航空座席やホテルを仕入れてツアーに造成する際に，同じ航空会社の同じ路線を多く仕入れる，あるいは同じホテルの客室をより多く仕入れることにより，規模の経済性が発揮され，旅行会社にとって有利な，より安い価格での仕入れを実現することができる。

　しかし，大量に仕入れて造成したツアーであっても，大量に販売できなければ収益があがらない。そこで重要なことは多くの消費者が行きたいと思うようなツアー内容にすることである。たとえば，日本人に人気の海外旅行先であるハワイへの4泊6日のツアーは大量仕入れ・大量販売の仕組みを生かしたものといえるだろう。

　大量仕入れ・大量販売により，多くの人びとが行きたい旅行先に，多くの人びとがより安い価格で行けるようになる。大衆が旅を楽しむことのできるマス・ツーリズムが加速されるとともに，旅行会社に収益がもたらされるというメリットがある。このような仕組みがトラベル・ビジネスの基本となってきたのである。

3．日本における旅行会社の区分と業務

　この項では日本における旅行会社の区分と業務について整理しよう。

　日本では，**旅行業法**が旅行会社の業務や資格，罰則などについて定めている。旅行業法では，旅行会社は大きく「**旅行業者**」と「**旅行業者代理業**」に分けられ，さらに「旅行業者」は第1種から第3種および地域限定の4種に区分されている。それぞれの区分ごとに業務範囲や実施範囲，登録の要件が細かく定められている（図表5-4）。日本国内の旅行会社数はここ10年間では，旅行業者・旅行業者代理業あわせておよそ10,000社前後で推移している。

　旅行業が取り扱うことのできる旅行商品には「**企画旅行**」と「**手配旅行**」が

図表 5 − 4 　旅行業の登録区分

		業務範囲				登録要件		
		企画旅行			手配旅行	営業保証金 （注1）	基準資産	旅行業取扱 管理者の選任
		募集型		受注型				
		海外	国内					
旅行業者	第1種	○	○	○	○	7,000万 (1,400万)	3,000万	必要
	第2種	×	○	○	○	1,100万 (220万)	700万	必要
	第3種	×	△ （隣接市町村等）	○	○	300万 (60万)	300万	必要
	地域 限定	×	△ （隣接市町村等）	△ （隣接市町村等）	△ （隣接市町村等）	100万 (20万)	100万	必要
旅行業者代理業		旅行業者から委託された業務				不要	―	必要
観光圏内限定旅行 業者代理業		旅行業者から委託された業務 （観光圏内限定，対宿泊者限定）				不要	―	研修修了者で 代替可能

（注1）旅行業協会に加入している場合，営業保証金の供託に代えて，その5分の1の金額を弁済業務保証金分担金として納付。また，金額は年間の取扱額が2億円未満の場合であり，以降，取扱額の増加に応じて，供託すべき金額が加算される。
出所：国土交通省観光庁ウェブサイト（http://www.mlit.go.jp/kankocho/shisaku/sangyou/ryokogyoho.html　閲覧年月日　2018年1月27日）を参考に筆者作成。

ある。前者はさらに「**募集型企画旅行**（いわゆるパッケージ・ツアー）」と「**受注型企画旅行**（修学旅行や職場旅行などに代表される）」に分けられる。それぞれの概要については図表5 − 5を参照してほしい。

　現在，世界ではトラベル・ビジネスのあり方が急激に変化しており，日本も例外ではなく，旅行業法が想定する業務以外のトラベル・ビジネスが広がりつつある。そこで，次に別の視点から旅行会社のビジネスを眺めてみよう。

　ビジネスを分類するための基準はさまざまあるが，1つの基準として取引相手の種類による分類がある。いわゆる【B to B】【B to C】【C to (B to) C】という分類である（図表5 − 6）。

　旅行業法が規定している旅行業者は，図表5 − 6では「企業・消費者間取引（B to C）」を行う旅行会社である。受注型企画旅行においては，修学旅行や職場旅行など取引相手が個人の消費者ではない場合を含んでいるものの，その場合でもこれらの企業や組織が最終顧客であり，その先にさらに別の顧客（消費者）が存在しているわけではないので，広義のB to Cであるといってもよい

図表5-5 企画旅行と手配旅行

旅行の種類		概　要	旅行業者の債務等
企画旅行	募集型企画旅行	いわゆるパッケージ・ツアー。旅行業者が前もって企画し，不特定多数の旅行者にむけて販売する。	いずれの企画旅行も，旅行業者は旅行者に対し，手配完成義務，旅程管理債務，旅程保証責任，安全確保義務，特別補償責任を負担する。しかし，広告方法，契約の成立時期，契約内容の変更などについては，募集型か受注型かによって違いがある。
	受注型企画旅行	旅行業者が，旅行者からの依頼によって，旅行に関する計画を作成する。例えば，修学旅行や職場旅行など，一定の団体からの依頼を受けて，オーダーメイド方式で旅行業者が旅行の計画を立てる場合など。	
手配旅行		旅行の計画は旅行者自身が作成し，旅行業者は依頼を受けて航空券やホテルなどの手配を個別に行う。	旅行業者の債務は，善良な管理者の注意をもって旅行サービスの手配をすること。仮に，満員，休業，条件不適当等の事由により，運送・宿泊機関等との間で旅行サービスを提供する契約を締結できなかった場合であっても，旅行者は手配にかかる取扱料金を支払わなければならない。募集型企画旅行契約と異なり，旅行業者は，旅行者に対し，手配完成義務，旅程管理債務，旅程保証責任，安全確保義務，特別補償責任のいずれも負担しない。

出所：木村（2016），pp.38-41を参考に筆者作成。

図表5-6 取引相手によるビジネス・タイプ

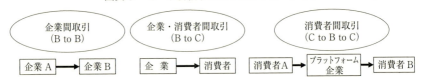

だろう。つまり，日本の法制度下ではBtoCの旅行会社だけを旅行業として想定しているのである。

しかし，実際のトラベル・ビジネスに関わるすべての会社がBtoCではないことにも注意してほしい。たとえば，インバウンド市場の急成長によって注目されている**ランドオペレーター**は，2017年改正，2018年施行の改正旅行業法で「**旅行サービス手配業**」として位置づけられた業態だ。日本国内のホテルやバス会社などのサプライヤーと旅行業のあいだにたつBtoBのトラベル・ビジネスを取り扱っている。

また，民泊仲介大手のAirbnb（エアビーアンドビー）は，個人と個人をつな

ぐプラットフォーム企業としてC to B to Cのトラベル・ビジネスに区分されるだろう。同社は個人所有物件の空き室を旅行者の宿泊用に提供する仲介だけでなく，個人が企画・実施する各種体験プログラムを仲介するといった，旅行目的地でのコンテンツ提供のトラベル・ビジネスも拡大しようとしている。旅行業法が想定している範囲を超えて，トラベル・ビジネスの守備範囲は広がっているのである。

4．仲介業者としての旅行会社

　ホテルや旅館などの宿泊業では，客室，レセプション，レストランなどの施設がなければ事業が成り立たない。エアラインは航空機や整備施設がなければ成り立たない。駅や線路，車両をもたない鉄道会社は今のところ考えられない。このように観光におけるサプライヤーは有形の，かつ，相当の初期投資を必要とする物理的な経営資源が必要である。しかも，予約の入らなかった座席や客室を次の日にあらためて販売するということも不可能なため，かなりハイリスクなビジネスでもある。

　では旅行会社はどうだろう。かつて，旅行会社は「時刻表と電話と机さえあれば開業できる」といわれていた。ホテルやエアラインのようなサプライヤーとは異なり，物理的な経営資源をほとんどもつ必要がないという特徴があるのだ。これは新しく旅行会社を開業したいと考える人にとっては良いニュースである。初期投資が少なくて済むため，業界への参入障壁が低いということだ。

　一方で，仲介業者としての旅行会社のビジネスは利益率が低いという，あまり嬉しくない特徴もある。利益率とは，売上に占める利益の割合だが，仲介業者は商品を売り切るというリスクを自社で背負わないことが多いため，どうしても利益率が低くなってしまう業種であり，旅行会社も例外ではない。

　旅行会社が造成するパッケージ・ツアーを考えてみると，ツアー造成の際にサプライヤーから客室や座席を仕入れるが，その仕入れは実は「預かっている」状態であり，もしもツアーの販売がかんばしくない場合には，旅行会社がいったん仕入れた素材をサプライヤーに返すことができるという商習慣があるので

ある。言い換えれば、サプライヤーにとっては旅行会社に対する自社商品（客室や座席）の売上がぎりぎりまで確定しないことを意味する。売れ残りのリスクはサプライヤー側が負担しているのであり、旅行会社にとってはローリスクな仕組みとなっている。このような商習慣がある限り、旅行会社の利益率はなかなか改善せず、長年ローリスクローリターンにとどまっているのである。

　仲介業者としての宿命である低い利益率をカバーし、全体として利益を確保するために多くの旅行会社が採用してきた方策が、前述した大量仕入れ・大量販売のビジネスモデルだ。1ツアー当たりの利益が少なくても、大量に販売することにより一定の利益をあげることができるのである。

　しかし、長年続いてきたこのビジネス・モデルがだんだん通用しない時代がやってきた。マス・ツーリズムから、**ポスト・マスツーリズム**（「マスツーリズムの次」）へと時代は動いている。次節では、ポスト・マスツーリズムの時代におけるトラベル・ビジネスについて考えていこう。

第3節　ポスト・マスツーリズム時代のトラベル・ビジネス

1. 消費者の進化

　「フォーディズム（Fordism）」という言葉を聞いたことがあるだろうか。米国の自動車会社であるフォードの創業者ヘンリー・フォード（Henry Ford）が提唱した経営思想である。彼は製品を通じた社会への貢献を実現するため、従業員には高賃金を、顧客には低価格での商品提供を目指した。この思想が単一車種（黒塗りのT型フォード、米国における大衆車の代名詞）の大量生産による自動車の低価格化を支え、米国の一般大衆のあいだに自家用車の普及が一気に進んだ（鈴木，2016）。フォーディズムを倣った経営手法はその後さまざまな業種に広がり、前節で明らかにしたようにトラベル・ビジネスも例外ではない。

　大量生産（仕入れ）・大量販売のビジネスモデルが通用するためには、多くの消費者が画一的な商品を求めていることが前提となる。T型フォードの普及が進んだ時期は、米国の大衆にとって「1台目の自家用車」が憧れ求めているも

のだったのだ。画一的な商品へのニーズの高い，同質的な市場が存在するとき，すなわち「10人1色」の市場において威力を発揮するのが大量生産（仕入れ）・大量販売の仕組みなのである。

　しかし，やがて社会がより豊かになり成熟化するにつれ消費者のニーズは多様化し始める。同じ製品カテゴリー内で差別化された製品が続々と市場に出回るようになり，企業間の競争も激化してくる。米国では黒塗りのT型フォードの普及が一巡したのち，自動車メーカー各社がそれぞれ特徴のある製品を売り出す時代がやってきた（増田，2010）。消費者の経済状況，ライフスタイル，車の使用状況などに合わせて，自動車に対するニーズが細分化・多様化する「10人10色」の時代である。

　このような変化を日本におけるトラベル・ビジネスにあてはめてみよう。1960年代半ばから1980年代初め頃にかけての国内旅行においては，たとえば職場の慰安旅行は1泊2日の温泉旅行などの画一化されたパターンが多くみられた。参加者全員が一堂に会することのできる旅館の大広間で，お刺身，天ぷらなどの和食膳が供された。一方，1970年代以降，徐々に拡大を始めた海外旅行においても「ワイキキ6日間」，「ロンドン・パリ・ローマ三都市周遊」などの定型化したパッケージ・ツアーが多く販売された。ツーリズム，つまり，楽しみのための旅が日本人のあいだに普及し始めた時期には，市場ニーズは同質的で，提供されるツアーは画一的であり，それが旅行会社にとっても顧客にとっても望ましいことであった（「10人1色」の時代）。

　1990年代以降は旅へのニーズの細分化・多様化が徐々に進み，国内旅行では団体旅行需要が減少し，少人数グループの旅行が増えてきた。海外旅行では団体旅行やパッケージ・ツアーへの参加率が低下し，個人手配の割合が上昇した（髙井，2013）。旅行目的地やツアーの行程も多様化し，ヨーロッパであれば周遊型から一都市滞在型へ，人気のハワイでもワイキキに加えて離島への旅へ，といったような変化が見られた。

　2000年代以降は消費者がさらに進化した「1人10色」の時代が到来した。

個人内のニーズの多様化である。たとえば，大学生の卒業旅行では「親友との卒業旅行」，「サークル仲間との卒業旅行」，「恋人との卒業旅行」など，同行者によって旅先や内容が多様化する現象が見られるようになる。個人「間」のニーズの多様化だけでなく，個人「内」のニーズの多様化が進んでおり，個々の消費者に合わせた**少量多品種**の旅行商品づくりが必要となってきたのである。どのような顧客に対して，どんな価値を提供するのか，個々の商品づくりには，これまで以上に市場の緻密な分析と深い考察が必要だ。旅における大量仕入れ・大量販売が通用しづらいポスト・マスツーリズムの時代の到来である。

2．ICTの普及がもたらした変化

　旅行ニーズの多様化が進んだ1990年代後半，すべてのビジネスのあり方，さらには社会のありようにまで影響をもたらす技術革新があった。インターネットの普及と，それによるICT（インフォメーション・アンド・コミュニケーション・テクノロジー：Information and Communication Technology）の高度化である。今，私たちの多くが日常的に行っているような，スマートフォンによるツアー予約や商品購入，SNSでの発信や友人との日常的なやりとり，世界中のニュースをオンタイムで入手できるアプリなどに代表されるように，「誰もがいつでもどこでも誰とでも」つながることのできる時代をもたらした。

　ICTの高度化はトラベル・ビジネスにさまざまな影響を及ぼしたが，ここでは3つの変化に絞ってみてみよう。

　第1はトラベル・ビジネスにおける**オンライン販売**比率の上昇と，**OTA**のシェア拡大である。この傾向は世界的にみられるが，ここでは日本国内の状況についてみてみよう。仲介業者（旅行業者等）のオンライン販売額は，2011年度の9,895億円から2015年度の23,611億円（2.36兆円）へと2.4倍近くに増加，その内訳を見ると2015年度のOTA販売額は1.65兆円で，旅行会社のオンライン販売額0.71兆円の2倍以上となっている。ただし，同年度の旅行会社オフライン販売額（店舗での販売額）は5.55兆円であり，日本ではオンライン販売よりも店舗での対面販売（オフライン）が優勢である（牛場・酒井・齋藤・志方，2016）。

第5章 トラベル・ビジネス 99

図表5－7 ICT普及による流通の変化

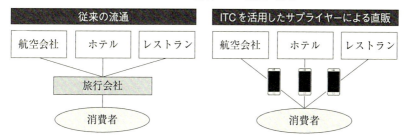

　第2はサプライヤーによる消費者への直接販売，いわゆる**ダイレクト・マーケティング**が普及したことによる「**中抜き**」現象である。中抜きとは，旅行商品の流通において介在していた仲介業者である旅行会社が不要になることを意味している（図表5－7）。さまざまな旅行素材をパッケージングする旅行会社の機能を消費者自身が代替してしまうことが可能となったのである。もちろん，すべての消費者が自分自身で旅行素材を手配できるわけではないし，それができる場合でもあえて旅行会社のパッケージ・ツアーを利用する消費者もいる。
　第3は個人間取引（C to Cビジネス）の拡大である。前述した民泊仲介大手のAirbnbを例にとって考えよう。自宅の空き室を貸したいという個人（ホスト）と，一般住宅に宿泊したいという個人（ゲスト）が，同社のプラットフォーム（ウェブサイトやアプリケーション）上で出会い，お互いを評価し信頼したうえで成り立つマッチング・ビジネスである。同社では，民泊仲介だけではなく，個人が提供するアクティビティなどの観光コンテンツにも取り扱い領域を広げたり，民泊予約の際に航空券の手配を同時に行えるよう航空会社と提携したり，そのビジネス領域を拡大中である。
　ほかにも，日本では**通訳案内士法の改正**（2018年施行）により通訳案内士の国家資格をもたない人であっても日本国内で外国語を用いた案内を有償でできるようになったため，ガイド・マッチングサービスにおけるC to Cビジネスが拡大することが予想される。さらに，現在は国内では合法化されていないライドシェアなども将来的に規制緩和されることもあり得るだろう。あらゆる

旅行素材においてCtoCビジネスが拡大していくことが予想できるのである。これらはすべてICTの高度化と普及が土台となっている。

　ここであげた3つの変化のうち、後者の2つはいずれも仲介業者としての従来型の旅行会社の存在意義を脅かすものであり、一部で聞かれる「旅行会社不要論」という流れにどう対抗していくのか、避けては通れない課題だ。しかし同時に、アプローチの仕方次第では新たなトラベル・ビジネスの創出につながる可能性も秘めているのではないだろうか。この点について、次節で現在の国際観光の状況を踏まえながら検討していこう。

3．旅行会社の自己変革―日本の旅行会社は今―

　国連世界観光機関（UNWTO）によると、2016年の国際観光客到着者数は12億3,500万人を記録した。2020年までに14億人、2030年までには18億人に達すると予測されている。観光を通して世界の人びとが大交流する時代がやってきたのだ[3]。

　国際観光の伸びに大きく寄与しているのが、アジアを中心とする新興国の経済成長、中間層と富裕層の増加である。増大する国際観光需要を自国に呼び込もうと各国が観光政策に力を入れており、これまでにない観光客獲得競争が各国間で繰り広げられている。

　増大する国際観光市場の波は日本にも押し寄せている。日本では2003年の元・小泉首相による「観光立国宣言」以来、インバウンド観光振興を柱の1つとする**観光立国政策**が推進されている。査証の要件緩和、国際空港における発着枠の拡大、公衆無線LANの整備、公共施設における多言語表記の拡充など、国をあげて進めてきた政策も功を奏し、2020年の達成目標とされていた訪日外国人旅行者数2,000万人は4年前倒しの2016年に達成され、新たな目標は2020年に4,000万人へと上方修正された。日本人による海外旅行についても、2017年の延べ出国者数1,789万人は、過去最高を記録した2012年の1,850万人に次ぐ記録となった。

　活況が続く国際観光の時代において、トラベル・ビジネスにはどのような役

割が求められているのだろうか。また，前項で紹介したような脅威に対してどのような対応をすることができるのだろうか。

日本国内の旅行会社に限ってみてみると，現状では残念なことに増大するインバウンド市場に比例して取扱増を実現できていない。旅行業者の取扱額は2007年の約8兆2千億円をピークとして減少し，2012年以降は横ばいまたは微増にとどまっている（一般社団法人日本旅行業協会ウェブサイト）。

その理由として，日本人による国内旅行および海外旅行の取扱額が減少または横ばいとなっていること（図表5－8），そして，急増している訪日外国人旅行者が日本の旅行会社にお金を落としていないことがあげられる。

国際観光客到着者数が伸び続けているチャンスの時にあって，日本国内の旅行会社がそのチャンスを取りこぼしているのはなぜなのか。本章で見てきたトラベル・ビジネスの仕組みやあり方が時代に合わなくなってきている可能性はないだろうか。

時代に合わなくなってきたビジネスのあり方の1つとして，前節で見てきた

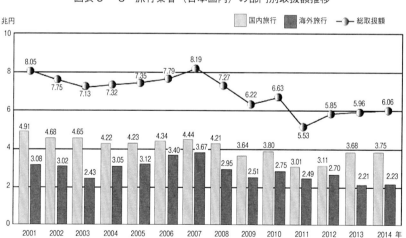

図表5－8　旅行業者（日本国内）の部門別取扱額推移

出所：一般社団法人日本旅行業協会ウェブサイト
　　（https://www.jata-net.or.jp/data/stats/2016/18.html　閲覧年月日　2017年1月28日）

ような消費者ニーズの多様化に合わせた少量多品種のツアー商品づくりがまだ十分にはできていないことがあげられる。そのため，日本人の国内・海外旅行においては旅行会社を経由せず（＝中抜きして），消費者自らが複数のサプライヤーの旅行素材を選択して**個人手配型旅行**として仕立てる傾向が見られる。

また，日本の旅行会社の従来のツアー商品づくりが，顧客として日本人だけを想定してきたことにも注意が必要だ。インバウンド市場では，日本の旅行会社は旅行目的地側，言い換えれば，旅行者受け入れ側の旅行会社としてのランドオペレーション，すなわち**地上手配**（旅行目的地での宿泊施設や現地移動手段などの手配）の役割を担わなければならない。しかし，訪日外国人旅行者を対象としたビジネスの経験値が低く，消費者としての外国人の傾向についての知識や商品づくり，プロモーションのノウハウの蓄積が少ない。さらに，訪日外国人といっても国籍やライフスタイルによって，それぞれのセグメントが訪日旅行に求めるものはさまざまである。現在，日本の多くの旅行会社は矢のように市場を研究し，各セグメントのニーズにこたえられるような商品づくりの知識とスキルを必死で獲得しようとしている。

ICTの高度化による旅行会社中抜きの脅威や，OTAの追随に対しても，従来型の旅行会社は，過去の成功体験に引きずられず，ポスト・マスツーリズム時代の新しい市場環境に積極的に対応し，時代にあった新しい価値を生み出していくための自己変革が求められている。

では，日本の旅行会社はいったいどのような自己変革を遂げようとしているのだろうか。日本を代表する旅行会社2社の戦略をみてみよう。

株式会社JTB

日本国内最大の旅行会社であるJTBは，その事業領域を人々の交流を創造し推進する「交流文化事業」と定義し，グローバル大交流時代に呼応するかのように「日本を中心に考えていた人々の交流をアジアを中心とした『世界発，世界着。』の観点でビジネスモデルを展開し，世界中のお客様に感動と喜びをお届けするグローバルブランドを目指しています」としている（株式会社JTB

図表5－9　JTBのグローバル戦略

目的地→ 対象↓	日　本	外　国
日本人	①日本人の国内旅行	②日本人の海外旅行 ④海外在住日本人の日本以外の目的地への旅行
外国人	③訪日外国人旅行	⑤外国人の日本以外の目的地への旅行（商社ビジネスの「第三国間取引」に当たる）

出所：高橋（2013），pp.294-298を参考に筆者作成。

ウェブサイト）。

　「世界発，世界着」とは，日本の旅行会社でありながら，顧客は日本人と外国人，そして旅行目的地は日本国内と外国を対象とするグローバル戦略を指している（図表5－9）。従来扱ってきた　①日本人の国内旅行　②日本人の海外旅行　③訪日外国人旅行　に加えて，④海外在住の日本人の日本以外の目的地への旅行　そして　⑤外国人の外国旅行（日本以外の目的地）をすべて対象とし，日本を経由しない人びとの移動をも射程に入れて，国際観光需要に正面から迫っていく戦略である。

　縮小する国内市場だけに拘泥せず，「脱・日本人のためだけの旅行会社」を目指す。日本人の海外旅行を扱ってきた歴史のなかで構築してきた世界各国の自社拠点をもつ同社だからこその戦略である。さらに近年では海外の旅行会社との提携や買収を積極的に進め，世界発，世界着の実現を目指している。

株式会社エイチ・アイ・エス

　株式会社エイチ・アイ・エスは，かつて日本の旅行業界では掟破りとされた**格安航空券**の販売により，一気に大手旅行会社に成長した。航空会社が旅行会社向けに販売する**団体包括運賃**の航空券のうち，売れ残った航空券を同社が仕入れ，格安航空券として個人向けにバラ売りにしたのである。欧米ではすでに実践されていた航空券の2次流通だが，日本では業界の暗黙のルールとして誰も手を出さなかったビジネスだ。手ごろな価格で海外旅行に参加したければ，旅行会社のパッケージ・ツアーを購入するしか選択肢のなかった日本人にとっ

て，個人海外旅行を身近なものにしたことは，日本のトラベル・ビジネス史において画期的な出来事だったといえるだろう（木ノ内, 2014）。

創業者であり，現在も同社の代表取締役会長兼社長である澤田秀雄氏は，旅行会社の経営にとどまらず，その事業領域を拡大してきた。1996年にスカイマークエアラインズ（現スカイマーク）を設立して航空業界に参入，2010年にはテーマパーク「ハウステンボス」の再生を手掛けて半年で黒字転換に成功した。その後，2012年には国際チャーター便専門の航空会社であるアジア・アトランティック・エアラインズ（Asia Atlantic Airlines）をタイに設立，さらに2015年にはチェックインの際にロボットが顧客対応する「変なホテル」の展開により宿泊業界に参入している（桐山・丸本, 2017）。

同社はホテルや航空会社など，旅行素材のサプライヤーを所有する**垂直統合**の戦略をとり，「脱・ローリスクローリターン，脱・仲介業者としての旅行会社」を目指しているといえるだろう。

第4節　おわりに―トラベル・ビジネスの存在意義を問い直す

本章では，19世紀半ばの英国で誕生し，現在まで発展を続けてきたトラベル・ビジネスがどのような仕組みに支えられ，どのような価値を誰に対して生み出しているのかを見てきた。

トラベル・ビジネスは，かつては一部の特権階級の人びとだけのものであったツーリズム―楽しみのための旅―をより多くの人びとの手の届くものにするための仕組みを生み出し，マス・ツーリズムの時代をけん引してきた。やがて社会の成熟化，消費者ニーズの細分化と多様化，技術革新など時代の流れとともに，トラベル・ビジネスと人びととの関わり方も徐々に変化してきた。

人びとを旅に出たいと思わせ，旅行費用を抑え，旅に関わるさまざまなリスクや煩わしさから解放して，旅を「商品」として多くの人びとの手に届くものにしたトラベル・ビジネスの役割は，今も人びとに求められているだろうか。

人々を旅に駆り立てる情報は巷に溢れ，旅行目的地についての情報は文字や

画像はもちろんのこと動画でも簡単に手に入る。政府観光局や旅行会社が提供する情報だけでなく，個人が最新の情報を24時間受発信している。グローバルな競争にさらされるなかで，プレミアム価格をつけることのできる差別化要因をもたない旅行商品は価格が下落している。海外旅行中の外貨両替や現金をもち歩くリスクを軽減するためにトーマス・クックが編み出した旅行小切手はクレジットカードに，そして今では電子マネーなどに代替されている。このような状況下において，少なくとも先進的な消費者にとっては，従来的なトラベル・ビジネスの役割は徐々に不要となりつつある。

　先進国では，人びとはかつてない豊かさを手にし，お金と時間の使い方の選択肢が広がり，旅の意味が変わってきている。「旅行すること」そのものが目的であった時代から，「旅行すること」は「別の目的を達成するための手段」になろうとしている。トラベル・ビジネスの存在意義もまた，時代とともに移り変わっていく。

　グローバルな大交流時代を迎えた今，トラベル・ビジネスは大きな転換点に差し掛かっている。従来の仕組みやビジネスモデルを根本から見直すべきときである。目の前には拡大し続ける国際観光市場という大きなチャンスがある。従来のやり方に縛られることなく，大胆にして細心な自己変革が求められている。

【ディスカッションのための問題提起】

1. 第3節3．で紹介した日本の大手旅行会社2社の戦略について，あなたはどう評価するだろうか。もしも自分が経営者であったとすれば，どのような戦略を立案するだろうか。
2. もしもトラベル・ビジネスで起業するとすれば，あなたはどのような事業を手がけるだろうか。顧客，商品・サービス，流通の3点に注意して考えてみよう。

【注】

（1）本章におけるトーマス・クックに関する記述は Brendon（1991）を参照した。

（2）ツアーオペレーターとトラベルエージェントは同じ企業グループに属することが多い。また，1990年代以降，旅行会社がホテルや航空会社を所有する「垂直統合」が特に欧州では広がっていることに注意したい。

（3）しかし一方で，74億人の世界人口のうち国境を越えて移動しているのは12億人（全人口の16％）だけであることにも留意したい。しかも，12億人という数値は「延べ人数」であり実数はもっと少ない。地球上の人びとのうち国際観光に参加しているのはまだまだ少数派である。戦争，内紛，貧困，あるいは国家制度などの制約が人びとの自由意志による移動を妨げているのである。

【参考文献】

牛場春夫・酒井正子・齋藤謙一郎・志方紀雄『日本のオンライン旅行市場調査 第3版』BookWay，2016年。

木ノ内敏久『H.I.S. 澤田秀雄の「稼ぐ観光」経営学』イーストプレス，2014年。

木村裕介「誌上法学講座・消費生活相談に役立つ旅行の法律知識 第6回受注型企画旅行・手配旅行」『ウェブ版 国民生活』独立行政法人国民生活センター，2016年2月号，pp.38-41（http://www.kokusen.go.jp/wko/pdf/wko-201602_16.pdf 閲覧年月日 2018年1月28日）。

桐山秀樹・丸本忠之『変な経営論―澤田秀雄インタビュー』講談社，2017年。

鈴木直次『モータリゼーションの世界―T型フォードから電気自動車へ』岩波書店，2016年。

髙井典子「多様化・成熟化する観光ニーズ」山口一美編著『はじめての観光魅力学』第4章，pp.51-66，2011年。

高橋一夫編著『旅行業の扉―JTB100年のイノベーション』碩学社，2013年。

増田悦佐『クルマ社会・7つの大罪―アメリカ文明衰退の真相』PHP研究所，2010年，pp.96-108。

山口一美・椎野信雄編著『はじめての国際観光学』創成社，2010年。

Brendon, P., *Thomas Cook: 150 Years of Popular Tourism*, Secker（Martin）& Warburg Ltd., 1991（石井昭夫訳『トーマス・クック物語―近代ツーリズムの創始者』中央公論社，1995年。

Leiper, N., "The framework of tourism: Towards a definition of tourism, tourist, and the tourist industry", *Annals of Tourism Research*, 6(4), pp.390-407.

UNWTO "UNWTO Tourism Highlights 2017 Edition" 2017, pp.1-15.

UNWTO "UNWTO Tourism Highlights 2017 Edition 日本語版" 2017, pp.1-15.

（以下はウェブサイト）
一般社団法人日本旅行業協会ウェブサイト
　（https://www.jata-net.or.jp/data/stats/2016/18.html　閲覧年月日　2018年1月28日）
株式会社JTBウェブサイト
　（https://www.jtbcorp.jp/jp/company/message/　閲覧年月日　2018年1月28日）
国土交通省観光庁ウェブサイト
　（http://www.mlit.go.jp/kankocho/shisaku/sangyou/ryokogyoho.html　閲覧年月日　2018年1月27日）
日本政府観光局プレスリリース2018年1月16日
　（https://www.jnto.go.jp/jpn/news/press_releases/pdf/180116_monthly.pdf　閲覧年月日　2018年1月29日）

第6章

交通ビジネス

第1節　はじめに

　今日，わが国には数多くの外国人旅行者が訪れ，国内の主要観光地はかつてないほど多くの外国人でにぎわっている。こうした訪日外国人は皆，航空や船といった交通機関を利用して日本へやって来る。また，私たち日本人も海外旅行や国内旅行の際，さまざまな交通機関を利用して目的地まで移動する。このように観光と交通ビジネスは切っても切り離せない関係にある。

　訪日外国人の多くは航空機を利用してわが国を訪れるが，日本国内を移動する際には航空だけでなく，鉄道や高速バスなどの交通機関も利用する。私たちが駅などで大きなスーツケースをもつ外国人旅行者を見る機会も多くなっている。そのおかげで，空港や有名観光地を沿線にもつ鉄道やバスの利用者は年々増加しており，訪日外国人の増加はわが国の交通ビジネスにも好影響を与えている。

　この章では，最近の訪日外国人の動向とわが国の交通ビジネスとの関係を整理しながら，今後いっそう増加すると予想される訪日外国人に対する交通ビジネスの課題と展望について考えていく。

第2節　交通と観光との関係

　人々が観光旅行に行く際にはさまざまな交通機関を利用する。もちろん徒歩

だけで移動がすむ場合もあるが，大半の観光には移動手段としての交通が必要である。このように交通と観光は密接に関係しており，国際観光を学ぶ上で交通ビジネスに関する理解は欠かせない。

さらに，交通と観光は相互に依存した関係にあるともいえる。多くの観光客に足を運んでもらうためには，観光地に至るまでの交通手段が整備されなければならない。一方，交通機関にとっても，観光客の利用が増えれば収入を増やすことができる。観光ビジネスは交通ビジネスに依存し，交通ビジネスも観光ビジネスに依存しているのである。

また，**観光交通**という言葉もよく聞かれる。これは一般的には，観光のために利用する交通を指す言葉である。しかしながら，最近では交通を単なる移動手段としてではなく，観光列車やクルーズ船のように交通を利用すること自体を観光目的としていることがある。空港にも航空利用が目的ではなく，航空機を見ることを楽しみに訪れる人もいる。このように，鉄道などの交通機関や空港などの交通インフラは，観光資源としても活用できる可能性をもっている。

昨今の訪日外国人の増加はもちろん，わが国が国際観光政策に力を入れてきた結果であるが，航空をはじめとするわが国の交通ネットワークや，空港や港といった交通インフラの整備によるところも大きい。近年，近隣アジア諸国から多くの旅行者がわが国を訪問するようになっているが，その背景には，**LCC**（ロー・コスト・キャリア, 格安航空会社）をはじめとする航空路線の充実や，それらを受け入れるための空港の容量拡大やターミナルの整備などがあるのである。

第3節　航空と空港

1．国際航空の現状

国際観光において，航空輸送は観光客やビジネス客の輸送という面できわめて重要な役割を果たしている。特にわが国は島国であり，外国との行き来は航空輸送か海上輸送に限られている。とりわけわが国では航空輸送の比率が高

く，観光白書（平成29年版）によれば，訪日外国人では97％，日本人海外旅行者では実に99％が航空機を利用している。実際，海上の定期航路は中国，韓国，ロシアなど日本海側の航路に限られ，わが国の場合，海外との行き来は航空輸送に大きく依存している。

わが国の国際航空市場の歴史をさかのぼると，1964年の海外渡航自由化や1970年のB747型機（ジャンボジェット機）の就航が大きな契機となっている。これらを契機として，海外パッケージツアー料金の低廉化や大衆化が進み，多くの日本人が海外旅行に出かけるようになった。その後，わが国の航空業界の規制緩和が進み，それまで国際線を独占していた日本航空（JAL）に加え，新たに全日本空輸（ANA）など複数の航空会社が国際定期便に進出するようになった。その結果，航空会社間での運賃やサービス面での競争が進んだのである。

さらに，近年の**オープンスカイ政策**（国際線における航空会社の路線や便数，乗り入れ企業，運賃などの自由化）の推進により，現在では国内外の数多くの航空会社が日本各地の空港に就航するようになった。こうした航空政策の推進が訪日外国人の増加に大きく結びついているのである。

2．LCCの台頭

これまで航空会社といえばいわゆる**FSC**（フル・サービス・キャリア，大手航空会社）を指すことが一般的であったが，最近では世界的にLCCの台頭が目覚ましい。LCCはこれまで無料が当たり前であった飲み物や機内食，手荷物の受託といったサービスを有料化するなど，さまざまなサービスの有料化や運航の効率化などで運航コストを削減し，低運賃の輸送サービスを提供している航空会社である。わが国ではLCCのシェアはまだまだ低いが，欧米や東南アジアではFSC以上に利用者を獲得しているLCCも存在するほどである。

もともとLCCは1980年代から90年代にかけて欧米で発展し，低運賃を売りに数多くの利用者を獲得していった。その後，東南アジアなどでも就航を開始したが，わが国にLCCが就航したのは2007年にオーストラリアのLCCであるジェットスターが関西空港に乗り入れたのが最初である。その後，マレー

図表 6 - 1　国内 LCC の一覧（2018 年 2 月時点）

LCC	拠点空港	運航開始	株主等
ピーチ・アビエーション	関西	2012 年 3 月	ANA（67%）と香港の投資会社等が共同出資
ジェットスター・ジャパン	成田	2012 年 7 月	JAL（33.3%）とジェットスター航空（豪州の LCC）等が共同出資
(旧)エアアジア・ジャパン	成田	2012 年 8 月 (2013 年 10 月 運航終了)	ANA（67%）とエアアジア（マレーシアの LCC）が共同出資
バニラエア	成田	2013 年 12 月	ANA100%出資
春秋航空日本	成田	2014 年 8 月	春秋航空（中国の LCC）等が出資
(新)エアアジア・ジャパン	中部	2017 年 10 月	楽天（18%）とエアアジア等が出資

シアや韓国といった近隣アジア諸国の LCC がわが国へ続々と就航する一方で，2012 年にはピーチ・アビエーションが関西空港を拠点に，ジェットスター・ジャパンとエアアジア・ジャパン（現バニラ・エア）が成田空港を拠点にそれぞれ就航した。それゆえ，2012 年はわが国では「**LCC 元年**」と呼ばれている。現在，国内では計 5 社の LCC が就航している（図表 6 - 1）。

　LCC のビジネスモデルの特徴としては，①空港や機内での付帯サービスの簡素化・有料化，②機種の統一，③小型機による多頻度運航，④ 2 次空港の利用，⑤インターネット予約などがあげられる。

　空港や機内での付帯サービスの簡素化・有料化とは，FSC では無料が当たり前のサービスが有料化されたり廃止されていることを指す。たとえば，ほとんどの LCC では機内食や飲料の提供，座席指定，手荷物の預け入れなどは有料化され，運賃とは別料金となっている。機内のオーディオサービスももともと提供されていないか，ヘッドフォンを有料で借りることになる。こうした各種サービスを有料化することで，低運賃の提供が可能となっている。

　機種の統一については，LCC では基本的に使用機種を 1 機種（多くは A320 か B737）に統一していることが多い。一方，FSC は国際線から国内のローカル線まで運航しているので，大型機から小型機まで複数の機種を保有している。LCC が機種を統一する理由は，客室乗務員や整備士の訓練コストや，機

材の整備コストを安く抑えることができることなどがある。ちなみに，機材そのものは中古機ではなく新造機を購入またはリースすることが多い。なぜなら新造機は故障が少なく，初期投資はかかるものの，長い目で見れば新造機の方が安上がりだからである。

　小型機による多頻度運航とは，A320 や B737 のような小型機（180 席程度）でできるだけ多くの便数を運航することである。そのために，空港での折り返し時間を最小限にとどめ，機材を効率的に稼働させることが LCC の基本的なビジネスモデルである。機内サービスの簡素化によって機内の清掃時間も短縮されるため，このことが空港での折り返し時間の短縮にも役立っている。ただし，折り返し時間の短縮は，どこかで便が遅延するとそれを回復する余裕時間を取れないことを意味し，結果的に LCC の遅延率の高さにつながってしまっている。

　2 次空港の利用は欧米の LCC によく見られるが，LCC は一般的に FSC が乗り入れる主要空港ではなく，大都市郊外の規模の小さな空港を利用することが多い。そうした拠点空港ではない空港（2 次空港）は空港使用料が安く，LCC にとって運航コストの削減が可能となる。さらに，そのような空港は離着陸する便の混雑やターミナル内の旅客の混雑も少なく，LCC の定時運航の維持にもつながるというメリットがある。

　インターネット予約については，LCC は基本的に航空券の予約・購入を自社のホームページ経由にしている。そうすることで，空港カウンターや予約センターの要員の削減や，旅行会社に支払う手数料の削減につながっている。

　こうした LCC の就航には空港側の受け入れ体制の整備も欠かせない。関西空港や成田空港では LCC 専用ターミナルを整備し，国内外の LCC を積極的に誘致している。LCC 専用ターミナルは，LCC が安くターミナルを利用できるように建物自体が簡素な造りとなっていることが特徴である。たとえば，関西空港や成田空港の LCC 専用ターミナルではボーディングブリッジ（搭乗橋）が設置されておらず，乗客は自分の足でタラップを上って航空機に搭乗しなければならない。また，ターミナル内の飲食店や土産物店も店舗数が限られている。

LCCによる航空運賃の低廉化が航空市場に新たな需要を創出し，わが国の国内線と国際線の利用者数が年々増加を続けている。特に最近では，札幌や沖縄といった主要な観光地に加え，松山や奄美といった地方空港にもLCCは路線を拡大しており，訪日外国人の利用も増えている。このようにLCCは地方の観光振興や地域振興にも大きな役割を果たしているのである。

3．国際空港の整備

　わが国には現在97の空港があるが，そのなかでも羽田空港や成田空港，関西空港といった国際空港は，訪日外国人に対してまさにわが国の玄関口として機能している。国際観光の振興には航空路線ネットワークの充実が不可欠であり，そうした国内外の航空会社を受け入れる国際空港の整備もわが国の国際観光にとって重要である。

　羽田空港や成田空港はわが国を代表する国際空港であり，2つの空港を総称して**首都圏空港**と呼ばれる。首都圏空港においては，1978年の成田空港の開港以来，国際線は成田空港，国内線は羽田空港という機能分担が実施されてきた（**内際分離政策**）。1990年代までは成田空港はアジアを代表する国際空港として機能していたが，近年，香港やソウルなどの近隣アジア諸国の国際空港の整備が進むにつれ，成田空港の国際的地位が徐々に低下してきた。

　そのような状況のなか，政府はわが国が観光立国を目指す上で，より都心に近い羽田空港を再国際化することを決定し，2010年10月の羽田空港の4本目の滑走路の完成に合わせて，羽田空港の再国際化が実施された。現在では，主要な国際線は成田空港から羽田空港にシフトしつつあるが，政府は2020年の東京オリンピック・パラリンピックに合わせて羽田空港の国際線の便数をさらに増やす予定であり，国際線の羽田空港へのシフトがいっそう進むことが予想される。

　一方，関西では，関西空港がわが国の玄関口としての機能を果たしてきた。しかしながら，首都圏と比較して需要の少ない関西圏では思いのほか国際線の需要が伸びない時期が続いた。そこで，関西空港ではLCCの誘致に力を入れ

ることとし，LCC専用ターミナルの建設やLCCへのプロモーションを行った。現在では成田空港と並んで，関西空港はわが国の西側のLCCの拠点空港として，特にアジア方面からの訪日外国人でにぎわっている。

4．観光における国際空港の機能

観光という視点で考えると，国際空港には航空機の利用以外に以下のような機能があると考えられる。

（1）2次交通との結節点

国際空港には鉄道，バス，タクシーなどの地上交通が集積しており，空港自体がその都市の交通拠点となっていることが多い。そのため，国際観光の面からみれば，空港は航空輸送（1次交通）と地上交通（2次交通）をつなぐ結節点としての役割を担っている。空港に到着した訪日外国人は，空港から鉄道やバスなどの地上交通でそれぞれの目的地に向かうことになるが，こうした2次交通の充実が訪日外国人の増加にもつながる。

わが国の場合，成田空港は都心から離れており都心までの移動に時間がかかるが，羽田空港は都心に近く，都心の主要ターミナル駅から新幹線で地方へ移動する場合にも大変便利である。

（2）訪日外国人の情報収集拠点

国際空港の到着ロビーにはインフォメーションセンターが設置され，訪日外国人は手軽に交通アクセスや宿泊などの情報や主要観光地の情報を入手することができる。また最近では，無料のWi-Fiスポットが設置されており，その意味では，国際空港は訪日外国人にとっての情報拠点として機能している。

（3）トランジットツアーの提供

国際空港での乗り継ぎ客を対象とした**トランジットツアー**も，空港と観光との関わりの一例といえるだろう。トランジットツアーとは，航空機の乗り

継ぎ時間を利用して行われる空港周辺の観光のことである。海外では，シンガポールのチャンギ空港やソウルのインチョン空港が実施しているトランジットツアーが有名であるが，成田空港でも2015年3月から「Narita Transit Program」と呼ばれるツアーを開始し，成田空港周辺の5つのモデルコースを用意している。このツアーにより入国旅客への移行を図り，わが国の良さに触れてもらうことで，訪日外国人の増加や空港周辺地域の活性化につながることが期待されている。

第4節 鉄　道

1．鉄道の現状

　鉄道は航空と同じようにわが国の重要な交通機関であり，特に国内移動に関しては高速鉄道ネットワークであるJR各社の新幹線が大きな役割を果たしている。

　都市間移動では新幹線と航空が競合している区間が多々あるが，一般的に新幹線で4時間までの区間（たとえば東京～広島間まで）は新幹線のシェアが航空より高く，4時間を超えると航空が逆転する。特に訪日外国人にとっては，京都をはじめとする日本国内の主要な観光地へ向かう足として，新幹線は重要な交通手段となっている。

　都市内移動では，空港や観光地へのアクセス需要として訪日外国人の鉄道利用者が増加している。特に，空港や有名観光地が沿線にある関東や関西の大手私鉄の客況は，訪日外国人の利用のおかげで非常に好調である。さらに，私鉄各社の主要関連事業であるホテルの稼働率も高く，各社の増収増益に貢献している。これまで大手私鉄の旅客輸送は1990年代前半をピークに長期的な減少傾向にあったが，このような減少傾向に歯止めをかけたのがこの訪日外国人需要である。

　今後，訪日外国人のなかにもリピーターが増加し，地方へと足を向ける旅行者も増えることが予想される。経営状況の厳しい地方の鉄道会社も多いなか，

こうした訪日外国人需要を上手に取り込むことができれば，鉄道事業の経営改善や地域の観光振興につなげることが可能となる。

2．観光資源としての鉄道

　鉄道各社は最近，集客手段の1つとして観光列車の運行に力を入れており，JR各社や地方の中小私鉄各社が，レストラン列車やアニメのキャラクターなどをモチーフにした観光列車を数多く走らせている。こうした観光列車を目当てにその鉄道沿線に多くの観光客が訪れるため，観光列車は鉄道の集客効果だけでなく，地域振興にも一役買っている。たとえばレストラン列車は，地元の食材を沿線地域のホテルやレストランで調理した食事を提供しており，いわゆる地産地消にも貢献している。

　観光列車のなかでもとりわけ注目を集めているのは，**クルーズトレイン**と呼ばれるJR各社が運行する豪華観光寝台列車である。このクルーズトレインは都市間を結ぶ列車ではなく，列車で移動しながら途中下車をし，主要な観光地を周遊するといういわばクルーズ船の鉄道版のようなものである。JR九州が2013年に運行を開始した「ななつ星 in 九州」はその先駆けであり，豪華なダイニングカー，ラウンジカー，ゲストルームを備えた車内は，さながら走る豪華ホテルといった雰囲気である。九州内各地を巡る3泊4日のツアー料金は50万円以上するものの，予約が殺到している状況である。「ななつ星 in 九州」の成功をきっかけに，JR東日本では「TRAIN SUITE 四季島」，JR西日本では「TWILIGHT EXPRESS 瑞風」というクルーズトレインの運行を2017年から開始している。

　観光列車には訪日外国人の利用者も多い。前述の「ななつ星 in 九州」にも高額なツアー料金にもかかわらず，アジアや欧州からの申し込みが増えている。また，和歌山県内を走る和歌山電鉄では，終点の貴志川駅にいる猫のたま駅長や，たまをモチーフにしたたま電車を目当てに多くのアジア人観光客が訪れている。マイカーの普及や沿線人口の減少により利用者の減少に悩む地方の中小私鉄のなかには，増収策の目玉として観光列車を走らせる鉄道会社も多い。こ

図表6－2　和歌山電鉄のたま電車（貴志川駅）

出所：筆者撮影。

の和歌山電鉄は，たま駅長による話題作りにより訪日外国人を上手に取り込むことに成功し，鉄道の経営改善や地域の観光振興につなげている好例である。

第5節　その他の交通

1．高速バス

　高速バスは航空や鉄道よりも時間はかかるものの，安価で移動できる交通機関として人気がある。また，夜行の高速バスは時間を有効に活用できるため，観光だけでなくビジネス利用にも便利である。わが国では高速道路の整備が進むにつれ高速バスのネットワークが全国に拡大してきており，現在では東京や大阪などの大都市間のみでなく，多くの地方都市間にも運行されている。都市間輸送では，時間はかかるものの運賃の安さを武器にJRと互角以上の競争をしている区間も多く，運賃や座席の仕様などの面で高速バス会社間の競争も見られる。

　欧米の大都市では街中に高速バスターミナルが整備されているところが多い

が，東京でも2016年に新宿駅に隣接した新宿南口交通ターミナル（バスタ新宿）が開業した。バスタ新宿は新宿駅周辺に分散していた高速バス乗り場を集約した国内最大の高速バスターミナルで，鉄道との乗り換えも便利で，利用者の利便性が大幅に向上した。

　最近では訪日外国人が国内移動で高速バスを利用することも増えており，訪日外国人向けに高速バス会社がフリーパスを発行したり，国土交通省が高速バスの情報サイトを開設したりしている。また，各地の高速バスターミナルでも人員や情報提供の面で多言語化対応を進めている。

2．クルーズ船

　クルーズ船はこれまで日本人にはあまりなじみのなかった交通機関であり，かつては海外の富裕層が世界一周航路の途中で横浜港や神戸港に寄港するなど，クルーズ船の旅は高級で利用者は限られていた。ところが最近では，中国などからのクルーズ船が地方を含む日本の多くの港に入港するようになり，地方都市ではクルーズ船入港による観光振興や地域活性化への期待が大きくなっている。特に大型のクルーズ船は一度に数千人規模の旅客を運んでくるため，観光やショッピングなどを通じた地元経済への波及効果がとりわけ大きい。そのため，こうした経済効果を期待して，クルーズ船の誘致のために積極的に港の整備を進めている地域もある。

　わが国の国際観光政策においてもクルーズ船の誘致は大きな柱の1つとなっており，「訪日クルーズ旅客を2020年に500万人」という目標に向け，官民一体となった取り組みを進めている。近年，日本国内でも外国船籍のクルーズ船による比較的安価なツアー商品の販売が増えており，日本人にとってもクルーズ船の旅行は身近なものになりつつある。

3．ライドシェア

　ライドシェアとは一般の人が自家用車で住民や旅行者を有償で輸送することで，いわば自家用車タクシーと呼べるものである。このような自家用車による

有償輸送は，わが国では白タク行為として法律で禁止されている。しかしながら，過疎地などでは，高齢者や障害者といった交通弱者や買い物難民のために，自家用車での有償輸送が特別に認められている。

　政府は2017年にこのライドシェアを国家戦略特区で解禁した。解禁の目的には，従来の過疎地域での高齢者の足の確保に加え，地方を訪れる訪日外国人の足の確保も含まれている。今後，訪日外国人にもリピーターが増加し，国内各地に足を運ぶことが考えられる。そうした訪日外国人の足としてこのライドシェアの活用が期待されている。

　このライドシェアのサービスを提供する企業としては，米国のウーバー社が世界的に有名である。ウーバーは，IT（情報技術）を活用して，スマートフォンのアプリで登録された一般ドライバーを呼び，有償で運送してもらえるサービスを世界各地で提供している。訪日外国人のなかには自国や日本以外の旅行先でこのウーバーを利用している人も多く，日本でのライドシェアの展開は，特に地方部における訪日外国人の移動の利便性を高めるだろう。

第6節　訪日外国人に対する交通機関の対応

1．訪日外国人向けの商品開発

　航空会社や鉄道会社にとって，今後の増加が予想される訪日外国人の取り込みは大きなビジネスチャンスである。そのため，各交通機関は訪日外国人向けの乗車券類を販売し，訪日外国人の取り込みを図っている。

　これらのなかで訪日外国人にとって最も有名な商品は，JR6社が共同で販売しているジャパン・レール・パス（JAPAN RAIL PASS）だろう。このジャパン・レール・パスは一定期間，JR各社の鉄道・路線バスが乗り放題となるフリー切符で，最も安い普通車用の7日間パスであれば3万円以下で購入することができる。たとえば，成田空港に到着した訪日外国人は，このジャパン・レール・パスを使って成田エクスプレスで東京方面に向かうことができ，その後も有効期間内であればJRを利用して日本国内を周遊することができる。また，

図表6-3 ジャパン・レール・パス（見本）

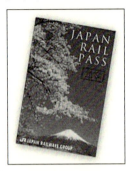

出所：ジャパン・レール・パス HP。

JR各社では自社のエリア内に限定した訪日外国人向けのフリー切符を販売しており、これらも外国人に人気のある商品となっている。

一方、国内航空各社でも訪日外国人向けの国内航空券を販売している。たとえば、ANAとJALでは国内線1区間を1万円で利用できる航空券を販売している。また、前述のように高速バス会社も訪日外国人向けのフリー切符を販売している。

こうした商品の販売は今後、訪日外国人が地方を訪れるきっかけになる可能性があり、各交通機関には利便性の高い商品開発が期待される。

2．訪日外国人向けの情報提供

訪日外国人の増加に対応して、航空会社や鉄道会社ではホームページで訪日外国人向けの情報を提供したり、専用の窓口を設置したりしている。

たとえば、沿線に箱根や湘南といった外国人にも人気の観光地をもつ小田急電鉄では、主要駅の新宿駅と小田原駅に「小田急外国人旅行センター」を開設している。そこでは、観光や交通の案内だけでなく外国人専用のフリー切符の販売も行っており、近年、利用者が急増している。また、同社は新宿駅構内に訪日外国人向けの多言語案内機と多言語駅周辺案内図を設置するなど、訪日外国人向けの情報提供にも積極的に取り組んでいる。

3．交通事業者にとっての課題

　諸外国と比較して，わが国の交通サービスの定時性はきわめて高い水準にある。東京や大阪などの大都市圏では，JR（在来線，新幹線），民鉄，地下鉄が高密度の鉄道ネットワークを形成し，それらが数分単位のダイヤで正確に運行されていることは世界に類を見ない。また，東京駅を中心に高速鉄道ネットワーク（新幹線）が放射状に整備され，国内航空ネットワークと合わせて国内の都市間移動の利便性はとても高い。安全性や清潔さなどの面でも世界的に評価が高い。

　増加する訪日外国人への対応としては，駅名や案内表示の多言語表示が進むとともに，駅ナンバリング（駅番号制）が導入されるなどの改善が進められている。

　その反面，首都圏や関西圏といった大都市圏には複数の交通事業者が存在しているため，会社間の乗り換えや運賃計算などの面で訪日外国人にとってわかりにくい面もある。最近では，SuicaやPASMOといった交通系ICカードが普及し，乗り換えのたびに切符を購入する手間や運賃計算のわずらわしさは以前より解消されてきているが，ICカードを利用すると運賃の割引がきかないという問題もある。諸外国のように1枚の切符で複数の交通機関を利用できるようなフリー切符の販売など，まだまだ改善の余地は大きい。

　また，駅構内施設のバリアフリー化も不十分である。大きなスーツケースを抱えて階段を昇り降りしている外国人旅行者を見かけることも多い。駅のバリアフリー化は着実に進められているものの，欧米のターミナル駅などと比べるとまだまだ遅れていると言わざるを得ない。

第7節　わが国の国際観光政策と交通ビジネス

　現在，政府は2020年に4,000万人，2030年に6,000万人という訪日外国人旅行者数の目標を掲げている。実際，訪日外国人数は年々順調に増加を続けており，2020年の東京オリンピック・パラリンピックの開催も間近に控え，こ

の傾向は当面続くことが予想される。

こうした訪日外国人の増加は交通ビジネスにもさまざまな影響を与えることが予想されるが，そのなかでも，国や地方そして交通事業者の訪日外国人の受け入れ体制の強化が大きな課題となっている。

政府が2016年3月に策定した「**明日の日本を支える観光ビジョン**」では，「観光は，真に我が国の成長戦略と地方創生の大きな柱である」という認識のもと，「観光先進国」の実現に向けて以下の3つの視点が示されている。

＊視点1　観光資源の魅力を極め，地方創生の礎に
＊視点2　観光産業を革新し，国際競争力を高め，我が国の基幹産業に
＊視点3　すべての旅行者が，ストレスなく快適に観光を満喫できる環境に

特に交通ビジネスとの関連では，視点3のなかに以下の具体的施策が盛り込まれている。

① 「地方創生回廊」の完備
新幹線やLCCなどの長距離交通網を活用し，快適な旅を実現する「地方創生回廊」を完備し，地方への外国人旅行客の流れを創出する。
＜主な施策＞
・ジャパン・レール・パスの日本到着後の購入を可能に
・観光地へのアクセス交通の充実
・新たな旅行商品や乗り放題きっぷ等の造成
・交通空白地域での観光客の移動手段として自家用車の活用拡大（ライドシェア）

回廊とは建物を取り囲む廊下のことである。すなわち，地方創生回廊とは日本国内をぐるっと取り囲む交通ネットワーク（回廊）を整備し，訪日外国人にその交通ネットワークを利用して地方に足を運んでもらおうという構想である。今後3,000万，4,000万人と訪日外国人が増加していくにつれ，当然リピーターの割合も増えていく。そうしたリピーターは大都市や主要観光地では飽き

足らず，地方へと足を伸ばしていくことだろう。そのためには，大都市から地方への移動，地方から地方への移動，さらには地域内での移動という交通ネットワークが確立されていなければならない。さらに，交通ネットワークというハード面の整備だけではなく，フリー切符の購入を容易にしたり旅行商品を充実するなどのソフト面の対応も合わせて行うことで，訪日外国人の地方への流れを創出することができる。また，ライドシェアについても，訪日外国人の移動手段として活用が期待されている。

② 地方空港のゲートウェイ機能強化とLCC就航促進
　首都圏空港の機能強化を図る一方，観光需要を地方に分散させる観点から地方空港の活性化を図る。
＜主な施策＞
・複数空港の一体運営（コンセッション等）の推進（特に北海道）
・地方空港の着陸料軽減の実施
・首都圏空港の容量拡大（羽田空港の飛行経路の見直し等）
・地方空港のLCC・チャーター便の受入促進

　これも①と同様に，訪日外国人を地方へと送り込むための施策である。首都圏空港（羽田空港と成田空港）の容量を拡大して国際線の増便を図るとともに，地方空港の着陸料を安くしてLCCを誘致することで，外国人旅行者の地方への分散を後押ししようとするものである。
　コンセッションとは空港の運営権を民間企業に売却することで，民間ならではの経営ノウハウで空港の活性化を図ろうとする施策である。現在，仙台空港など一部の空港ですでにコンセッションが実施されているが，北海道では複数空港一括でのコンセッションが計画されている。もともと北海道は外国人にとっても人気観光地であるが，このコンセッションによって道内の空港の活性化が図られ，より多くの外国人が北海道を訪れるようになることが期待されている。

③　クルーズ船受入のさらなる拡充

　北東アジア海域をカリブ海のような世界的なクルーズ市場に成長させ，クルーズ船の寄港を活かした地方の創生を図る。

＜主な施策＞
・クルーズ船寄港の「お断りゼロ」の実現
・世界に誇る国際クルーズの拠点形成
・新たな国内クルーズ周遊ルートの開拓，ラグジュアリークルーズ船の就航

　前述のように，クルーズ船は交通機関として日本ではあまりなじみがない分，訪日外国人向けのクルーズ市場は高い成長可能性を秘めている。そのためにはクルーズ船が寄港できる港の整備や周遊ルートの開拓が不可欠である。また，わが国のクルーズ船市場では，比較的安価なクルーズ船ツアーに人気が集まっているが，海外の富裕層を獲得するという意味では，豪華なクルーズ船の就航も期待されている。

④　公共交通利用環境の革新

　個人旅行者がプランに応じて交通機関の予約ができるとともに，目的地までの乗換方法等を自分で調べ，スムーズかつ快適に移動できるシームレスな公共交通を実現する。

＜主な施策＞
・新幹線や高速バス等主要な公共交通機関の海外インターネット予約の可能化
・2020年までに，全国公共交通機関を網羅した経路検索（外国語対応も含め）の可能化
・都市交通ナンバリングの充実

　訪日外国人が日本を周遊する場合，出発前に事前に国内交通機関の予約ができれば便利である。海外の鉄道会社やバス会社では，日本国内で予約をし，そのままチケットを印刷して持参すれば，現地での乗車が可能となることが多い

が，日本の鉄道やバスの海外からの予約はまだ制約があることが多いため，その点の改善が必要である。また，日本国内での経路検索や駅やバス停のナンバリングも，訪日外国人のスムーズな移動に不可欠であり，早急な整備が望まれる。

これらの施策を見てみると，訪日外国人の受け入れ体制の強化，訪日外国人のスムーズな国内移動，訪日外国人の地方への分散という3点が，わが国の国際観光政策における交通分野の当面の課題であることがわかる。まずは，東京オリンピック・パラリンピックが開催される2020年までに訪日外国人旅行者数を4,000万人にするという目標に向かって，官民一体となってこれらの課題に取り組んでいく必要がある。

第8節　訪日外国人にやさしい交通に向けて

これまで訪日外国人と交通ビジネスとの関係をさまざまな視点から見てきた。交通事業者や国は，訪日外国人の受け入れ体制の整備と国内でのスムーズ移動のための各種施策を実施してきており，わが国の交通サービスは観光立国や観光先進国という名に恥じない水準まで整備されてきたといえよう。しかしながら，長期的にはまだまだ課題も残っている。最後に，本章のまとめとして以下のような課題を指摘しておきたい。

① 交通事業者間の連携の必要性

国内交通の訪日外国人向けの施策はこれまで個々の事業者で対応してきた感が強い。鉄道会社を例にとれば，JRや地下鉄各社がフリー切符を販売しているが，利用できる会社が限定されるため，訪日外国人にとっては使い勝手が悪い。その点，欧米の主要都市では各交通機関が同一組織で運営されていたり，運賃制度が統一されているため，1枚のフリー切符で複数の交通事業者を自由に利用でき大変便利である。

また，航空会社と鉄道会社間といった異なる交通機関同士の連携も模索すべ

きである。事業者の枠にとらわれずに，個別利益よりも全体利益を考えることで，訪日外国人にも利用しやすい交通サービスが提供できるはずである。

② 訪日外国人の利用促進による国内交通市場の活性化

今後，各交通機関の国内市場は少子高齢化や人口減少の影響で縮小に向かう。訪日外国人の取り込みは，そうした国内市場の縮小を食い止める有効な手段となりうる。また地方にとっても，観光振興を通して訪日外国人の誘致に成功すれば，地方路線の維持や地方交通の活性化につなげることができると考えられる。

わが国の交通機関はきわめて高いサービス品質を維持しており，世界にも類を見ないほどの高密度で正確な交通ネットワークが整備されている。このような素晴らしい資産を有効活用するために，官民一体となって訪日外国人の国内交通の利用促進に取り組んでいかなければならない。

③ 観光公害への対応

観光公害とは観光がもたらすさまざまな悪影響のことである。交通との関連で言えば，観光客による公共交通機関の混雑，道路渋滞，排気ガスによる環境汚染などがあげられる。たとえば，京都市では訪日外国人の増加によって路線バスが激しく混雑し，地元住民がバスに乗車できないという問題が発生している。また鎌倉市では，渋滞緩和のために休日の市内への車の乗り入れを制限することを検討している。

観光振興が地域住民にもたらす弊害は世界中の観光地で指摘されており，観光客と地域住民との共存共栄の道が模索されつつある。わが国では，近年の訪日外国人の急激な増加に対して観光公害対策が追いついていない感があり，この問題は今後さまざまな地域で顕在化していくことだろう。交通事業者や地域住民が知恵を出し合い，訪日外国人とともに地域住民が安心して交通サービスを利用できる環境を整備することが喫緊の課題となっている。

【ディスカッションのための問題提起】

1. LCC が地方の観光振興に果たす役割について考えてみよう。
2. わが国の交通サービスが訪日外国人にとって利用しやすいものかどうか，自分が海外旅行先で交通サービスを利用した時の経験と比較して考えてみよう。
3. ライドシェアが国内に普及することのメリットとデメリットを考えてみよう。

【参考文献】

明日の日本を支える観光ビジョン構想会議「明日の日本を支える観光ビジョン」，2016年。

ANA 総合研究所『航空産業入門（第 2 版）』東洋経済新報社，2017 年，pp.225-234。

観光庁編『観光白書（平成 29 年版）』2017 年，pp.151-159，p.244，p.250。

国土交通省編『交通政策白書（平成 29 年版）』2017 年，pp.77-85。

塩見英治・堀　雅通・島川　崇・小島克巳編『観光交通ビジネス』成山堂書店，2017年，pp.37-43，pp.60-72。

第7章

フード・ビジネス

第1節　はじめに

　フードは私たちにとってきわめて身近な存在であるがゆえ，アプローチによっていかようにも分析の成り立つ，厄介なテーマといえる。本章ではフード・ビジネスについて用語の整理を行い，主として日本とアメリカのフードサービスの歴史に絞って解説し，最後にインバウンド時代におけるフード・ビジネスについて提言的なまとめを示すことにする。

　日本とアメリカとの比較に重きを置いたのは，日本のフード・ビジネスがアメリカを手本とし，その文化（や文明）への憧れが成長の牽引力となった歴史的重要性のためである。その一方で他ならぬ文化的な障壁が単なる直輸入を許さなかった矛盾にも触れる。

　日米の比較分析を通じて読者のフード・ビジネスに対する理解が深められ，インバウンド時代におけるその方向性が見通せる一助となれば幸いである。

第2節　フード・ビジネスの分類

1．フードと文化

　この章ではフード・ビジネスについて学ぶが，まず用語について整理したい。

　フードといえば，およそ人間が食べられるすべてのものを指す。一般に日本

人が古くから親しんでいる家庭料理の基本はご飯と味噌汁，漬け物であるが，地方によって昆虫を食べるところもあれば，海外に目を向ければ日本人にとって生理的，倫理的に拒否感が生じる食べ物も少なくない。歴史や習慣，気候や体質等によって，その態様はいろいろに分かれているが，定義として人間が食用にしているものはことごとくフードである。

　すなわちフードは「**文化**」と分かちがたく，また深く結びついている。

　文化は一般に，①行動様式，②人間の精神的所産と定義される。

　①行動様式とは，たとえば日本人はだいたい木製か陶製の茶碗でご飯を食べるが，韓国人はだいたい鉄製の茶碗を卓上に置いて食べる，といったスタイルを指す。たとえば縄文文化や弥生文化の相違という場合，狩猟や農耕，住居など生活スタイルの違いを意味する。

　②人間の精神的所産とは，単なる生存欲求とは異なるという意味で動物に対して優越性をもつ，もろもろの営みやその成果物を意味する。たとえば「文化の匂いがある」,「文化的な生活」,「文化度が高い街」などの用例があげられる。食欲を満たすという理由だけで食事をする場合は最低限のフードさえあれば十分だが，テーブルにクロスを敷き，ナイフやフォークのセットを並べ，時には燭台にろうそくを立て……といった「演出」が行われれば，「文化度」はいやが上にも高まっていく。

2．フードと観光ビジネス

　こうして見れば，「フード・ビジネス」は気が遠くなるほど多様で広汎な内容を含むことがわかる。ただし「**観光**」との関連に限れば，フードもいちおうの範囲に絞って考えられる。たとえば観光ビジネスとされる，ホテルやトラベルにおいて，フードはきわめて重要性が高い，あるいは主役ともなりうる存在である。

　ホテルは一般にレストランをそなえ，ルームサービス等の対応も行う。さらに結婚式等のいわゆる宴会では大量のフードが，お迎えするお客様の手前や当人の思い入れあるがゆえ，「文化的に」提供されなければならない。

トラベルすなわち旅行においても食事はそれ自体が目的になりうるほど，重要度の高い構成要素である。レストランガイドの**ミシュラン**が高く評価するレストランを訪ねるためフランスに旅立ったり，あるいは飲茶の有名店に予約を入れてから台湾に出発する，といった例は決して珍しくない。逆にインバウンド観光客の来日目的に関するアンケート調査では，「日本の食事が楽しみ」という回答がつねに最上位にランクインしている。

　また移動の手段である飛行機や電車でも，どのような食事が提供されるかは旅行者の強い関心事といえ，「駅弁」や「空弁」として旅行に欠かせない楽しみともなっている。

3．フード・ビジネスの分類とフードサービス

　フードが人間の営み全般と関わることを述べたが，本章の主眼はビジネスとしてのフードについて解説することにある。フードをビジネスとして見る場合，食品小売業とフードサービス業（外食業）と言い換えられる。食品小売と外食の最も大きな違いは，注文を受けてその場で調理するか否か，その場で食べられるか否かにある。専門的にまとめれば「調理と喫食における時間と場所の分離」があるか否かということである。

　たとえばファミリーレストランでは，店員が客のオーダーを厨房に伝え，調理がなされてから客席に運ばれ，その場で喫食が行われる。この場合は調理と喫食における時間と場所の分離はなく，外食ということができる。

　その一方でスーパーやコンビニでフード商品を買えば，その場で調理されることはなく，家にもって帰るなどして消費される。ここでは調理と喫食において時間と場所の分離が見られ，外食ということはできない。

　近年，フード業界で最も注目を集めている「**中食**」は本来，外食でも家庭での食事（内食）でもないため，その中間という意味でつくられた造語である。

　中食では調理と喫食における時間と場所は必ず分離していなければならないが，内食でもそれらが分離しているケースがありうる。家でつくってもらった弁当を学校や職場で食べるケースがそれで，一方で，家でつくって食べる食事

図表7-1 外食・中食・内食の区別

	調理と喫食の時間と場所における分離	商行為性
外食	不可分	有
中食	分離	有
内食	可分	無

は調理と喫食における時間と場所は分離していないが内食に分類される。すなわち「内食」の「内」は，物理的な場所というよりも経済上の「世帯内（または仲間内）」の意味で，決して商行為に分類されない性格のものである。ここに中食とは，調理と喫食における時間と場所が分離し，なおかつ商行為であるという定義が得られる。

第3節　フードサービスの歴史

　以上のようにフード・ビジネスの分類を見たが，その花形といえばやはりフードサービス，外食産業ではないか。この章では特にアメリカとの関係において，日本のフードサービスを理解していく。

　アメリカは歴史的に食文化では国際的な評価が高いとは言い難い国だったが，日本のフードサービスとの関連で言えば最も大きな影響をもたらした国である。日本のフードサービス業は，1960年代の後半からアメリカを手本としてスタートし，料理・サービス・店舗・経営管理の標準化に基づいたチェーン化によってめざましい成長を遂げた。

　アメリカ人がフランス人やイタリア人ほど食に対して重きを置かなかったのは事実ながら，それゆえいち早くフードサービス業が産業化したともいえ，産業としての規模の大きさ，業界全体に占める大企業の割合の高さ（寡占化傾向）は他国の追随を許さない。

　またアメリカ人はインバウンド観光客の大きな割合を占め，そのプロファイ

ルを仔細に知っておくことは，観光ビジネスを学ぶ（または携わる）者として必須の知識とも考えられる。

以下フードサービスとは何かを理解し，また将来的にどう進化していくかを占うべく，アメリカと日本の歴史を俯瞰し，比較検討を行っていく。

1. アメリカ・フードサービスの歴史

アメリカにおけるフードサービス業の発祥は他のあらゆる国々と似て，まずは「外食するしかない」という必要に迫られた状況と対応した存在，すなわち主として商用や肉体労働のため普段の食事場所である家庭を離れ，飲食をする場所—港町や金鉱，炭鉱の宿屋（inn）または居酒屋（tavern, saloon）としてであった。

やがて富の蓄積に伴って富裕層が顕示的な消費を行う社交場として，高級ホテルの大型レストランやナイトクラブ，フランス流のレストランが，ボストンやニューヨークなどの繁華街に現れる。また東欧ユダヤ系，イタリア系，中国系などの移民が糊口をしのぐ手段として，主要都市の下町でレストランや総菜店を開き，地元密着型の存在として定着していく。

一般的なアメリカ国民が外食になじむようになるのは1950年代以降になるが，その萌芽はすでに1930年代のカリフォルニアで見られた。当時のカリフォルニアではモータリゼーションが進行して，ハイウエイ沿いに巨大な市場が生まれていた。フードサービスではカーホップ（ウエイトレス）の給仕するドライブインが，ベビーブーマー世代にあたるティーンエイジャー客の人気を博した。1940年代にはビッグボーイ，デイリークィーン，ホワイトキャッスルといったカーホップを雇うドライブインが全米各地に店舗を広げていった。

1937年には2人の兄弟がこの市場に参入，カリフォルニア州パサデナに小さな店を開いた。店は繁盛したもののティーンエイジャーのたまり場として客層が著しく限定され，またカーホップの人件費や食器の破損などのコスト高といった問題があらわになった。2人は経営方針の徹底的な点検と改善に着手。スピードと低価格と多売を基本とし，小売業で見られるようになっていたセル

フサービスの導入を検討した。

1948年，20人いたカーホップを解雇し，メニュー数は25種から9種まで絞りこみ，調理場もスピード化と大量生産に備えて改良し，流れ作業を可能にするとともにオーダー前に製造できるように設計した。新しいシステムで経営コストを17％引き下げて低価格化に踏み切り，カーホップがいなくなってティーンエイジャーのたまり場という悪印象も消えた結果，新しい客がやってきた。

「新しく幅広い客層――それは家族連れだった。（所得の向上した）労働者階級の人々が子供を連れて食事に行けるレストランが初めて登場した」。

フードサービス産業化の歴史は，まさにこの2人――マクドナルド兄弟――によってその第1頁が記されたのであった。

1955年の夏には，兄弟にミルクセーキのミキサーを卸していたセールスマン，レイクロック（Kroc, R.）が，その驚くべき繁盛ぶり（通常は1店舗につきミキサーは1個か2個のところ，マクドナルドでは10個使われていた）の実情を調べるためマクドナルドを訪れ，その年のうちにナショナル・フランチャイズ・エージェントとしての契約を締結。1956年には4年先行していたケンタッキー・フライドチキンを追う形でフランチャイズ経営の全国展開に乗り出している。

フードサービスの産業化において**フランチャイズシステム**が果たした役割はきわめて大きい。フランチャイズシステムによってフランチャイザー（フランチャイズを与える親会社）の限られた資本投下における営業活動の拡大を可能にした一方，フランチャイジー（フランチャイズが与えられる個々の経営者）は経験や経営上の知識が少なくてもビジネスに参入できるようになったのである。そしてフランチャイザーは原材料の一括購入，現場での調理工程簡便化などの大量生産方式を開発し，生産性を大幅に引き上げるノウハウの確立に成功していく。このようにして新しいファストフードチェーンは従来の生業的なレストランと一線を画し，近代的な経営手法と技術を基礎とした近代的な産業として徐々に姿を現してきた。

また1955年にオープンしたディズニーランドも，この時代のフードサービスに少なからぬインパクトを与えていた。ディズニーランドでは1時間当たり

8,000人の来客に対応しなければならず，ファストフードシステムの導入が必要不可欠だった。そのためキッチン機器メーカーはより効率的でスピーディーな器具の開発を迫られたのである。

ハンバーガーショップを中心としたファストフードを販売する店舗が，フードサービス産業のなかで確立した業態として，公的にも認識されるようになったのは1960年代の半ば以降のことであった。フードサービス各社は店舗展開の激しい競争に耐えていくためにも多額の資金の必要に迫られ，またウォールストリートも業界の成長性に目をつけ始めていた。1965年の4月にはマクドナルドがニューヨーク証券取引所に上場し，ケンタッキー・フライドチキンの株式は翌年1966年に公開されて90ドルという当時としては破格の高値をつけている。マクドナルドは1967年に初めて全国向けのテレビ広告を放送し，全米児童の96％がドナルド・マクドナルドの名前を知るに至った。

2．日本フードサービスの歴史

日本の業界では一般に1970年を「外食元年」と称している。同年は大阪万国博覧会が行われた年で，日本の国際化を内外にアピールするかのように，前年の1969年には第2次資本自由化が発効している。

日本は明治維新以来，経済的な植民地支配や国内産業の保護のため，外国資本の上陸に対して警戒を続けてきた。しかしIMFやOECDの加盟で諸外国からの資本自由化の要求が強まり，①1967年7月，②1969年3月，③1970年9月，④1971年8月，⑤1973年5月という5段階で，国内産業に比較的打撃の少ないと思われる部門から段階的に自由化の措置がとられた。

1969年の第2次資本自由化で，飲食業における外資との提携が100％自由化し，日本ではフードサービスの起業ラッシュがスタートした。日本の主だったチェーン企業の大半は1970～1972年の間に創業され，1970年が「外食元年」と言われるゆえんである。

外資提携の先駆けというべきはダスキンで，1970年1月にアメリカのミスタードーナツと技術提携に関する仮調印を行った。当時ダスキンは創業してわ

ずか7年の化学雑巾ビジネスで，外資系ブランドとの提携ではむしろ非外食企業が率先して契約を締結した。海外の外食チェーンと組めば，商品構成，店舗，オペレーションを1つのパッケージとして導入できるため，外食ビジネスの経験のない企業の関心を惹いた。

　1970年の大阪万国博会場のアメリカ館では，ロイヤルがケンタッキー・フライドチキンの運営を手がけ，その華々しい成功は広く経済界の注目を集めた。同年5月にはダスキンがミスタードーナツの国内フランチャイズ権を正式に獲得し，6月には食品商社の東食がイギリスのウインピーと合弁で東食ウインピーを設立（出資比率は東食51％，英国ウインピー49％）。7月には三菱商事がアメリカ・ケンタッキー・フライドチキンとの折半出資で日本ケンタッキー・フライドチキン（日本KFC）を設立。名古屋市近郊の名西ショッピングセンターの駐車場に1号店を出店（7月），ウインピーの1号店は大阪心斎橋にオープンした。同年7月にはレストラン西武がアメリカのダンキンドーナツと業務提携を結び，ミスタードーナツに次ぐドーナツチェーン上陸の第2弾となった。

　日本においてマクドナルドとケンタッキー・フライドチキンの1号店は，見事に明暗を分けた。ケンタッキー・フライドチキンの立地がアメリカの常套的な戦略に則って郊外のショッピングセンターだったのに対して，日本マクドナルドの藤田田社長が，日本における最高価立地でもある銀座4丁目交差点（三越1階）にこだわった。アメリカでは大衆をターゲットとしたコンビニエンスフードとはいえ，日本ではまず舶来のお洒落な食べ物として認知される，あるいは認知されるべきという考えに基づいていた。ケンタッキー・フライドチキンの1号店が程なく撤退を余儀なくされたのに対して，マクドナルドの1号店は全国的な反響を巻き起こした。前年の1970年からスタートした歩行者天国でハンバーガーを歩きながら食べる，長髪にジーンズの若者たちという絵は時代を象徴するにふさわしく，その放送は莫大な広告費に相当したものと思われる。

　マクドナルドはバブル崩壊を契機として低価格路線へと大きく舵を切ったが，今なおアメリカンブランドとしての好イメージが保たれている。アメリカにおける第2位のチェーンであるバーガーキングや上位企業のウエンディーズ

が日本で成功できないでいる事実は，アメリカのマクドナルドがきずきあげたブランド力やオペレーションシステムがあるにせよ，初動における藤田の見識の正しさやその後の対応の巧さが成否を分けたといえよう。

　逆に言えば，アメリカの巨大チェーンやコンセプトといえども，実際に日本で成功したケースは数えるほどしかないのが現実である。数少ない例であるケンタッキー・フライドチキンやスターバックスの成功は，おそらく大河原毅や角田有二などカリスマと目される経営者の存在やプロフェッショナルなオペレーション管理がなければかなわなかった。

　工業的な画一的生産を身上とするチェーン業界においてさえ，食の文化的障壁は高いという証左とも思われ，アメリカンブランドの強さとは諸刃の刃ともいえる。その意味で，長年わが国フードサービス業界の王座に君臨してきたマクドナルドといえども絶対に安泰とはいえず，経営判断を誤ればそこから転落しかねない危険性をはらむ。

　国内資本を見ても，すかいらーくはアメリカ視察を契機として誕生し，ロイヤルの創業者・江頭匡一はアメリカのハワード・ジョンソンに範をとった。モスフードサービスの創業者・櫻田慧は終生アメリカのフードサービス産業を畏敬してやまなかった。

　日本ではアメリカ以上に，テーブルサービスレストランが勢いをもった。すかいらーく，ロイヤル，デニーズがファミリーレストラン御三家と称されるなど，ファストフードに勝るとも劣らぬ規模と注目度を誇ったが，それは創業者の個人的事情と切り離せない。すかいらーくは前身が東京郊外の食料品店で「いつも新鮮，いつも親切」をスローガンとしていたため，1960年代後半のアメリカ視察でファストフードに注目したものの，社風や土地勘といった要素でテーブルサービスレストランの開業に踏み切った。ロイヤルの創業者・江頭匡一はすでに福岡でレストラン業を成功させており，フードサービスを産業化させたいという悲願のもと，テーブルサービスレストランのチェーン化を進めたのは自然な流れだったと思われる。

　江頭の思いの裏に，1970年当時の「水商売」と別称されるような飲食業に対

する社会的認知の低さがあったのは疑いない。そしてフードサービス企業の創業者たちはスーパーマーケット業界の創業者たち——ダイエー（中内功）やジャスコ（岡田卓也）——と同じく、戦争経験や貧困をバネとして起業したケースが多い。

　グリーンハウスの田沼文蔵は24歳で学徒出陣し、復員後29歳で大学を卒業。その後、慶應義塾大学予科で食堂を開業し、インドシナ戦線で散った若い戦友たちの魂に報いるため、「差し当たって学生に食べる苦労はさせない、食については自分が責任をもつ」の一心で食堂を充実させた。後に大企業の幹部となった卒業生たちは田沼のため社員食堂の受注をし、グリーンハウスの成長を支えた。吉野家の松田瑞穂も戦争から復員し、大学を卒業したものの生活は苦しく、戦禍のため屋台営業していた牛丼屋を継いだ。「せっかく苦学して法科を卒業したのに……」という大学の友人らの松田に寄せる同情が、結果としてチェーン化への強いモチベーションとなった。

　ロイヤルは1978年にフードサービス企業として初めて上場（福岡証券取引所）を果たし、後に同社の社長となる今井教文は次のように証言している。「あのときは社員一同、本当に驚きました。そして胸を張りました。われわれが入社した頃、江頭ファウンダーは外食業を産業化したいという願いを込めて、『フードサービスインダストリー』という言葉をさかんに唱えていた。それが本当に実現したんだ、という言いようのない驚きでした」（「外食産業を創った人びと」編集委員会編『外食産業を創った人びと』商業界、2005年、pp.45-46）。

　1970年の外食元年前後からスタートした企業群は、アメリカのマクドナルドを祖とするチェーンシステムに基づいて急拡大を進め、1990年代には30兆円に迫る国内有数の産業規模をもつに至った。アメリカと似た社会経済的背景——郊外化、モータリゼーション、女性の社会進出、可処分所得の増加など——をもち、チェーン化の先例を参考にできたのは事実である。しかし創業者たちや彼らを支えた若い社員たちの使命感ともいうべき高い目標意識がなければ、強引ともいえるアメリカ型フードサービスの輸入とその劇的な成功はなかったのではないか。冒頭に述べたように、いわゆるチェーン型レストランの国民社会への浸透に関していえば、アメリカと日本のそれは他国に比して際立って高いのである。

3．フードサービスの日米比較

　すでに述べたとおり，アメリカのフードサービス業はその創始からファストフードによって牽引され，1970年代に至っても売上高ベストテンの上位は同業態によって占められていた。ベストテンの下位にかろうじてコーヒーショップまたはファミリーダイニングなどと称されるフルサービスレストランのビッグボーイズ，デニーズ，サンボーズが顔を覗かせているが，これは日本では長年ファミリーレストラン御三家が大きな存在感を示していたのと好対照をなす。日本のベストテンにおける他の上位企業も寿司や牛丼，居酒屋といった和食系であることを考えれば，アメリカに倣いながらも日本市場に適応して独自の進化を遂げていった企業が勝ち残ったと考えられる。

　日米とも大まかに言えば，ファストフードとファミリーダイニングが1980年代にいたるまで業界の顔であったが，アメリカでは1980年代に入ってディナーハウス（ファミリーダイニングに比べ，メニューをイタリア料理，シーフード料理のように専門化し，主としてディナー需要に対応したワンランク上のレストラン），1990年代に入ってファストカジュアル（店内調理を基本とし，パンや具材などの選択幅が豊富で，デザイン的なファッション性や，調理工程を見せる仕掛けなどエンターテイメント性もそなえた，ファストフードの進化形）という新たな業態の台頭を見た。

　また1990年代は中食にあたるHMR（Home Meal Replacement 内食代行）やMS（Meal Solution 食事問題の解決）がファストフード業態またはスーパーマーケット内の一部門として飛躍的な成長を遂げ，ディナーレストランに含まれるテーマレストランの興隆ぶりも大いに業界を賑わせた。その一方でコンフォート（ほっとする）フードがあらためて脚光を浴び，コーヒーのスターバックスやステーキのアウトバックといったブランドが空前のブレイクを果たしている。

　その草創期からアメリカに範を求めた日本のフードサービス各社は，当然のことアメリカの動向を注視してきたが，ディナーハウスやファストカジュアルの導入は一筋縄ではいかなかった。ディナーハウスはファミリーレストランに代わる一大業態として期待され，日本の大手フードサービス企業との提携によってTGIフライデイズやアウトバックなどの大チェーンが上陸したが，当初

に予想されたような成功は収められずにいる。また企業再生ビジネスを手がけるリヴァンプは，アメリカのヒットコンセプトであるクリスピークリーム，コールドストーンクリーマリー，バーガーキングの上陸を手がけ，大きな反響を巻き起こしはしたが大チェーンに育つまでには至っていない。

　このような事情は，多民族国家ゆえ普遍的な味をつくり上げることに長けたアメリカの企業といえども，文化的な障壁が思いのほか高かったがゆえとも思える。

　一方で，近年のセルフうどんや回転寿司といった成長業態では，アメリカのディナーハウスやファストカジュアルの翻案とも思えるような要素がうかがえる。

　讃岐うどんの「丸亀製麺」は，調理工程を見せるエンターテイメント性や，天ぷらなどを選べる選択肢の豊富さという点で，日本的なファストカジュアルとも考えられ，選択肢の豊富さや調理工程を見せるエンターテイメント性という意味では，ディナーハウスとファストカジュアルの中間的なポジションとも見うけられる。

　回転寿司の「くら寿司」は，食べ終わった皿を5枚回収口に入れるとくじ引きができるシステムを導入し，「スシロー」では上質のネタを揃えるため原価率が50％を超えるなど，優れてエンターテイメント性や料理的な専門性の高い業態に他ならない。そしてうどんや寿司はまぎれもなく日本人のコンフォートフードであるがゆえ，その人気を支えているともいえる。

4．グルメ情報の肥大化

　1990年代前半における景気後退は日米外食業界に深刻な打撃を与えたが，スターシェフ現象を含むいわゆるグルメブームはむしろ加熱の一途を辿った。それを支えたのは両国とも経営面の工夫，また何よりもグルメ情報の肥大化～テレビのグルメ番組や雑誌，ガイドブック，インターネットなどの影響力増大～のためと思われる。

　メディアにおいて一般国民に最もわかりやすい影響力をもったのは，テレビ

に相違ない。料理番組は幅広い視聴者に訴求しつつ低予算で済むため，日本では景気後退に入ってむしろその数は増える一方だった。ことに料理人をクローズアップした「料理の鉄人（1993年10月10日～1999年9月24日）」の成功は，業界の認知を上げる上で多大の貢献を果たした。同番組は1993年に放送が開始されたニューヨークベースの「フードネットワーク」チャンネルにおいて，「アイアンシェフ」の番組名で放映されて幅広い人気を獲得。同チャンネルは後にアメリカ版料理の鉄人ともいうべき類似のコンテスト番組を制作・放映し，ボビー・フレイ，マリオ・バタリなどのスターシェフを起用して成功させている。1990年代以降はこうしたコンテストを中心としたグルメ番組が，日米とも多くのスターシェフの培養器となっていった。

　なお日本では，雑誌がグルメ情報のメディアとして独特の発展を遂げている。その嚆矢というべきはいわゆるアンノン族だった。名前の由来は女子大生や若いOLを読者層とした雑誌『an・an（アンアン・1970年創刊）』と『non-no（ノンノ・1971年創刊）』で，主として旅行の特集記事で人気を博していた。紹介された観光地（京都，軽井沢，中山道妻籠宿など）では両誌を手にした若い女性たち（アンノン族）の姿が増え，新たな社会現象として注目を集めた。それまでの日本では若い女性だけの観光は珍しく，もっぱら企業の慰安旅行（熱海，鬼怒川，別府などの温泉地），新婚旅行（伊豆箱根，南紀，宮崎など），年配客の神社や寺院参拝（伊勢，四国など），家族の海水浴等に限られていた。

　しかしアンノン族はそうした社会的・経済的な制度的枠組と離れ，「個人的な享楽」を旅行の主たる目的としていたため，おのずと「食」がクローズアップされた。

　それまでの日本では食の「楽と楽（「楽」しさや「楽」をすること＝簡便性）」は表だって明言されず，むしろ快楽よりも禁欲，省力よりも手間暇かける方がよしとされた。たとえば既存の女性誌では，洋服といえば裁縫の記事で占められたが，両誌はちょうど出回り始めた既製服を集めて撮影し，購買情報を添えて掲載するスタイルをとった。両誌やそれを追随した雑誌は「カタログ型情報誌」と呼ばれ，食にしても従来の主流であった家庭料理の献立が廃され，いわば商

品告知的な情報提供に特化していった。

　このような価値観の変化には，1970年代に台頭したフェミニズムの影響も看過しえない．たとえば当時の女性団体は「私作る人，ボク食べる人（1975）」というラーメンのCMを放送中止に追いやっている．

　アンノン族はレストラン業界を活性化する役割をさえ果たしている．たとえば『民芸お食事処・美濃吉』の「粟田御前（京風弁当の元祖）」は『an・an』『non・no』で紹介され，京風弁当は日本料理界で未曾有のブームとなった．今や京風弁当は京都観光の定番と目されているが，両誌はその影の立役者に他ならない．

　しかしHanako族（1988年創刊『Hanako』に由来）と比べれば，アンノン族はその露払いでしかなかった．バブル経済へと突入していくなか，活字メディア主導の「グルメブーム」はいよいよ本格化の時代を迎える．Hanakoは街単位でのレストラン紹介の他，しばしば目玉企画として大々的なスイーツ特集を組み，ティラミスやナタデココ，クレームブリュレなどの大ヒット商品を世に送り出した．

　また料理や飲食店に関する漫画が多いことも日本ならではの現象といえ，その草分けともいえる「美味しんぼ」は「究極」のフレーズで，1986年度「新語・流行語大賞」1986年新語部門金賞を獲得している．

　レストランを専門のプロが批評するスタイルとしてはフランスのガイドブック「ミシュラン」が名高いが，1980年代はニューヨークタイムスのレストラン評，ミミ・シェラトンやゲイル・グリーンなど専門家の評論も一定の権威をもっていた．日本では「東京いい店うまい店（文藝春秋）」が1967年創刊という歴史をもち，1980年代は山本益博が「東京味のグランプリ」，「グルマン（見田盛夫との共著）」で，レストランを星の数で評価づけした上，忌憚ない批評を加えている．

　ニューヨークでは1981年から細々と市販されていた「ザガット」が，1986年の「ニューヨーク」誌の紹介記事を契機として一気に7万部のベストセラーと化した．1990年代にはその範囲を全米のみならず世界の主要都市へと拡大

していき，少なくともアメリカにおいては人気と信頼度で他の追随を許さぬレストラン情報メディアとなった。同書は，一般の読者がレストランに対して行った点数付けを単純平均して掲載するという，いわばアメリカ的に純粋な民主主義的手法を貫き，コメントでも一切の妥協を排した点に特色がある。

1999年には東京版を出版。初年度は大きな反響を呼び起こしたが，ニューヨークと比較して網羅すべき地理的ジャンル的範囲が桁違いに広いなどの課題を抱え，いまだ本国ほどの影響力はもちえないでいる。

ミシュランは2005年に北米初となるニューヨーク版，2007年にアジア初となる東京版を刊行。それぞれ高い評価が与えられたものの2都市の反応は好対照といえ，フランス中心主義への嫌悪感が根強く，依然としてザガット贔屓のニューヨークに対し，東京では世界の全都市で最大規模の売上部数が達成され，わずかの期間で類書を寄せつけぬ権威をもつに至った。

一方でインターネットが果たす役割は日米とも年ごとに重要性を増し，レストラン情報専門サイトや専門家，愛好家のブログに止まらず，フェイスブックやツイッター，ラインなどのいわゆる口コミ情報が実際のレストラン選択において大きな役割を果たしている。ザガットも2011年にYahoo!によって買収されて以降，紙媒体よりもPCやスマートフォンでの利用に重心がシフトしつつある。

第4節　インバウンド時代のフード・ビジネス

以上，用語の説明から始め，国際的・歴史的なパースペクティブから日本のフード・ビジネスを概観してきた。最後にこうした解説を踏まえてインバウンド時代のフード・ビジネスについて提言的なまとめを示すことにする。

前にも述べたように「食」は，外国人観光客にとってきわめて魅力的な旅の楽しみである。しかし近年とみに注目度の高い「**ハラルフード**（イスラム法上で食べることが許されている食材や料理）」がその典型例といえるが，訪れる人とそのニーズによって選ばれるフード・ビジネスのスタイルは劇的に変わってく

る。日本を訪れる観光客とそのニーズ，そして日本で提供されうるフードはともに多様で極まりない。しかしその双方がうまくマッチングされるならば，客の満足度やリピート欲求はいやが上にも高まると考えられる。

1．アベセデス・マトリクス

　そこでまずフード全般について「**アベセデス・マトリクス**」の考え方を用いてタイプ分類していく。

　まず横軸を農業的（自然依存的，少量生産）と工業的（人工的，大量生産）とし，縦軸はローカル性（弱い情報発信力）とグローバル性（強い情報発信力）とする。そうして得られた4象限をABCDと分類し，ソフト（Soft）化という独自の概念を加えてABCDS（**アベセデス**）と名付けている。

　横軸の農業的とは自然や風土に依存する部分が多いということで，天候によって収穫量や品質が変化するため，生産物はおのずと非均一かつ少量で，個性をもったものが多い。

　一方で工業生産では自然に依存しない人工的な環境で，均質な商品が大量に生産され，各地に技術移転されることで風土離れをした形で生産されることも

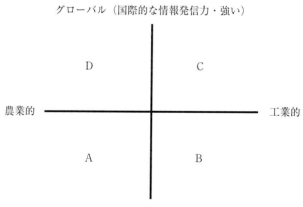

図表7－2　アベセデス・マトリクス

ありうる。

　縦軸では「グローバル化・情報化」の視点からローカル性・グローバル性というベクトルが設定される。すなわちローカル性が強い地方ではいまだに狭いその地域だけで飲まれる地酒が存在し，情報化の進展した都市部ではより洗練され，情報的な付加価値の高いワインが消費されるといった例示となる。

　以下「Takara酒文化研究所」の示す酒の例によって，各カテゴリーの説明を行う。

　A：素朴な形で古来より存在し，酒はその地の農産物の加工品という意味で，すべての酒はAに始まるとも考えられる。Aの酒は狭い範囲の地域でしか消費されず，飲み手も限定される。すぐ劣化することも影響して流通に適さないため情報発信力も弱く，特定の風土やそこに住む人々のライフスタイルに密接に組み込まれた酒といえる。Aの酒としてはヤシ酒，馬乳酒，バナナ酒，雑穀ビールなどがあげられる。

　B：工業化され，近代的な技術が導入されて均質的に大量生産されるようになった酒。その味わいや香りはある一定の水準まで洗練され飲みやすくなっており，Aよりも一回り大きな範囲で消費されている。しかし情報発信力の弱さから世界的にはあまり流通せず，いまだローカルな酒に留まっているがゆえ，逆に魅力的な個性を生み出す源ともなっている。代表例としては日本酒，焼酎，紹興酒等があげられる。

　C：Bよりも国際的な情報発信力が強いタイプの酒。ラガータイプのビールや連続的蒸留機からできる高い純度のアルコールから作られたウォッカなどで，アメリカのクアーズやハイネケンなどのビールやスミノフなどのウォッカがあげられる。

　近年注目を集めているヴァラエタル・ワイン（たとえばシャルドネやメルローなどの単一品種から作られるワイン）は，ニューワールドと称されるアメリカ・南アメリカ・南アフリカ・オーストラリア・ニュージーランドなどで生産が拡大している。世界共通の品種名を前面に掲げることで伝統的なワイン産地の呼称から離れられ，輸出によって世界に高いレベルの美味しさや飲みやすさを発

信し，顧客獲得につながっている．

　D：基本的には自然や風土に依存した伝統的な製法で生産され，産地を特定するもので希少性も高い酒．品質が高く味わいは個性的であり，物語性をもち，高級なイメージをもつ酒といえる．代表的な例としては，ドメーヌ・ワインやシャトー・ワイン，コニャックやシェリーなど，ブランド価値の高い酒があげられる．

　S：ソフト（Soft）化の酒，すなわち酒を水や炭酸で割ってアルコール度数を下げ，高いアルコール度数をより低いアルコール濃度で飲むという近年の傾向に応えたものである．日本でも若年層を中心に人気の高いチューハイやサワー，カクテルがこれに相当する．

2．アベセデス・マトリクスとフード・ビジネス

　アベセデス・マトリクスは，フード・ビジネスを考える上で有効なツールと考えられる．

　まずDに属するフード・ビジネスは，ミシュランで三つ星を獲得するようなハイエンドのレストランと考えられる．キャビアやフォアグラ，トリュフなどいわゆる三大珍味に象徴されるように，希少でなおかつ国際的な認知の高い食材を採り入れ，また近年の傾向として地元の農家との緊密な連携によって，「そこでしか食べられない料理（地産地消型料理）」への志向が強まっている．

　ミシュランの三つ星は一説にミシュランタイヤの消耗を早めさせるため，歴史的に僻地の店に与えられてきたが，食材は言うに及ばず，海岸や山岳等の眺望を含めローカル色がレストランの魅力と分かちがたく結びついているケースが多い．

　Dほどの情報的な発信力をもたない，地元密着型のレストランはAに当てはまると考えられる．酒と同じくレストランもおおむねA象限からスタートしたと考えられるが，やや大雑把に言えば，シェフのスター化など肥大化したグルメ情報の後押しを受けて，その知名度が国際的であればD，国内もしくは地域に限定されるならばAと分けることができる．ただし現在は，製造や

流通の段階において工業化のメリットを十分に享受しているがゆえ，ともにCの要素も色濃いと考えられる。

個別に見ればカリフォルニア・キュイジーヌの草分け，アリス・ウォーターズの「シェ・パニス」はDというにふさわしいと思われ，ジャン・ジョルジュ・ボングリヒテンが厨房に立つニューヨークの三つ星店「ジャン・ジョルジュ」は契約農家のハーブを使うなど地産地消にも意を注いでいる点，Dとも考えられる。

また東京の「すきやばし次郎」は海外のセレブリティもひいきにする三つ星店だが，旬のネタという工業化とまったくなじまぬ素材を手ずから寿司に仕上げていくスタイルが，D象限の本質と呼応するかのようである。また京都駅からタクシーで優に1時間はかかる山間の旅館「美山荘」は，土地の野菜や魚を使った「摘み草料理」をうたったA的存在ながら，その国際的情報発信力の評価によってはDとも考えられる。

そして上記の3軒にAたらしめる国際的な情報発信力を付与しているのは，言うまでもなく**ミシュラン**をはじめとしたガイドブックやSNSを含む各種メディアである。

今後のインバウンド戦略との関係を考えた場合，近年増えつつあるDやAのレストランは食に強いこだわりをもつ外国人観光客に対して非常に訴求力が高いといえよう。

またDやAのレストランはおおむね「**インスタ映え**」するなどビジュアル的な魅力に富むため，SNS的な情報発信力を兼ね備える場合が多い。

Cは，その商品（殊にビッグマック）の値段がその年の物価水準を計る物差しともなっているマクドナルドにとどめを刺す。世界100カ国以上で3万店以上を展開，製品とオペレーションを工業的に画一化し，世界的な発信力をもつマクドナルドはフード・ビジネスで最もCにふさわしいブランドである。国内外の空港でも容易にマクドナルドに行列ができている光景と接せられ，外国人観光客にも根強いニーズがあるのは疑いない。同じくアメリカのKFCやスターバックスも堂々たるCのフード・ビジネスと言って差し支えない。こう

したアメリカンブランドは，異国にあって自国の味を懐かしむアメリカ人観光客のコンフォート・ニーズにも対応すると思われる。

Bは，ガストやロイヤルなど国内のファミリーレストランがその典型といえ，国際的な情報発信力には欠けるためこの象限に位置する。同じテーブルサービスレストランでもアメリカ人客の比率が高いTGIフライデイズやアウトバックなどのディナーハウスはC寄りと考えられ，アメリカ人観光客のコンフォート・ニーズと即応する。

アベセデス・マトリクスとの関連で言えば，日本のフードサービス史とはAからBへの展開，アメリカのフードサービス史はAからB，さらにはCへの展開と言うことができる。

一方で，日本の全国チェーンである吉野家やモスバーガーはすでに海外に駒を進め，先に述べた日本型ディナーハウスまたはファストカジュアルでも，スシローや丸亀製麺などごく一部とはいえ海外出店に乗り出しており，仮に成功裏に展開されるならば，Cの存在として外国人観光客に対しても魅力的なフード・ビジネスとして認知されるであろう。

外国人観光客を迎えるにあたって，彼らのニーズを見抜き，自らのビジネスの立ち位置を明らめ，そのマッチングを図ることこそ，フード・ビジネスがインバウンド時代で成功を収める必須の条件であろう。

【ディスカッションのための問題提起】

1. 日本の食がいかにアメリカの影響を受けてきたか，話し合ってみよう。
2. アベセデス・マトリクスを使って，日本の「フード」を分類してみよう（例　カップラーメンとラーメン　寿司　蕎麦　日本のビール　日本酒　日本茶　抹茶アイス　カルピス　味の素　醤油　味噌　国産あわび　国産松茸　雪国まいたけ etc …）。

【参考文献】

日本フードサービス学会編『現代フードサービス論』創成社，2015年。
　※本稿は主として第14章「フードサービスの日米比較―フードサービスとレストラン―」（横川潤）を下記の著作と併せ，新たに再構築したものであることを付記しておく。

米山俊直・吉田集而・TaKaRa酒生活文化研究所『アベセデス・マトリクス―酒の未来図』，2000年。
　※一部，長谷川正之「アベセデス・マトリクス①②」AGRI-MARKETINGを参照。
　　https://agri-marketing.jp/2016/12/10/post-3644/

第8章
スポーツビジネス

第1節　はじめに

1．スポーツ立国戦略

　2010年に文部科学省は，今後のわが国のスポーツ政策の基本的方向性を示す「**スポーツ立国戦略**」を策定した。生涯スポーツ・地域スポーツの振興と競技力向上を目指している。そして，2011年に施行された**スポーツ基本法**では，その前文に，「国民生活における多面にわたるスポーツの果たす役割の重要性に鑑み，スポーツ立国を実現することは，二十一世紀の我が国の発展のために不可欠な重要課題である。ここに，スポーツ立国の実現を目指し，国家戦略として，スポーツに関する施策を総合的かつ計画的に推進するため，この法律を制定する。」と記されている。スポーツ立国を国家戦略として策定し，さらに，それを法律で定めているのである。そして，この法に基づいて2015年に文部科学省の外局として**スポーツ庁**が発足し，さらにその取り組みが加速している。

2．スポーツ産業の成長産業化

　2016年6月に閣議決定した政府の「日本再興戦略2016」では，「スポーツ市場規模（昨年5.5兆円）を2025年までに15兆円に拡大することを目指す」ことを目標に掲げた。その背景には欧米諸国と日本のスポーツ市場規模の差がある。欧米諸国では，プロスポーツリーグや**スタジアム・アリーナ**の整備，健康

や体力づくりのためのスポーツ関連市場など，スポーツビジネスが成長し巨大な産業となっているのに対し，わが国のスポーツ産業は，2002年当時に約7兆円だったものが，2012年時点では約5.5兆円と縮小傾向にある。

そこで，わが国もスポーツ産業を成長産業化するべく，スポーツ庁と経済産業省は2016年にスポーツ未来開拓会議を設置し，検討を進めている。そして，この検討結果が，第2期**「スポーツ基本計画」**（2017年度～2021年度）に反映され，以下に示す施策目標となり，数値目標も示された。

---

① スポーツの成長産業化

　スポーツ市場を拡大し，その収益をスポーツ環境の改善に還元し，スポーツ参画人口の拡大につなげるという好循環を生み出すことにより，スポーツ市場規模5.5兆円を2020年までに10兆円，2025年までに15兆円に拡大することを目指す。

② スポーツを通じた地域活性化

　スポーツツーリズムの活性化とスポーツによるまちづくり・地域活性化の推進主体である地域スポーツコミッションの設立を促進し，スポーツ目的の訪日外国人旅行者数を250万人程度（2015年度現在約138万人），スポーツツーリズム関連消費額を3,800億円程度（2015年度現在約2,204億円），地域スポーツコミッションの設置数を170（2017年1月現在56）に拡大することを目指す。

このように今後，成長が期待されるスポーツビジネスについて，本章ではその市場規模と業種の状況を概観し，将来性を展望した後，国際観光の観点からスポーツツーリズムを取り上げて，今後の課題について検討する。

第2節　スポーツビジネスの概要

1．停滞する市場規模

まず始めに，スポーツビジネスの市場規模を見てみよう。『レジャー白書』によれば，2016年は約4兆円でレジャー市場の5.7％を占めた。また，国民総支出の0.7％，民間最終消費支出の1.3％を占めている。

スポーツ関連市場の規模の推移を図表8－1に示した。バブル景気（1986年～1991年）崩壊直後の1992年にピークをつけた後，徐々に減少し，2011年頃からは下げ止まっている。スポーツ施設・スクールの落ち込みが激しく，ゴルフ場やゴルフ練習場，スキー場，ボウリング場，スイミングスクールは軒並み減少した。この原因は経済低迷に加え，少子化と若者のスポーツばなれがあげられる。

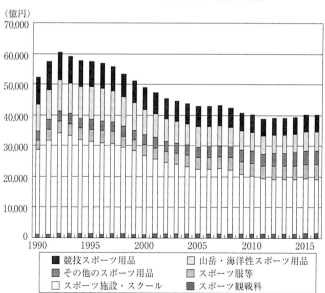

図表8－1　スポーツ関連市場の規模の推移

出所：『レジャー白書』各年度版より。

2．幅広い業種

　スポーツビジネスを狭義にとらえると図表8－1で示したとおりである。しかし，たとえば，ケイリンとしてオリンピック種目にもなった競輪やそのほかの公営ギャンブルもスポーツととらえることができる。実際に，競輪や競馬，競艇，オートレースの運営団体は，プロ野球やサッカー同様に（公財）日本プロスポーツ協会に加盟している。これらの公営ギャンブルは『レジャー白書』ではスポーツ部門ではなく娯楽部門として計上されている。これらの市場規模は約5兆円であるので，これをスポーツビジネスに加えると市場はさらに大きくなる。

　そのほかにも『レジャー白書』には計上されていないスポーツ関連ビジネスは多数ある。通商産業省（現在の経済産業省）政策局がまとめた『スポーツビジョン21』（1990年）ではスポーツビジネスの領域を図表8－2のように定めている。

図表8－2　スポーツビジネスの領域

スポーツ製造業	スポーツサービス業	
スポーツ用品製造業 スポーツ施設関連品等製造業 その他スポーツ関連品等製造業	スポーツ用品流通業 スポーツ用品レンタル業 スポーツ用品宅配業 スポーツジャーナリズム業 会員権売買業 スポーツイベント業 スポーツアクセス業 スポーツ旅行業 スポーツ情報ネットワーク業	スポーツ金融業 スポーツ施設運営業 スポーツ人材派遣業 スポーツ貸倉庫業 スポーツスクール業 スポーツカウンセリング業
スポーツスペース業		
都市型スポーツスペース業 リゾート型スポーツスペース業 スポーツスペースリフォーム業 その他スポーツ関連スペース業		

出所：通商産業省産業政策局編（1990）。

　図表8－2に見るようにスポーツビジネスを広義にとらえると，公営ギャンブルに加えてテレビ放映権や出版，スポーツ施設建設・運営，スポーツ保険，旅行業などほとんどのサービス業が関連していることになるが，その市場規模は膨大になり，それを正確に計ることは難しい。

3．成長戦略

　日本の人口は，2007年の約1億2,800万人をピークに減少が続いており，国立社会保障・人口問題研究所によると，2040年には1億1,092万人，2065年には8,808万人まで減少すると推計されている。実にピーク時の約7割にまで減少し，高齢化も進み，老年（65歳以上）の構成比は2015年現在の26.6％から，2065年には38.4％になると推計されている。

　このような厳しい将来見通しのなかで，政府はどのような成長戦略を示しているのであろうか。政府の「未来投資戦略2017」や第2期「スポーツ基本計画」をもとに見てみよう。

（1）スタジアム・アリーナ改革

　「**未来投資戦略2017**」では，「全国のスタジアム・アリーナについて，多様な世代が集う交流拠点として，2025年までに新たに20拠点を実現する。」との施策目標を掲げている。スタジアム・アリーナを維持管理に費用のかかる単なる競技場とするのではなく，音楽イベントや健康づくりなど，賑わいやコミュニティ創出の拠点とする場となるようにスタジアム・アリーナを整備するというのである。それによってスポーツ観戦者の増加も期待されている。

　そして，「民間の投資や知恵を活用した魅力の高いスタジアム・アリーナを地域コミュニティの中核として地域活性化の起爆剤とするため，様々な支援策を政府横断的に講じる」としている。具体的には，スポーツ庁は経済産業省と国土交通省，**観光庁**の協力を得て，プロスポーツリーグ関係者や自治体関係者などによる「スタジアム・アリーナ推進官民連絡協議会」を2016年に設置し，同年に「スタジアム・アリーナ改革指針」を策定した。また，同年に経済産業省は，委託事業として「観光資源等を活用した地域高度化計画の策定等支援事業（魅力あるスタジアム・アリーナを核としたまちづくりに関する計画策定等事業）」を公募し，5件を採択した。これらの事業では，プロ野球やサッカー（Jリーグ），プロバスケットリーグ（Bリーグ）などのスタジアム・アリーナの建設計画などが含まれている。

(2) プロスポーツの成長

　日本のプロスポーツリーグの市場規模は，欧米と比較してきわめて小さい。日本のプロ野球とサッカー（Jリーグ）は，世界のトップリーグである米国メジャーリーグや英国プレミア・リーグと比べて，1995年はその差は小さかったものの，2010年ではそれぞれ約3.7倍，約4.5倍といった差が生じている。この差はビジネスのマネジメント力の差であると考えられている。米国ではエンターテイメント性を重視したサービスを展開し，観客との多様な関係構築などの戦略的な活動を行うことにより，ビジネスの拡大を支えている。また，欧州のプロリーグも大きな収入源として放映権料があり，海外でもコンテンツ展開をしている。しかし，我が国においてはそうした取り組みが十分に行われてこなかった。

　そこで，「**スポーツ基本計画**」では，「スポーツ経営人材の育成に向けたカリキュラム作成支援や，個人とスポーツ団体とのマッチングによる人材活用等を促進することにより，スポーツ団体のガバナンスや収益性を向上させる。」としている。また，「未来投資戦略2017」では「海外地域での放映権ビジネスの拡大を狙い，我が国プロスポーツリーグ等における**インバウンド**促進等の戦略的取組について検討を行う。」としており，今後の取り組みが期待できる。

(3) 大学スポーツの振興

　大学スポーツは，人材輩出に加え，経済活性化や町づくりなどに貢献する潜在力をもっているが，それが十分に発揮されていない。米国の大学スポーツの市場規模は約8,000億円で，アメリカンフットボール（NFL）やプロ野球大リーグ（MLB）などのアメリカの4大プロリーグに匹敵する。そこで，「未来投資戦略2017」では「適切な組織運営管理や健全な大学スポーツビジネスの確立等を目指す大学横断かつ競技横断的統括組織の平成30年度中の創設を目指し，産学官連携協議会を設置し制度設計を進める。大学におけるスポーツ分野のキャリア形成・地域貢献・資金調達力の向上等の取組を戦略的かつ一体的に管理・統括する部局の設置や人材の配置について，今後5年間で100の大学

が取り組むよう推進する。」としており，各大学の取り組みも活発化している。2017年度にはスポーツ庁の委託事業もあり，8大学が採択された。今後は，各地の大学コンソーシアムやスポーツコミッションの取り組みが期待されている。

（4）女性と障害者のスポーツ活動促進

スポーツ庁が2016年11月に実施した「スポーツの実施状況等に関する世論調査」によると，スポーツ実施率は，男性より女性の方が，健常者より障害者の方が低くなっている。そこで，「未来投資戦略2017」では「女性のスポーツ実施率の向上について，国民及び幅広い関係者に対してメッセージを発信する『女性スポーツキャンペーン』を検討する」ことと「障害者のスポーツ実施率の向上に向けて，スポーツ関係団体，経済界等と連携し，障害のある子供たちが参加する全国的なスポーツイベントの開催を推進するとともに，全ての特別支援学校を地域の障害者スポーツの拠点として活用するための支援を行う。」と記している。

障害者スポーツの振興について，スポーツ基本計画では，以下の数値目標を掲げている。

・障害者の週1回のスポーツ実施率：成人19.2％ → 40％，
　　　　　　　　　　　　　　　7～19歳31.5％ → 50％
・総合型クラブへの障害者の参加促進：40％ → 50％
・障害者スポーツ指導者の養成の拡充：2.2万人 → 3万人
・活動する場がない障害者スポーツ指導者を半減：13.7％ → 7％
・障害者スポーツの理解促進により，直接観戦経験者を増加：4.7％ → 20％

女性と障害者のスポーツ人口の拡大に伴って，関係するスポーツビジネスの成長も期待できる。

第3節　スポーツツーリズム

1．国の政策

　スポーツツーリズムとは何か，JTB観光総合研究所「観光用語集」には，以下のように端的にまとめられている。

　「スポーツツーリズムとは，スポーツを見に行くための旅行およびそれに伴う周辺観光や，スポーツを支える人々との交流などスポーツに関わる様々な旅行のこと」。

　したがって，**スポーツツーリズム**というよりも「スポーツ観光」とした方がイメージしやすいかもしれない。その「スポーツ観光」について，観光庁のホームページでは，次のように説明されている。

> 　我が国には豊富なスポーツ資源が存在します。
> 　まず，「観るスポーツ」ではプロ野球，Jリーグをはじめ高いレベルを誇る競技が数多くあり，多くのファンを魅了しています。
> 　次に，「するスポーツ」ではランニング，ウォーキング，サイクリングなどが世代を超えて人気を集め，スポーツイベントに集う人々が地域に活力を与えています。
> 　さらに，地域に密着したスポーツチームの運営，市民ボランティアとしての大会支援，国や地域を挙げての国際競技大会・キャンプ誘致等の「支えるスポーツ」は，国・地域の魅力の効果的発信に寄与しています。
> 　これら魅力あるスポーツ資源を最大限に活用し，異なる地域や国の人々の交流を呼び起こし，国内観光振興及びインバウンド拡大の促進が求められています。

　すなわち，わが国の優れたスポーツ資源を「する」，「観る」，「支える」の面から活用し，国内観光の振興とインバウンド拡大の促進に結びつけたいとして

いる。そして，その具体的な施策は，「**観光立国推進基本計画**」(2017年～2020年)に「スポーツツーリズムの推進」として項目が設けられ，記載されている。この記述に基づいて，官民の取り組みについて述べる。

2．スポーツ観光資源の創出とリゾート開発

「観光立国推進計画」には，以下のように記載されている。

> スポーツの参加や観戦を目的として地域を訪れたり，地域資源とスポーツを掛け合せた観光を楽しむスポーツツーリズムは，国内旅行需要の喚起やゴルフ，スキー等スポーツへの志向性の高い外国人旅行者の訪日促進に寄与するものである。今後，国内外からの交流人口を一層拡大するためには，地域性の高い魅力あるスポーツ観光資源の創出と，スポーツツーリズムの需要喚起・定着化が必要と考えられる。
> また，国内外の旅行者が減少する冬期の観光振興のため，スノーリゾート・スノースポーツの魅力向上や国内外への情報発信等に取り組む。

このようにスポーツ観光資源のなかでもゴルフとスキーが例示されている。そこで，本項ではゴルフ場とスキー場の現状と将来について概観する。

(1) ゴルフ場ビジネス

ゴルフ場もバブル景気崩壊の影響を大きく受けた。図表8－3に示したように，1992年をピークに最近まで市場規模は減少してきた。利用者数の減少の大きな理由は，企業の接待ゴルフが減少したことと可処分所得の伸び悩みにより個人のプレイ回数が減少したことである。『レジャー白書』によれば，参加人口はピークの1,420万人（1995年）から550万人（2016年）にまで減少した。参加率もピークの13.4％（1995年）から5.5％（2016年）に減少しており，ゴルフ離れがおきている。

生き残りをかけて，多くのゴルフ場が経営効率を高めてきたが，近年ではさ

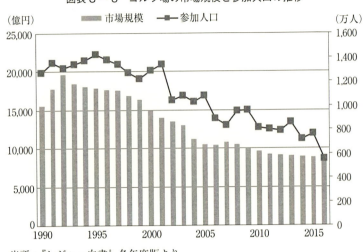

図表 8 − 3　ゴルフ場の市場規模と参加人口の推移

出所:『レジャー白書』各年度版より。

らに次のような経営努力をしている。

① 経営合理化

　キャディやレストランを外部委託したり，芝草管理の機材を複数のゴルフ場で共有したりして経費節減に努め，業務の合理化に努めている。

② 新規サービスの開拓

　接待ゴルフの法人需要が期待できないので，個人需要をターゲットとした新規サービスを取り入れている。キャディをつけないセルフプレイ用に乗用カートにGPS（全地球測位システム）を搭載し，グリーンまでの距離とコースレイアウトが容易にわかるようにしたり，乗用カートのコース内への乗り入れを可能にしたりしたゴルフ場もある。これは特に高齢者には好評であり，アクティブシニアのつなぎ止めに貢献している。そのほかには，昼食をはさまず18ホールを続けて行うスループレイや早朝薄暮の割安料金設定，2人組でもプレイ可能，ペット同伴プレイなどさまざまなサービスを試みている。

③ 新規顧客の開拓

近年では女性やジュニアの参加が増えている。そこで，女性やジュニアを対象にしたスクールやイベントを開催したりして，新規顧客の獲得に努めている。

また，若年層を取り込むことを狙って，（株）リクルートライフスタイルでは，19歳と20歳はゴルフ場・ゴルフ練習場のプレイ料金が無料となるサービス「ゴルマジ！」を行っている。（株）楽天では，18歳～29歳にゴルフ場やゴルフ練習場で使えるクーポンを提供するサービス「楽ゴル」を行っている。

また，近年は韓国が空前のゴルフブームに沸いているが，ゴルフ場の数が日本の1/5程度と少ないため，韓国内ではゴルフ場の予約が取りにくくなっている。そこで，韓国からの直行便がある地方空港周辺のゴルフ場では，韓国人ゴルファーの誘致を積極的に行っている。たとえば，福島県は県内の福島空港が韓国ソウルとの定期空港路線をもっていることを利用して，韓国人ゴルファーを誘致している。福島県内のゴルフ場を利用した韓国人は，2005年には7,000人ほどであったが，2007年には57,800人と8倍強に増えていた。しかし，2011年の東日本大震災の影響で客足は落ちた。韓国からの直行便のある九州で3カ所のゴルフ場を展開するグリーンランドリゾート社は，韓国人プレイ客の誘致に取り組んだ結果，2014年は年間で6,206人と前年に比べ約8割増えたという。北海道では，2010年に北海道ゴルフ観光協会が設立し，日英中韓の4カ国語でホームページを作り，道内のゴルフ場を紹介するなど外国人誘致に取り組んでいる。そして，2015年には日本ゴルフツーリズム推進協会が設立し，ゴルフツーリズムの普及定着および市場拡大を進めている。

④ シミュレーション・ゴルフ

バーチャル（仮想現実）でプレイするシミュレーション・ゴルフの人気が高まってきた。実際にゴルフコースに出てゴルフをプレイするのではなく，屋内でシミュレーターを使って，通常のゴルフクラブとボールを用いてプレイする。打球の速度や方向を感知する精度も上がり，世界の名門コースなど体験できるコース数も増えている。ゴルフバーやゴルフカフェと呼ばれる専用の飲食

店もあらわれ，数人で飲食しながら気軽にゴルフを楽しんでいる。また，レッスンを行うところもある。

(2) スキー場ビジネス

スキー場ビジネスは，索道（ゴンドラ，リフト）事業，飲食事業，宿泊事業，物販（土産，用品等）事業，その他関連事業（レンタル，スクール，駐車場等）の複合ビジネスである。関連事業が多岐にわたるため，このスキー場ビジネス全体の市場規模を把握することは難しい。そこで，中核となる索道収入を市場規模としてとらえることにする。

スキー場もゴルフ場と同様に，バブル景気崩壊の影響を大きく受けた。図表8－4に示したように，1992年頃をピークに最近まで市場規模は減少してきた。利用者数の減少の大きな理由は，可処分所得の伸び悩みにより個人の参加回数が減少したことと若者のスキーばなれなどである。『レジャー白書』によれば，スキーの参加人口はピークの1,770万人（1995年）から330万人（2016年）にまで減少した。参加率もピークの17.0％（1992年と1993年）から3.3％（2016年）

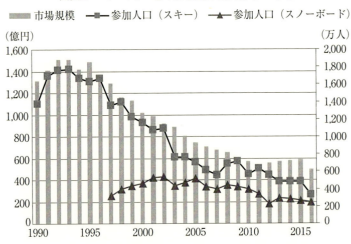

図表8－4　スキー場の市場規模と参加人口の推移

出所：『レジャー白書』各年度版より。

に減少しており，特に若年者のスキーばなれが顕著である。スノーボードの参加人口もピークの540万人（2002年）から250万人（2016年）にまで半減した。参加率もピークの4.9%（2002年）から2.5%（2016年）に減少している。

そうしたなか，日本の雪質（パウダースノー）やスノーリゾートへのアクセスの良さなどが評価され，インバウンド観光客の数も増加している。外国人延べ宿泊数は，北海道のニセコで約44万人，長野県白馬村で約8万人，野沢温泉村で約7万人を数える。白馬村では2001年に白馬インバウンド推進協議会を設立して，誘客に取り組み，ロシア人や韓国人などの誘客に成功している。

スノーリゾートが国内外の観光客の閑散期である1，2月の需要創出策として，そして，地方の観光活性化策として期待されている。2018年の平昌冬季オリンピック・パラリンピック，2022年の北京冬季オリンピック・パラリンピックの開催は，国内外からのスノーリゾートへの来訪を取り込む大きな契機となることも期待されている。観光庁は，2015年に「スノーリゾート地域の活性化に向けた検討会」を設置し，検討を重ね，その結果を踏まえて，2017年に「スノーリゾート地域の活性化推進会議」を設置した。その会議が策定した「スノーリゾート地域の活性化に向けたアクションプログラム2017」には具体的な施策として以下が示されている。

---

① 国内外からのスノーリゾートへの誘客に向けた取組

　スノーリゾートへの誘客に向け，日本人のスノースポーツ人口の拡大，海外からスノーリゾートへの来訪増加に係る施策についてモデル事業を実施し，当該事業の成果の検証・とりまとめを行い，全国への展開を図る。

② スキー場の経営に関する課題への対応

　索道等の施設の老朽化への対応やスキー場内外の安全確保，年間を通した事業継続，スキー場の経営悪化に伴う事業の再生または廃業・撤退などへの対応について検討する。

2017年には，国内で14年ぶりとなる新設スキー場「峰山高原リゾート　ホワイトピーク」が兵庫県神河町で開業した。新潟県妙高市では，閉鎖したスキー場が11年ぶりに再開した。上記アクションプログラムによってさらなる事業展開が期待できる。

3．スポーツイベントとスポーツコミッション

「観光立国推進計画」には，スポーツイベントについて以下のように記載されている。

> これからの数年間はラグビーワールドカップ2019，2020年東京オリンピック・パラリンピック競技大会をはじめとした国際的メガスポーツイベントが国内で多数開催されることからも，合宿・キャンプの誘致等や大会観戦者の国内周遊促進，さらにリピーター化促進も重要となる。
> 　このため，地域スポーツコミッションの設立を促し，スポーツ観光資源の開発や，イベント開催，大会・キャンプ等の誘致等の活動に対し支援を行うとともに，関連する産業界とも連携・協働したスポーツツーリズムの魅力訴求により，国民全体の需要を喚起し，定着化を図る。また，スポーツ庁・文化庁・観光庁が連携し，スポーツと文化芸術が融合した体験型観光素材の創出を図る。

今後の主な国際的メガスポーツイベントを図表8－5に示した。国内で開催されるスポーツイベントだけでなく，中国や韓国で開かれるイベントの事前合宿地としても日本が選ばれている。実際に，2008年の北京オリンピック・パラリンピックの際には，開幕1カ月前には25カ国以上，17種目の選手団が日本での調整を行った。そして，2018年の韓国・平昌冬季オリンピック・パラリンピックでは，札幌市と伊達市がスウェーデン代表の合宿地となった。このほかにも長野や新潟でもカーリングやスケートの合宿が行われた。このような誘致活動を行うのが，地域**スポーツコミッション**である。先の例では，さっぽ

図表8－5　国際的メガスポーツイベント

2018年	韓国・平昌冬季オリンピック・パラリンピック
2019年	ラグビー・ワールドカップ2019日本大会
2020年	東京夏季オリンピック・パラリンピック
2021年	ワールドマスターズゲームズ2021関西大会
	世界水泳選手権福岡大会
2022年	北京冬季オリンピック・パラリンピック
2026年	アジア競技大会（愛知県および名古屋市）

ろグローバルスポーツコミッションがスウェーデンへの誘致活動を行った。

地域スポーツコミッションとは，スポーツツーリズムや地域スポーツ大会・イベントの開催，国内外の大規模なスポーツ大会の誘致，プロチームや大学などのスポーツ合宿・キャンプの誘致などを目的とした，地方公共団体とスポーツ団体，民間企業が一体となった組織である。スポーツ庁では2015年度より，スポーツコミッションを支援する事業を実施しており，スポーツ庁の調査では，2017年9月段階で，全国に83の地域スポーツコミッションがある。そして，「スポーツ基本計画」では，2021年度末までに，地域スポーツコミッションの設置数を170にまで拡大することを目標として掲げている。

4．日本スポーツツーリズム推進機構

2011年に策定された政府の「スポーツツーリズム推進基本方針」では，スポーツとツーリズムを融合し，その目指すべき姿として，「より豊かなニッポン観光の創造」と「スポーツとツーリズムの更なる融合」の2点を示している。そして，スポーツツーリズムに期待する効果として，インバウンド拡大の観光振興のみならず，スポーツ振興と健康増進，産業振興など幅広い効果をあげている。また，スポーツと観光の垣根を越えて地方公共団体内や各種団体間で連携・協働し，大会・合宿招致，プロスポーツ誘致などを観光まちづくりの一環として政策に位置づける必要性を述べている。

そして，国際競技大会招致などのための，スポーツと観光の団体・企業などと国の連携組織となる民主導のスポーツツーリズム推進連携組織を創設する動

きを観光庁ほか関係省庁で支援することが示され，翌2012年に**日本スポーツツーリズム推進機構**が設立された。調査研究のほか会議やセミナーの開催，「スポーツ振興賞」表彰，コンサルティングなどを行っている。「スポーツ振興賞」は（公社）スポーツ健康産業団体連合会とともに行っている表彰事業で，スポーツを通じて健康づくりをし，ツーリズムや産業振興，地域振興（まちづくり）に貢献した団体・グループ・企業を顕彰するものである。第5回（2017年度）のスポーツ振興大賞には，（一社）東北風土マラソン＆フェスティバル（宮城県登米市）が選ばれた。域内で運営し，域外から人とカネを呼び込む，循環型スポーツツーリズムモデルであり，選考委員からは，「ファンランを中心としたスポーツと食のイベントである。大掛かりな取り組みで実績もある。地域の特産品を活用した取り組みは，地方スポーツイベントのモデルになる。海外からの参加者も年々増加している。国内へのインバウンドは，急上昇しており，今後の発展に期待が持てる。」とのコメントがあった。

第4節　おわりに

　サッカーJリーグの成功は，「Jリーグ百年構想」として掲げている「地域に根差したスポーツクラブを核としたスポーツ文化の振興」によるところが大きい。地域を大切にすることによって，人口の集中している大都市でなくてもプロ球団がもてることが証明され，野球の独立リーグ（北信越や四国など）やバスケットボールリーグ（Bリーグ）が誕生した。プロ野球でも，北海道や東北のようにホームタウンのファンを大切にすることにより成功している事例も多くなってきた。プロ球団の誕生や活躍によってその地域の知名度が上がり，地域のイメージも向上する。住民も誇りをもつようになる。

　そして，ゴルフ場やスキー場に見られるように，訪日外国人客の増加によって国際交流の機会を提供するようにもなってきた。

　このような文化社会面の地域活性化だけでなく，スポーツは消費の誘導と雇用機会の創出によって，地域経済を発展させる。特にスキー場は地域の活性化

に寄与する重要なビジネスである。豪雪地帯の農山村では冬期は仕事がなく，都市部への出稼ぎ労働を余儀なくされていたが，スキー場の開発によりスキー場での雇用機会を得たり，民宿経営したりすることにより現金収入を増やすこともできた。スポーツを観光資源としてとらえ，それを商品化し，地域社会でうまくマネジメントしていく人材が今後，ますます必要とされる。

　図表8-5に示したように国際的メガスポーツイベントが相次いで開催され，この数年は「ゴールデンスポーツイヤーズ」と称されている。これほどの好機は二度と訪れないであろう。国も成長戦略として，スポーツビジネスと観光ビジネスに焦点を当てている。国家予算の投入も見込まれているので，この好機を逃してはならない。今後とも国や地方の政策に注目して欲しい。

【ディスカッションのための問題提起】

1. スポーツ基本計画や観光立国推進基本計画，未来投資戦略などを読み，関心のある事項について，具体的な政策はどのようなものか，そして，実際にどの程度実現できているのか，調べてみよう。
2. 出身地や関心のある地域のスポーツコミッションの活動状況を調べてみよう。
3. スポーツ振興の受賞事例について，地域振興にどの程度役に立っているか調べてみよう。

【参考引用文献】

太田正隆「2020年に向けたスポーツツーリズムへの期待」『MICE Japan』2014年6月号，pp.28-31。
観光庁「スポーツ観光」観光庁ホームページ。
月刊事業構想編集部「数字で見る大学・アマチュアスポーツ」，2016年11月号，pp.24-27。
月刊レジャー産業資料編集部「課題をクリアし，活性化に向け，ポテンシャルと商機を活かせ」『月刊レジャー産業資料』2015年11月号，p.22。
（公社）スポーツ健康産業団体連合会「第5回スポーツ振興賞受賞者」（平成29年6

月28日発表）http://www.jsif.or.jp/others/promo_bosyu.html

国立社会保障・人口問題研究所「日本の将来推計人口　平成29年推計」（人口問題研究資料第336号）2017年，pp.2-5。

JTB観光総合研究所観光用語集：スポーツツーリズム（https://www.tourism.jp/tourism-database/glossary/sports-tourism/）。

スノーリゾート地域の活性化推進会議「スノーリゾート地域の活性化に向けたアクションプログラム2017」，2017年，pp.2-5。

スポーツ庁「スポーツの実施状況等に関する世論調査」，2017年，pp.10-14。

スポーツ庁・経済産業省「未来開拓会議中間報告書」，2016年，pp.6-8およびp.26。

スポーツ・ツーリズム推進連絡会議「スポーツツーリズム推進基本方針」，2011年，pp.2-3。

通商産業省産業政策局編『スポーツビジョン21』通商産業調査会，1990年。

日本経済新聞社「グリーンランドリゾート，韓国客でゴルフ事業回復，円安・相互利用が追い風」日本経済新聞2015年6月9日，地方経済面 九州，p.13。

日本国政府「観光立国推進基本計画」，2017年。

日本国政府「未来投資戦略2017」，2017年。

日本生産性本部『レジャー白書』各年度版。

文部科学省「スポーツ立国戦略」，2010年。

COLUMN 02　旅館と訪日外国人

1．「旅館」はなぜ減っているのか？

　旅館とは，日本家屋特有の畳を使った「和室」が基本の宿泊施設だ。「和室」文化は，訪日外国人にとっても魅力的だといわれている。そして，「温泉大浴場」と「和食」という特徴もある。「温泉を体験したい」，「日本食を食べたい」という希望は，外国人が日本でやってみたいことの上位に常に入っている。

　しかし，旅館は，軒数，客室数とも減少の一途をたどっている。このままのペースでいけば，すべてホテルに取って代わられてしまうかもしれない。訪日外国人が増加し，旅館の潜在需要が増えているのに，なぜだろうか。

　1つの推論として，「日本人の生活様式が西洋化しているから」ということが思い浮かぶ。

　しかし，この推論だけで，旅館が減少していると考えるのはやや不十分である。なぜなら，旅館でもベッド式は増えているし，洋食を提供する旅館もあり，そうした旅館を選べば済む話だからだ。こうした現象の背景を探ろうとする時，「消費者側」の事情だけではなく，「生産者（サービス提供者）側」の事情を調べていくことも必要だ。

　すると，旅館の減少という現象の背景には，日本の地方経済の構造問題が隠されていることがわかる。旅館が減っているのは「利益が出ない」ためだ。

2．「旅館」はなぜ利益が出ないのか？

　利益とは，売上から費用を引いて手元に残るお金のこと。利益が出ないということは，次なる投資等の原資がないということだ。ビジネスでは，利益を生み，新たな投資をして，資産や売上を増やしていく。しかし，利益がないということは，それができないということである。

　しかし，「なぜ，利益が出ないのか」を考えることが大切だ。

　旅館業は，第2次世界大戦後，国土復興のために外貨を稼ぐ手段として観

光が注目された時，新たに施行された国際観光ホテル整備法に基づき整備が始まった。それまで，小さな民宿だった旅館が，政府の定めた施設基準に従い，鉄筋化したり，部屋にバス・トイレを設置したり，大型化していった。さらに，旅行が大衆化した1970年代には，国内旅行の盛り上がりから，温泉地には多くの大型旅館が建設された。もともと旅館の経営者は地方で土地をもつ小さな資産家だった。旅館は地域に雇用を生み，地域経済循環のハブとなることから，地方の金融機関も不動産を担保にお金を貸した。国民人口も増える一方だったので，自然と宿泊客も増え，この頃の旅館は多くの利益を生んでいた。

ところが，1990年代を境に国民の働き手（生産年齢人口）が減り始め，GDP（国内総生産）の伸びが止まり，国内旅行消費は天井にぶつかり，減少を始めた。それまで，地域経済がまわることを優先し，借金の返済を猶予していた金融機関も，その頃に起きたバブル崩壊の反省から返済猶予を認めなくなり，旅館は売上が減ると同時に，返済の費用が増え，一気に利益の出ない体質になってしまったのだ。

しかし，ホテルがきちんと利益を生めていたとすれば，なぜ旅館だけがそうなったのか。

それには2つの理由がある。1つは「平日の客室稼働率」が低いためだ。ホテルの場合，都市立地が多いこともあり，平日はビジネスでホテルを使う利用客で満室になる。しかし，観光客主体の旅館の場合，混むのは週末ばかりで，平日はほとんどの客室が埋まっていない。かつて，企業が儲かっていた頃には，会社の費用（福利厚生費）で温泉旅館に職場旅行に行った時代もあった。しかし，そうした時代はもう来ない。なんとか平日に仕事を休んで泊まりに来てほしいのだが，2日連続した休みがないと地方の旅館には泊まりにいけない。そうした高いハードルが，旅館の売上ダウンにつながっている。

もう1つの理由は「和食（会席料理）」を提供するためだ。実は，和食で使う新鮮な魚介類等は原価が高い。さらに分業で調理する和食は多くの調理師が必要となる。そのため，和食は利益を出すのが難しいのだが，食事で差別化しようと，どんどん料理を豪勢にしていく。すると，原価率が上がり，利益が出な

くなっていくのだ。利益が出ないので，地域経済にも貢献できず，地方から都市へと人材が流出していく。実は，旅館業は，地方経済の縮図と言ってもよい。

　もう旅館は衰退するしか道はないのだろうか。実は，そうではない。逆に，旅館は未来に可能性を秘めた新たなベンチャービジネスなのだ。

3．世界を見渡せば変わる発想，変わる旅館

　年々，宿泊業の経営者を目指す若者が増えている。運営ノウハウを積むためにいったんホテルに就職するという学生もいる。それは，これまでと違う発想で経営をしようと考えているためだ。そうした若者に，後継者のいない旅館をマッチングしようという地域も生まれている。

　そのキーワードとなるのが「訪日外国人」だ。訪日外国人は「平日」も旅行をする。そして，重いスーツケースをもっているせいもあり，1カ所で何泊も「連泊」をしてくれる。和食も喜んで食べてくれる。ただし，さすがに毎日は食べないので，そういう時には外に食べに行く・・・。この点は，日本の観光地には夜に外国人が安心して外食のできる店が少なく，まさに問題になっているところだ。

　こうした問題を解決に導き，外国人旅行者に滞在してもらえる観光地づくりができれば，日本の観光地も旅館も大きく変わるはずだ。

　たとえば，熊本県の阿蘇内牧温泉では，旅館と飲食店が協力をして，全飲食店のメニューを5カ国語に翻訳したり店内を動画で閲覧できるアプリを作った。そして，旅館が飲食店を案内して，外国人に食べに行ってもらうよう促す取り組みを行うことで，年々，外国人宿泊者数を伸ばしている。

　草津温泉（群馬県），湯田中温泉（長野県），玉造温泉（島根県）等では，地域の旅館が廃業旅館を買ったり，賃借をしたりして，「素泊まり型旅館」を開業している。原価のかかる食事を外すことにより，利益率を高めることができるのだ。さらに，こうした旅館に外国人が泊まりに来る。なかには，旅館なのだけれど「ゲストハウス」という名称を付ける旅館もある。これは，「ゲストハウス」とするほうが，若者には通じるためのようだ。

これからは，Wi-Fiの完備された「コ・ワーキングスペース」を設置する素泊まり型旅館やゲストハウスも増えてくるだろう。世界的に，自己裁量で働くことのできるフリーランスの労働者が増えており，そうしたフリーランサーが，旅をしながら，世界中の「リモートオフィス」で仕事をするというスタイルが根づきつつあるためだ。

　観光学を学ぶ大学も，米国で誕生した「ミネルバ大学」のように，完全eラーニング式となり，全国の旅館を教室として，全国・全世界の観光地でインターンシップをしながら学ぶというスタイルに変わってくるかもしれない。その時，旅館はまったく新たな利益を得るビジネスになっていることだろう。

　日本だけの発想に止まることなく，世界を見渡せば，さまざまな動きがあり，さまざまなヒントがある。そして，訪日外国人を受けるようになった旅館は，どんどん変わっていく。

　働き手の数（生産年齢人口）は，ついに世界中で減少が始まった。つまり，GDPを高めるには「労働生産性」を高めなくてはいけなくなり，ICTやAIも取り入れたサービスも今後必要になってくるだろう。

　これから増えてほしいのが，新しい旅館を経営する若い経営者だ。1人でも多く旅館業を理解し，旅館を変えるチャレンジャーとなってくれることを願っている。

第Ⅲ部　国際観光と交流文化

第9章
国際観光（インバウンドから inbound/outbound tourism へ）
―言語・交流文化の視点から―

第1節　はじめに―日本の「国際観光」の課題―

　「観光」って言葉は，日本語なのだろうか。国際観光って，何のことを言っているのだろうか。このことを自明の理として，観光学の勉強・研究を始めるのではなく，本章ではもう一度その由来をたどることによって，日本の「国際観光」の課題を把握してみることにする。英語の tourism と「観光」，「ツーリズム」はどのような関係になっているのだろうか。そして日本語のインバウンド・ツーリズムとは何を意味しているのだろうか。国連の世界観光機関 UNWTO における概念規定を参照したことはあるだろうか。そこでの概念は日本語での用法と同じなのだろうか。概念比較をしてみると，日本語の「インバウンド」の意味の特徴を垣間見ることができる。観光関係の日本語の諸用語には独特の「用語法」terminology があるようなのである。この特徴を前提とした観光問題の課題は何なのであろうか。言語・交流文化の視点から，これからの国際観光学の課題の所在を探究してみることにする。

第2節　観光って日本語なのか

　まず，観光とは，なんだろう。現代では一般的に「楽しみのために，日常生活から離れた地域の文化や自然に接する体験をする旅行」のことを指していることが多いだろう。この「観光」の語源が，中国の四書五経の五経の1つである（紀元前4世紀の）『易経』（えききょう）の＜観の六四の爻辞（こうじ）＞「観国之光，利用賓于王」（国の光を観る。用（もっ）て王に賓（ひん）たるに利（よろ）し）との一節に由来しているという説[1]は，多くの人が知るようになっている。国の光っているものを観て，その国の王に仕えるのがよい，くらいの意味らしい。ところが「観国之光」がどうして「観光」になったかの説明はあまりなされていないのである。

　この「観光」の語が，日本語として初めて用いられたのは，日本の最初の（木造外車式）鋼製蒸気船である軍艦の艦名としてだそうである。日本の幕末の頃，オランダ政府（オランダ国王ウィレム3世）は，西欧文明の優秀さを日本に理解させ，アメリカに先んじて開国を促すために，海軍の創立を日本に勧めて，1855年（安政2年）に軍艦スンビン（Soembing）［スームビング］号を13代将軍徳川家定に贈呈したのだ。当時，幕府は，欧米諸国から洋式軍艦の買い付けを盛んに行っていた。このスンビン号は，1856年に，幕府の長崎海軍伝習所練習艦として使われるために，軍艦「**観光丸**」と改名・命名された。この艦名が日本で初めての用法である（とされている）[2]。

　軍艦「観光丸」は，その後には，明治新政府の所管となり，1876年（明治9年）に除籍・解体された。この観光丸の「観光」の用語には，外国に日本国の光を誇らかに示すという意味が含まれていたようだ[3]。かくして，観光の初期の用法は，このような固有名詞としてのもので，普通名詞の用法ではないのである。現在，1987年に復元・建造された「観光丸」（ハウステンボス所有）が，長崎港めぐりのクルーズ運行をしている。この「新・観光丸」は，初代の果たした役割が賞賛され，2007年に経済産業省から国の「近代化産業遺産」の認定

第9章　国際観光（インバウンドから inbound/outbound tourism へ）　173

図表9－1　復元船「新・観光丸」

出所：baku 13「横浜港に寄港した観光丸」
File：Kankō Maru in yokohama japan side.jpg

を受けている。

　普通名詞としての「観光」概念が一般的に使用されるようになるのは、明治半ば頃に英語の tourism の訳語として「観光」が当てられるようになり、大正（1912-1925）になって新聞報道で使用されるようになってからのことのようである（ツーリズムというカタカナ用語は、使用されなかった）[4]。1930年に鉄道省に国際観光局が設置された。国際観光局の英文名は Board of Tourist Industry であり、「国際」に当たる英語表現はないし、観光に tourism industry の含意があったことがわかる。しかし当時の「観光」という言葉は、海外や外国、国際に関わるものに限られて使用されていたのだが、明確な概念規定はないままであった（観光：外国の光華を観察すること、くらいの意味であった）。

　英語の tourism それ自体は、英語圏では19世紀の初頭から使われていたそうだ。tour は、ラテン語の tornus（旋盤・回るもの・ろくろ）を語源としており、17世紀から「巡回旅行」ぐらいの意味で用いられ、「出かけて元に戻る」という意味が付与されていた。産業革命後の19世紀の資本主義経済のなかで、いわゆる旅行条件（交通・通信・宿泊など）が大きく発達し、tourism には旅行業・旅行産業・旅行事業の意味が含意されてきた。20世紀になると、特に第1次世界大戦後に、欧米諸国は、国策（ナショナリズム）として経済政策の手段とし

てのtourism政策を積極的に推進するようになった。かくしてtourismの語は，観光する側（sightseeing）ではなく，観光させる側（業者・政府）の国民経済的用語になっていったのである。

　こうしたtourismの意味の変遷を受けて，日本語の「観光」概念にも意味の変化が現れ，「観光」には観光事業・旅行業・観光産業・観光政策・国際観光の意味も含まれてきた。ただし「観光」それ自体の意味は，明確にされることはないのである[5]（昨今の日本語の「ツーリズム」にもこの含意が伴い，また観光地志向でなく目的志向や体験型志向の観光の意味も強くなっている）。だが，日本語のツーリズム（カタカナ用語）にも，明確な定義がない。さらには，英語のtourismと「観光」，「ツーリズム」にも，実のところ，明確な対応関係はないのである。

第3節　国際観光とは

　こうした「観光」に，リタンダント（冗長・余分）ともいえる「国際」という形容詞を付けて**「国際観光」**という日本語が言葉として成立している。国家（国・外国）や国境を意識している観光としての国際観光とはなんだろうか。

　「国際観光」という用語が成立した当時において国際観光事業の内実は，その名前が指し示すものとは異なり，ある1つの傾向が顕著であった。今現在，観光庁が推進している「ツーウェイツーリズム」（アウトバウンドとインバウンドのツーリズム：6節参照）の観点からいえば，圧倒的にインバウンド・ツーリズムに偏っていたのである。明治政府の**「国際観光」政策**は，第1に，来日した外国人観光客に対する接遇であった。そして明治後期になってから，国策の一環として訪日外国人観光客の誘致を始めるのである（このことが現在の政策においても基本的に変化がないことを本章では見ていく）。

　明治の初期，訪日外国人が増え，外国人向けの宿泊施設が必要となり，日本で初めてのホテル「築地ホテル館」が1868（明治元）年に開業した（が，4年後に焼失）。翌年の1869（明治2）年に大阪・川口居留地に「外国人止宿所＝自由

亭ホテル」が創設された（横浜・神戸・長崎の外国人居留地には，開港以降から外国人による外国人のためのホテルが開設されていた）。その後，神戸に「オリエンタルホテル」(1870年)，日光に「金谷ホテル」(1873年)，箱根に「富士屋ホテル」(1878年)，東京に「帝国ホテル」(1890年) がオープンした。日本のホテルの歴史の幕開けである。しかし，明治政府は，1899（明治32）年まで，外国人の国内旅行を制限していたのである。

国際親善・国際貿易・国際収支（外貨獲得）・国際交流を目的とした場合，1930年以降の日本政府は，国際観光の振興の重要性を理解し，訪日外国人を積極的に誘致し，訪日外国人の旅行の便宜を図り始めたのである。訪日外国人の受け入れに適した「国際観光地」を選定し，(訪日外国人の利用をも目的にした) 国立公園法（1934年) を成立させ，主要な観光地に「国際観光ホテル」を次々に建設した。国外では日本の観光地を宣伝したのである。1935（昭和10）年には，訪日外国人数は 42,629 人（観光客は 16,045 人）に達していた。ところがこの後，日中戦争・太平洋戦争・第2次世界大戦で，国際観光どころではなくなったのである。

戦後の訪日外国人の入国は，1947（昭和22）年に始まった。549人（そのうち観光客 45 人）からのスタートであった。1948 年は 6,310 人，1949 年は 15,293 人だった。しかし 20 世紀後半まで，日本は「遠い，高い，わからない」国と言われ，**訪日外国人旅行者数**は大きく伸びることはなかった。東京オリンピック開催の 1964 年で 35 万人ほどである。68 年に日本は世界第 2 の（GNP）経済大国になった。そして大阪万博の 1970 年で 85 万人である。成田空港開港前年の 1977 年で 103 万人ほどで，やっと 100 万人台になった。空前の円高になった 1995 年でも 335 万人で，伸び悩んでいた。20 世紀の最後，90 年代で 400 万人台を推移していた。

他方で，**日本人の海外旅行者数**は，戦後，増加の一途をたどっていた（明治から日本人の海外旅行は，「洋行」と呼ばれていた）。戦後，海外旅行はしばらく規制されており，外貨不足などの理由でパスポートの発行は，外交官・留学生・芸術家など特定の目的に限られ，一般の人々には無縁なものであった。1964

年までは,「外国為替及び外国貿易管理法」により制限があり,海外旅行には国益貢献の大義名分が必要であった。1964年に日本国がIMF（国際通貨基金）の14条国から8条国に移行し,外貨の海外持出が原則自由化されたので,海外（観光）旅行も自由化されることになった。1965年までは,外貨持出は1人年1回500ドルまでの制限があったが,1966年以降は1回500ドル以内の制限になった。自由化された当初の海外旅行は,富裕層のものであり,庶民層には高根の花であった。1963年からのテレビ番組「アップダウンクイズ」では「10問正解して,夢のハワイへ行きましょう！」がキャッチコピーだった（ハワイに「夢」が付いていたのである）。

　自由化後,日本人の海外旅行が一般化したのは1970年代からである。日本経済の高度成長を背景に,変動為替相場制への移行による「円高」効果,ジャンボ機の日本就航,パッケージツアーの登場,格安団体航空運賃の導入などによって,海外旅行が身近なものになった。出国日本人数は,1969年の49万人から1973年には約230万人に,増加していった。その後も順調に伸び続け,1979年には,403万人に達した。

　1985年に出国日本人数は495万人になっていた。1987（昭和62）年に日本政府（運輸省：現・国土交通省）は,（輸出拡大による貿易の不均衡問題の解消のため）貿易黒字是正のため（実のところ,余暇時間の拡大・消費機会の増大により,内需拡大と海外旅行支出の増加を図るために）海外旅行を推奨した。おおむね5年間で海外旅行者数1,000万人を目指す「テンミリオン計画」（海外旅行倍増計画）を発表したのだ。1980年代後半のプラザ合意以降の急激な円高や,1988年12月からのアメリカ合衆国訪問時のビザ免除制度,および好景気などの影響で,予定より早い1990年に目標は達成された。1990年の出国日本人数は1,099万人となった。2000年には,1,781万人に達している。21世紀に入ってからは,テロや戦争・内戦,パンデミック（感染症の流行）,経済状況の悪化,地震,国際関係の悪化,団塊世代の定年問題などの影響で,1,700万人前後の増減を繰り返している。

　さて懸案の,**訪日外国人旅行者数**に変化が生じたのは,21世紀になってか

らである。日本政府は，2002年6月に発表した「経済財政運営と構造改革に関する基本方針2002」による「ビジット・ジャパン・キャンペーン」Visit Japan Campaignを2003年にスタートさせた。訪日外国人旅行者数（400万人）が出国日本人数（1,700万人）を大幅に下回っていることを受け，外国における日本旅行の広報活動（国際旅行フェアへの出展や現地旅行代理店への日本観光セミナーの開催など）や日本国内における外国人旅行者向けの観光インフラ整備を強化して，訪日外国人旅行者数の増加を図る「訪日旅行促進事業（ビジット・ジャパン事業）」を進めたのである。

2002年の訪日外国人旅行者数は524万人，2005（平成17）年は672万人，2010年には861万人に増えたが，2011年は621万人と減ったのであった。

民間企業の（社団法人）日本ツーリズム産業団体連合会（2011年に日本観光協会と合体し，2013年に「公益社団法人・日本観光振興協会」となる）などの活動や，観光立国推進基本法の施行（2007年），国土交通省の外局として観光庁の設置（2008年）の試みが功を奏してか，訪日外国人旅行者数は2013（平成25）年から急増し，1,000万人を超え，1,036万人に達した。2014年には1,341万人，2015年は1,973万人で，出国日本人数1,621万人を上回った。2016年は2,403万人（出国日本人数1,711万人）である（国別訪日旅行者数は，中国・韓国・台湾・香港・米国の順で，東アジアで約7割を占めている）。急増の要因としては，ビザ要件緩和・免除や，免税措置をはじめとしたビジット・ジャパン事業の展開，円安基調，格安航空路線の拡大，近隣諸国の観光旅行の緩和や解禁などがあげられている。

日本政府は，2020年の東京オリンピック開催年における訪日外国人旅行者数の目標を，2015年時点では2,000万人としていたが，2016年に新たに4,000万人にすると発表した。日本観光庁は，2030年の訪日外国人旅行者数目標を6,000万人としている。

現在，観光庁は，2012（平成24）年に閣議決定された観光立国推進基本計画に基づき，アウトバウンドとインバウンド双方のバランスの良い拡大を目指す，いわゆるツーウェイツーリズムの拡大を目指す政策を打ち出し，海外旅行

図表9-2 訪日外国人旅行者数の推移

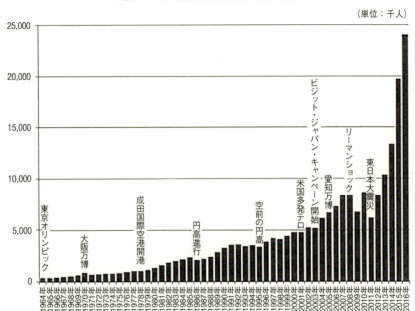

出所：一般財団法人全日本情報学習振興協会（http://www.in-bound.or.jp/dc/dc02/dc02-01.php）。

の促進にも取り組んでいる。

　アウトバウンドの促進によるツーウェイツーリズムの拡大は、「日本人の国際感覚の向上」・「国民の国際相互理解の増進」・「インバウンド拡大への貢献」の成果が期待されているのだそうである。官民一体で行っている取り組みの内容は、「政府間のハイレベルでの政策対話」、「官民ミッション派遣」、「民間による旅行博等の支援」とされている。

　しかしながら、出国日本人数は1,700万人で頭打ちの状態なのに対して、訪日外国人旅行者数目標を4,000万人、6,000万人と増やしているのは、ツーウェイツーリズム拡大の掛け声に反して、実態はインバウンド・ツーリズム志向のままなのである。

第9章 国際観光(インバウンドから inbound/outbound tourism へ) 179

第4節 国際観光と international tourism

さて,「国際観光」という言葉は,英語では一般にどのように表現されているのだろうか。日本では,通常,international tourism という表現が多いようだ。たとえば,「国際観光ホテル整備法」(1949年) は,International Tourism Hotel Preparation Law と英訳表記され,また国土交通省観光庁の「国際観光政策課」は,International Tourism Policy Division と英訳表記されている。日本国際観光学会 (2008年) は,Japan Foundation for International Tourism (JAFIT) と英語表記されている[6]。

特異なところでは,国土交通省(観光庁)所管の独立行政法人・国際観光振興機構[7](通称日本政府観光局)(2003年〜)は,Japan National Tourism Organization (JNTO) と英語表記されている。この機構の目的は,国際観光振興機構法第3条で,「海外における観光宣伝,外国人観光旅客に対する観光案内その他外国人観光旅客の来訪の促進に必要な業務を効率的に行うことにより,国際観光の振興を図る。」となっている。ビジョンは「**インバウンド・ツーリズム**(外国人の訪日旅行)の振興を通じて,「観光立国」の実現を目指す。」であり,ミッションは「ビジット・ジャパン事業に貢献し,訪日外国人旅行者を増大させることにより,国民経済の発展と国際相互理解の増進に寄与する。」である。この機構における国際観光の説明が,日本語の「国際観光」の意味を,象徴的に表している。曰く「訪日外国人旅行者の増大によるインバウンド・ツーリズムの振興を通じて国際観光の振興を図る。」これが日本の「国際観光」の意味となっているのだ。

この法人の主な事業活動は,外国人観光旅客の来訪促進,外国人観光旅客の受入対策,通訳案内士試験の実施に関する事務代行,国際観光に関する調査および研究,国際観光に関する出版物の刊行,国際会議などの誘致促進,開催の円滑化などである。2007年施行の「観光立国推進基本法」を受けた閣議決定「観光立国推進基本計画」で,「外国人観光客の来訪促進の中核を担う我が国の

政府観光局」として改めて位置づけられている。

　正式名称の「独立行政法人 国際観光振興機構」の英語表記が Japan National Tourism Organization（直訳すると日本国民観光機構）となるので，最近では，正式名称は引っ込めて，通称である「日本政府観光局」が前面に出されている（National Tourism は，「観光立国」Tourism Nation のニュアンスがある言葉である）。ここにおいても tourism と観光の対応関係や，観光概念の明確化はされていないのであるが。

　international tourism という表現は，確かに現代の国際社会や英語圏においても用いられている。一般的には，international tourism とは「国境を越える観光旅行」を指すものであろう[8]。実際に，International Tourism Studies Association（ITSA）国際旅游学会という国際学会[9]が 2006 年に設立されており，International Tourism Fair が世界各国で開催され，China（Guangdong）International Tourism Industry Expo 2017（中国（広東）国際旅行産業博覧会2017，CITIE）が 9 月に開催されていた。international tourism というタイトルの専門書（English）も数多く出版されている[10]。

　国連の世界観光機関である UNWTO でも，International tourism in 2016-key trends and outlook で international tourism の動向調査を発表しており，International tourism receipts（revenue）（国際観光収入）や international tourism expenditure（国際観光支出）の統計データが公表されている。

第5節　UNWTO の tourism

　この **UNWTO**（The World Tourism Organization：世界観光機関）は，前身が 1925 年設立の IUOTO（International Union of Official Travel Organizations：公的旅行機関国際連盟）である。1975 年に設立され，2003 年に国際連合（UN）の専門機関になった，観光に関する国際機関である。2005 年に WTO（The World Trade Organization：世界貿易機関）と区別するために，UN（国際連合）を冠して，UNWTO となった（加盟国 157 カ国）。

UNWTOは，責任ある，持続可能な，普遍的に接近可能な観光の促進に責任のある国連の機関である。観光分野での指導的な国際機関としてのUNWTOは，経済成長・包括的開発・環境の持続可能性の牽引役として観光を促進し，世界において卓越した知識や観光政策を必要とする指導と支援をセクター（加盟国や地域など）に提供している。潜在的な否定的衝撃を最小限にする一方で社会的・経済的貢献を最大限に引き出すために，「観光のための倫理のグローバル・コード」の履行を推進しており，持続可能な開発目標（SDGs）を達成する際の手段として観光を促進することを誓約している。

　UNWTOは，世界中の諸国・地域についての最新の観光統計データを収集している。インバウンド（inbound）観光・国内（domestic）観光・アウトバウンド（outbound）観光に関するデータおよび観光産業・雇用・補足的指標に関するデータが，利用可能になっているのだ。UNWTOは，標準的方法論に従った，信頼可能な・比較可能な・正確な（正しい）観光統計に基づいて考案された適切な政策が，観光開発には必要であると，提唱している。

　UNWTOでは，参照国（the country of reference）に関して，次の3つの基本形態のツーリズム（インバウンド観光・国内観光・アウトバウンド観光）を区別することが推奨されている。これらの観光の統計的用語の定義を次のように規定している[11]。

・inbound tourism（インバウンド観光）：インバウンド・ツーリズムは，インバウンド・ツーリズムのトリップの途中の，参照国内部での，非居住の訪問客の諸活動，で構成されている。そのような訪問客の支出は，インバウンド・ツーリズム支出として識別される。

・domestic tourism（国内観光）：国内ツーリズム（観光）は，（国内ツーリズムのトリップの一部としてか，あるいはアウトバウンド・ツーリズムのトリップの一部としてか，どちらでもの）参照国内部での，居住の訪問客の諸活動，で構成されている。

・outbound tourism（アウトバウンド観光）：アウトバウンド・ツーリズム（観光）は，（アウトバウンド・ツーリズムのトリップの一部としてか，あるいは国内ツーリ

ズムのトリップの一部としてか，どちらでもの）参照国の外部での，居住の訪問客の諸活動，で構成されている。

　これらの3つの基本形態のツーリズムは，さまざまな仕方で，他の形態のツーリズムを派生させるのに，組み合わせることができるとされている[12]。

　Internal tourism（内部ツーリズム）は，国内ツーリズムとインバウンド・ツーリズム，つまり国内ツーリズムのトリップの一部あるいは国際ツーリズムのトリップの一部としての，参照国の内部での，居住および非居住の訪問客の諸活動，で構成されている。

　National tourism（国民ツーリズム）は，国内ツーリズムとアウトバウンド・ツーリズム，すなわち国内ツーリズムのトリップの一部としてか，あるいはアウトバウンド・ツーリズムのトリップの一部としてか，どちらでもの，参照国の内部および外部での，居住の訪問客の諸活動，で構成されている。

　International tourism（国際ツーリズム）は，インバウンド・ツーリズムおよびアウトバウンド・ツーリズム，すなわち国内ツーリズムのトリップの一部としてか，あるいはアウトバウンド・ツーリズムのトリップの一部としてか，どちらでもの，参照国の外部での，居住の訪問客の諸活動，およびインバウンド・ツーリズムのトリップの途中の，参照国の内部での，非居住の訪問客の諸活動，で構成されている。

　ここでのツーリズム tourism の意味は，以下のものである。「tourism（ツーリズム）は，特定のタイプのトリップを指示しているように，旅（travel）よりも限定的である。このツーリズムのトリップによって，その人の通常環境の外に，一年未満の間，訪問地における居住者によって雇用される以外の主要目的のために，旅人（traveller）は連れていかれるのである。」

　以上の UNWTO の概念定義を見る限り，UNWTO は，インバウンド観光・国内観光・アウトバウンド観光を基礎形態として，tourism（観光）を把握しており，国際観光（international tourism）は，その基礎形態の派生形ととらえていることがわかる。ツーリズムに関わる概念定義において，UNWTO に特有の定義の特徴が見てとれる。

tourism（ツーリズム・観光）とは，地理的移動者の活動＝travel（旅）の部分集合であり，visitor（訪問客）とは，自分の通常環境の外の主要目的地へ往復のトリップをする旅人（traveller）のことである（visitorはtravellerの部分集合である。訪問客は，通常環境へ戻ってくる旅人なのである）。tourismは，visitorの活動のこととなる。

また，居住国（the country of residence）概念は，パスポート発行国である国籍国とは別なのである。通常環境（the usual environment）とは，個人が通常の生活の日課を行う地理的地域のことであり，通常の居住地（place of usual residence）となり，訪問客は居住国によって分類されるのである。

第6節　Inbound（Outbound）とインバウンド（アウトバウンド）

さらに，もともと英語のInbound Tourismの**inbound**（インバウンド）は，in＋boundであり，in＝inwardかつbound＝on the wayである。つまりin＝内部・内側・内心・内方・中心へ，であり，bound＝行くところの，行きの，途上にある，である。boundは，連結形の複合語となり，northbound, southbound, eastbound, westboundなどがあり，〜行きの，へ向かう，の意味である。結局のところ，Inboundの原義は，「内へ向かう」，「内方へ行く」，「中心行きの」，「内向きの」，「中に入り込む」，「外から中に入る」の意味であった。この原義から派生して，辞書的意味としては，①本国に向かう，本国行きの，本国へ帰還する，帰国の，帰航の，帰りの，帰路の，②（交通）市内に向かう，上りの，国内に向けた，国内への，③（電話）外からかかってくる，問い合わせの，着信の，受信の，④（コンピュータ）外部からデータを受信する，⑤（ツーリズム）外国から来る，到着する，入国の，入国する，外国人が訪れてくる（日本では，インバウンドツーリズムの略。「外国人の訪日旅行」，または「訪日旅行客」。海外から日本へ来る旅行），となっている。

Inboundの反意語が，Outboundである。**outbound**（アウトバウンド）は，out＋boundであり，out＝outwardである。outboundの原義は，「外へ向か

う」,「外向きの」,「内から外へ出ていく」,「出かける」の意味であった。辞書的意味としては，①外国行きの，往路の，②市外へ向かう，下りの，③送信の，発信の，電話を外へかける，④システム内部から外部へデータを流出する，⑤国外へ出かけていく，自国から外国へ出かける（日本では，日本から国外へ出て行く旅行），となっている。

　ツーリズムに関する日本語の**インバウンド・アウトバウンド**の用語は，上記の⑤を中心に用いられている。以下，その用例をいくつか示してみる。「インバウンド：元々は「外から中に入り込む」という意味だが，一般的に外国人の訪日旅行の意味で使われることが多い。対義語は，日本からの海外旅行を指すアウトバウンド（outbound）。」「外から中へ入り込むこと。特に外国人の訪日旅行のことで，別称は訪日外国人旅行。対義語はアウトバウンド（outbound）で日本からの海外旅行者のことをいう。」「インバウンド：原義は「入ってくる，内向きの」という意味の形容詞（英語）。対義語はアウトバウンド（outbound）。外国人旅行者を自国へ誘致すること。日本においては，海外から日本へ来る観光客（訪日外国人旅行者）を指す外来語。」「アウトバウンドとは，自分の国から外国へ旅行するという意味である。例えば，日本に住んでいる人が，外国へ行く事を指す。逆に外国に住んでいる人が，日本に旅行する際に使う言葉を「インバウンド」と言う。」「インバウンドとは，外国人が訪れてくる旅行のこと。日本へのインバウンドを訪日外国人旅行または訪日旅行という。これに対し，自国から外国へ出かける旅行をアウトバウンドまたは海外旅行という。」「海外旅行とは，国外へ出かけて行く旅行のこと。日本は周囲を海に囲まれているので，国外へ旅行することを海外旅行というが，陸続きの国では一般的に外国旅行とか国際旅行という。内から外へ出ていくことからアウトバウンド（outbound）ともいう。一方，外国人が日本を訪問する旅行を訪日外国人旅行，訪日旅行，インバウンド（inbound）という。」

　こうした日本語のインバウンド・アウトバウンドの言葉の世界では，外国人・海外・外国・国外・自国・訪日・日本・旅行者（訪日外国人旅行者や日本人海外旅行者）という用語が使われている。これに対して，先に見たUNWTOの

inbound tourism／outbound tourism の定義では，これらの用語とは異なるニュアンスが見て取れるのである。

　Inbound tourism とは，参照国内部の，非居住の訪問客の諸活動のことである。Outbound tourism とは，参照国の外部の，居住の訪問客の諸活動のことである。特異なこととしては，国内ツーリズムの一部も入っていることである。ちなみに domestic tourism（国内ツーリズム）とは，アウトバウンド・ツーリズムの一部を含んで，参照国内部の，居住の訪問客の諸活動のことである。キーワードの用語は，参照国・居住・非居住・訪問客である。参照国（the country of reference）とは，言及している国・指示している国・参照している国のことであり，どこであれ当該国のことである。居住・非居住の用語は，生活を送っている場所・非場所のことであり，ポイントは，パスポート発行国とは別のことを意味していることである。旅行者は，訪問客（visitor）と呼ばれ，いずれ居住地に帰っていくことが前提となっているのだ。

　International tourism とは，インバウンド・ツーリズムとアウトバウンド・ツーリズムのことであり，参照国の外部での，居住の訪問客の諸活動および参照国の内部での，非居住の訪問客の諸活動のことなのである。

　これらのことを図示すると，図のようになるだろう。

図表9－3　インバウンド／アウトバウンドと inbound/outbound の差異

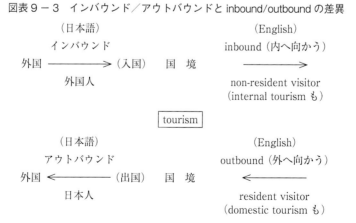

この図で明らかなように、日本語のインバウンドやアウトバウンドは、主に、国境の外の外国人や国境の外の日本人のことに焦点が当たっている。ところが英語の inbound tourism は、非居住の訪問客（non-resident visitor）の internal tourism（内部ツーリズム）に重点があるのだ。さらに英語の outbound tourism は、居住の訪問客（resident visitor）の domestic tourism（国内ツーリズム）も念頭に置かれているのだ。

このことからわかることは、日本語としてのインバウンドが、非居住の訪問客が国境を越えて国の内に向かう内部ツーリズムにあまり焦点が当たらなくなっており、日本語のアウトバウンドが、居住の訪問客が国境を越えて外に向かう前の国内ツーリズムにあまり焦点が当たらなくなっているということである。つまりは、日本語における「国際観光」とは、インバウンド・ツーリズムのことを指し、さらにインバウンドとは「訪日外国人観光客」を主に意味する、という『用語法』が出来上がっているようなのである。このことを以下では、具体例とともに考察していくことにする（一方で、international tourism は、inbound tourism と outbound tourism で構成され、inbound tourism は「参照国内部の、非居住の訪問客の諸活動」で構成されている、のである）。

第7節　インバウンド観光戦略としての「グローバル観光戦略」

日本語の「インバウンド」の用例を、日本政府のインバウンド戦略の柱である国土交通省の「**グローバル観光戦略**」において検討してみる[13]。

国土交通省は、2002年12月に「経済財政運営と構造改革に関する基本方針2002」（平成14年6月25日閣議決定）に基づき、（当時の）小泉首相の提言する2010年の訪日外国人1,000万人を達成するために、つまり外国人旅行者の訪日を推進するために、「グローバル観光戦略」（外国人旅行者の訪日を促進するために官民で取り組む戦略）を関係府省と協力して策定した。その目標は、「外国人旅行者訪日の現状及び意義を十分認識し、今後国際観光旅行の訪問地としての

第9章　国際観光（インバウンドから inbound/outbound tourism へ）　187

国際競争力を強化することにより訪日外国人旅行者を飛躍的に増大させ，さらに世界中の人々に何度でも訪れたくなる魅力あふれる国と認識されるような「世界に開かれた観光大国」を目指し，その結果として観光産業をわが国の真のリーディング産業にし，訪日外国人旅行者数（約477万人）と日本人海外旅行者数（約1622万人）との格差をできるだけ早期に是正することである」，とされていた。当面の訪日外国人旅行者数の目標を，2007年に年間800万人台（平成12年の観光政策審議会答申）としていた。訪日外国人旅行者の増加は，日本国に大きな経済効果があるとみなしているのである。

　このことの背景としては，外国人旅行者受入数477万人は世界で35位の水準で劣位にあること，訪日外国人が日本人海外旅行者の約1／4であり，観光に関する国際収支が3.5兆円の赤字でアンバランスな国際観光交流であること，東アジア・太平洋地域到着の国際観光旅行者の伸びが，世界最大の年7.7％と推定でき，国際観光市場が拡大していること，477万人の訪日で約4兆円の経済波及効果および約23万人の雇用効果が期待できることがあるとされている。そしてこの戦略の効果としては，日本の魅力の正しい理解を通じて，誤解されがちな日本のイメージを一新し，日本人も外国人の文化・国民性を理解し，わが国の安全保障・世界平和に貢献する「国際相互理解の促進」，800万人に増大で，新たに約2兆7千億円の経済波及効果および約15万6千人の雇用創出効果があるという「経済活性化の起爆剤」[14]，外国人旅行者の訪問により地域に自信と誇りが生じ，地域経済の活性化とあいまって，地域の空洞化の歯止めとなる「地域に対する自信と誇り」が，あげられていた。

　この戦略は，次の4戦略を内容とするものである。2003年を「訪日ツーリズム元年」としていた。

戦略1：外国人旅行者訪日促進戦略
　　　～より多くの外国人の日本への来訪を促す戦略～
戦略2：外国人旅行者受入れ戦略
　　　～訪日外国人旅行者すべてに満足感を与える戦略～

［戦略2－4：国際競争力をもった魅力ある観光交流空間づくり（観光交流空間づくり戦略）］
　戦略3：観光産業高度化戦略
　　　～本戦略の目標達成に向けて観光産業を高度化する戦略～
　戦略4：推進戦略
　　　～本戦略を多様な主体が連携しつつ効果的かつ着実に推進する戦略～

　この「グローバル観光戦略」の特徴は，このグローバル観光戦略が「外国人旅行者の訪日を促進するために官民で取り組む戦略」であり，「訪日外国人旅行者の飛躍的増加を目指して」とサブタイトルがなっていることである。つまりグローバル観光戦略とは「外国人旅行者の訪日を促進するグローバル観光戦略」であり，さらには，この「グローバル観光戦略」は，インバウンド旅行を促進するためのものであり，政府の**インバウンド観光戦略**の柱となっているのだ。ここにおいて，インバウンド・ツーリズム＝訪日ツーリズム＝訪日外国人旅行＝グローバル観光＝国際観光の用語法が成り立っているのである。
　また，ここでは詳細には確認しないが，政府の「観光立国実現に向けた施策」における観光ビジョンにも，**観光立国**＝インバウンド観光促進＝訪日ツーリズム＝訪日外国人旅行者の増加という用語法が成立していることが見て取れるのである。2006年に成立の観光立国推進基本法の規定に基づいた「観光立国推進基本計画」（閣議決定2007年，2012年，2017年）[15]の基本目標や，2013年から開催されている「観光立国推進閣僚会議」で策定される「観光立国実現に向けたアクション・プログラム」（2013年，2014年，2015年）[16]および「観光ビジョンの実現に向けたアクション・プログラム」（2016年，2017年）[17]や，「観光先進国」への新たな国づくりに向けた「明日の日本を支える観光ビジョン構想会議」（議長：内閣総理大臣）が策定した，「世界が訪れたくなる日本」を目指した新たな観光ビジョン『明日の日本を支える観光ビジョン』（2016年）[18]での「新たな目標への挑戦」などに見て取れるのである。

第9章　国際観光（インバウンドから inbound/outbound tourism へ）

第8節　おわりに
—訪日外国人観光客は日本で何をしているのか—

　日本政府の「インバウンド観光戦略」においても，確かに，訪日外国人旅行者数の増加だけでなく，たとえば「グローバル観光戦略」における具体的施策例として，（外国人の）［出発］［日本到着］だけでなく，［移動］［観光地］［宿泊・食事］があげられ（外国人の）日本国内の活動も念頭に置かれている。さらに訪日ツーリズムの戦略の第2に「外国人旅行者受入れ戦略」を掲げてもいる。また，観光庁推薦の「ツーウェイツーリズム」におけるように，インバウンドだけでなくアウトバウンド（日本人海外旅行者数の増加）も視野に入れていることは確かである。
　しかしながら，訪日外国人旅行者の日本国内旅行の戦略の中身を確認してみると，ウエルカム戦略・情報提供戦略・交通利便戦略などにおけるように，基本的に外国人観光インフラ（ストラクチャー）（社会資本）の整備が主なもので（これ自体は必要条件で重要であることは確かであるが），現代における観光の最重要部分である「**訪問客の活動**」に，射程が届いていないのである。戦略2－4に「国際競争力をもった魅力ある観光交流空間づくり」というまさに「魅力的な」戦略があがっているが，その中身を確認してみると，設備・施設の充実という社会資本の「空間づくり」に力点があり，「観光交流」に内実が伴っていないのである。
　UNWTO の用語でいうならば，観光交流の中身とは，inbound では参照国内部における非居住訪問客と居住者の**交流文化**になるし，outbound では参照国外部における居住訪問客と非居住者の交流文化になるはずなのである。これから観光学を学ぶ皆さんに期待するのは，inbound における非居住訪問客（日本語インバウンドでは外国人）の参照国（日本国）内部での諸活動の具体例，および outbound における非居住訪問客（日本人）の参照国外部（海外）での諸活動の具体例に関心をもつことである。日本政府のインバウンド観光政策では，訪

日外国人観光客が，日本国内旅行で具体的にどのような活動をしているのか把握できないのである。また観光学を学ぶ者にとっても，訪日外国人観光客が日本国内旅行でどのような活動を行っているのかに関する基礎データ（および日本人観光客が海外旅行で，どのような活動を行っているのかに関する基礎データ）の蓄積がほぼないので，具体的イメージが把握できていないのである。参照国日本におけるインバウンド・アウトバウンドの「国際観光」に関する有効政策や調査研究は，これからやっと始まろうとしているのである。

【ディスカッションのための問題提起】

1. あなたは「旅行」「旅」「観光」「ツーリズム」「トリップ」「トラベル」「ツアー」をどう区別しているか。また，英語の travel, journey, trip, tour, tourism, sightseeing に違いがあるが，使い分けができるか。
2. 訪日外国人観光客の目的として，次のものがあげられることが多いが，このカテゴリー分類では把握できない観光「活動」を考えてみよう。
「日本食を食べること」「ショッピング」「繁華街の街歩き」「日本の酒を飲むこと」「旅館に宿泊」「自然・景勝地観光」「温泉入浴」「テーマパーク」「ゴルフ」「スキー・スノーボード」「日本のポップカルチャーを楽しむ」「舞台鑑賞（歌舞伎・演劇・音楽など）」「スポーツ観戦（相撲・サッカーなど）」「自然体験ツアー・農漁村体験」「四季の体感（花見・紅葉・雪など）」「日本の日常生活体験」「美術館・博物館」「日本の歴史・伝統文化体験」「日本の現代文化体験（ファッション・アニメなど）」「治療・検診」「映画・アニメ縁の地を訪問」
（観光ウェブサイトのベストプラクティス（https://bytelevel.com/tourism/）を参照して作成したキアオラ！「ニュージーランド政府観光局公式ウェブサイト」（日本語）の「楽しむ」（Things to do）にある「アクティビティ」（activities）にどのようなものが載っているかを見て，あなたの考えた「活動」と比較してみよう。
https://www.newzealand.com/jp/things-to-do/）

第9章　国際観光（インバウンドから inbound/outbound tourism へ）

【注】

（１）江戸時代の「春秋左氏傳」（左伝）のなかの「観国之光，利用賓于王」の注釈『或云観光観天之耿光也』（或は言う，観光は天子の耿光［こうこう］（さかんな徳）を観ることなり）から「観光」という言葉が生まれた，という説もある。

（２）他の説に，江戸時代後期の儒学者・頼山陽（1780-1832）の詩に「観光，識るに足る帝王の尊」という言葉がある，そうだ。

（３）他国の光を観ようという意味があるという説もある。

（４）Tourist は「旅行スル人」「観光外人」あるいはツーリストと表示されていた。日本交通公社（現在の JTB）の前身は，外国人観光客誘致促進を目的としたジャパン・ツーリスト・ビューロー（1912年創設）であった。英文の観光雑誌 TOURIST を発刊していた。

（５）1995年の観光政策審議会の「今後の観光政策の基本的な方向について」では，観光を「余暇時間の中で，日常生活圏を離れて行うさまざまな活動であって，触れ合い，学び，遊ぶということを目的とするもの」と（時間・空間・目的で）定義している。

観光立国推進基本法（2007年）の法案作成の時，衆議院法制局が観光の法的定義を試みたが，困難だと断念し，世間での意味と同じであるとしたとされている。

（６）例外的には，一般社団法人国際観光政策研究所の英語表記は，Cosmopolitan Tourism R&D Organization である。

（７）https://www.jnto.go.jp/jpn/index.html
https://www.jnto.go.jp/jpn/news/press_releases/080627_seifukankoukyoku.html
https://www.jnto.go.jp/jpn/downloads/080627_pr_seifukankoukyoku.pdf

（８）https://en.wikipedia.org/wiki/International_tourism

（９）http://intltourismstudies.com
中国語では，「観光」という言葉は一般的ではなく，「旅游」や「遊覧」が用いられていることが多い。

（10）たとえば
Jennifer Raga (ed.), *Contemporary Approaches of International Tourism*, Arcler Education Inc., 2016.
Dante Boyd (ed.), *International Tourism: A Contemporary Approach*, Larsen & Keller Educ., 2017.

（11）http://statistics.unwto.org/content/faqs（FAQ）
ここでは便宜的に，tourism＝観光としているが，これは形式的なことだけで，内実の対応関係の検討はされていない。Travel と「旅行」「旅」の対応関係も同様で，明確化されていない。

（12）International Recommendations for Tourism Statistics 2008.

Chapter 2. The demand perspective: basic concepts and definitions C. Forms of tourism（p.15.）
https://unstats.un.org/unsd/publication/Seriesm/SeriesM_83rev1e.pdf
Tourism Satellite Account: Recommended Methodological Framework（TSA: RMF2008）
Chapter 2 The demand perspective: concepts and definitions（p.9.）
Figure 2.1: Forms of tourism and categories of tourism consumption（p.15）
http://www.oecd.org/cfe/tourism/TSA_EN.pdf
https://unstats.un.org/unsd/publication/Seriesf/SeriesF_80rev1e.pdf
(13) 渡邉智彦「近代日本におけるインバウンドの展開」
https://www.jtb.or.jp/wp-content/uploads/2014/12/report2004_4-1.pdf
(14) 観光立国の経済効果が強調されているが，世界のGDPに占める観光産業の割合は約10％なのに対して，日本では2016年に観光産業がGDPに占める割合は約3％に過ぎないのである。
(15) http://www.mlit.go.jp/kisha/kisha07/01/010629_3/01.pdf
　　　http://www.mlit.go.jp/common/000208713.pdf
　　　http://www.mlit.go.jp/common/001177992.pdf
(16) http://www.mlit.go.jp/kankocho/actionprogram.html
　　　http://www.mlit.go.jp/common/001000830.pdf
　　　http://www.mlit.go.jp/common/001046636.pdf
　　　http://www.mlit.go.jp/common/001092004.pdf
(17) http://www.mlit.go.jp/common/001131373.pdf
　　　http://www.mlit.go.jp/common/001186595.pdf
(18) http://www.mlit.go.jp/common/001126598.pdf

【引用文献】

上田卓爾「日本における「観光」の用例について On the usage examples of "tourism" in Japan」『名古屋外国語大学現代国際学部紀要』(4), 2008年, pp.85-104。
日本における「観光」の用例について.pdf
（Webサイト・URLの閲覧日　2017/12/31　以下同様）
上田卓爾「観光学における「観光」の歴史的用例について―「観光丸」から「観光」を見直す―」『第11回観光に関する学術研究論文』(財) アジア太平洋観光交流センター, 2005年, pp.32-48。
http://aptec.or.jp/wp-content/uploads/2015/06/34-1.pdf
観光に関する学術研究論文.pdf
大島愼子「日本のグローバル観光戦略に関する政策研究：外客誘致政策と地域振興に

関する博士論文の序章として」CUC(千葉商科大学)policy studies review, 4, 2004 年,pp.15-22。
　https://ci.nii.ac.jp/els/contents110004620776.pdf?id=ART0007331434
呉龍洙(オヨンス)「イントラバウンド観光に関する考察—イン・アウトバウンド観光との関係と影響について—」『日本国際観光学会論文集』第17号,2010年,pp.67-69。
　http://www.jafit.jp/thesis/pdf/10_10.pdf
佐竹真一「ツーリズムと観光の定義—その語源的考察,および,初期の使用例から得られる教訓—」『大阪観光大学紀要』(開学10周年記念号)10,2010年,pp.89-98。
　http://library.tourism.ac.jp/no.10SinichiSatake.pdf
水野康一「国際観光への異文化間コミュニケーション論的アプローチ」『観光学へのアプローチ』美巧社,2009年,pp.99-111。BA89412690_6.pdf
　http://shark.lib.kagawa-u.ac.jp/kuir/metadata/1335
溝尾良隆『観光学　基本と実践』古今書院,2003年,改訂新版2015年。

第10章
交流文化とエコツーリズム

第1節　はじめに

　人はなぜ旅をするのか。観光に関心をもつ者が一度は問うたことがある疑問であろう。むろん，その答えは1つではないが，「自然」はいつの時代も人が旅をする目的や理由であった。公益財団法人日本交通公社が毎年発行している『旅行年報』にみる日本人の観光動向では，「行ってみたいタイプ」の不動の第1位・第2位は温泉，自然である。いうまでもなく温泉は自然物の1つであるから，日本人の観光は自然を愛でる旅と言い換えることもできそうだ。

　観光史では，人が自らの楽しみのために行った観光の源流は寺社参詣にあるととらえている。寺社は山や海など，たいてい里から離れた場所にあった。そこにたどり着くまでの道中にはさまざまな試練もあったが，「〇〇八景」と数えられた風景との出会いもあった。途中で出会うまちには，その土地ならではの食や人が待ち受ける。未知の世界に分け入り，五感を開いて物見遊山することが旅だとすれば，人智の世界の対極にある自然こそ，人々を日常から自由にし，癒してくれる存在である。

　旅人を魅了する自然の力は，日本だけのものではない。チャールズ・ダーウィンが「進化論」の着想を得たエクアドルの離島**ガラパゴス諸島**は，19世紀に捕鯨基地として利用されるようになるまで無人島であったが，今では「死ぬまでに一度は行きたい場所」として観光客に大人気である。ハワイやフィジー等はしばしば「楽園」と冠されるが，穏やかな気候やエメラルドグリーンの海

などの自然が人々を癒してくれる。人は自然に憧れ，自然とのふれあいを求めて旅して来た。エコツーリズムのルーツもそこにあった。

第2節　観光の成長の「光と影」

20世紀に起きた二度の世界大戦後，傷ついた世界各国は復興をめざした。先進国はいち早く生活の安定を取り戻し，徐々に可処分所得や余暇を享受できるようになった。時間とお金を得た人々が獲得した楽しみが，「観光」であった。人々の旅は，著名な都市だけでなく，戦争で傷つくことなく残された大自然や植民地の国々へも向かった。たとえばインドネシアのバリ島は，第1次世界大戦後にヨーロッパの富裕層が豪華客船で訪れ，世界に知られるようになった。1960年代になると大型航空機が普及し，植民地は国際観光のメジャーな舞台となっていった。キューバ等カリブ海の島々，ハワイ，アフリカ諸国，ニューカレドニアやタヒチ等の太平洋の島々，ベトナムやタイなどのアジア諸国などが代表例である。国際観光における大衆観光（**マスツーリズム**）時代の到来である。当初，観光は雇用と結びついて歓迎もされたが，1970年代後半になると，各地でさまざまな弊害が取り上げられるようになった。観光開発のために自然が壊され，伝統的な生活文化や社会は変容し，地域への経済還元はきわめて少ないことが指摘されるようになったのである。

東アフリカでは，その頃，高価な観光として大型獣のハンティング・ツアーが好んで行われるようになっていた。土産物として象牙や毛皮が売れるため密猟も横行し，野生生物の絶滅の危機が指摘された[1]。地域の人々には，毎年子どもを生む野生生物は枯渇することのない経済資源に見えたのであろう。経済学者のフィリップ・スレッシャーは論文「ライオンの経済」(1981)のなかで，ライオン1頭は密猟して毛皮で売ったり，ハンティング・ツアーの対象とするより，殺さずに観察する観光の対象となった方が経済的価値が高いことを論証し，"自然を傷つけない"ことの有用性を提唱した。このような提言は，1972年にスウェーデンのストックホルムで開催された「**国際連合人間環境会議**」（通

称ストックホルム会議）の基調メッセージであった，「資源は有限である」という認識にも共通するものである。1982年にバリ島で開催された**国際自然保護連合**（IUCN）の世界国立公園会議では，自然保護の資金調達手段として観光を活用する「エコロジカル・ツーリズム」という考え方が提案された[2]。これがエコツーリズムである。1980年代末になると，マスツーリズムに代わる「**オルタナティブ・ツーリズム**」への模索が始まった。オルタナティブとは「代替の」という意味で，マスツーリズムではない観光のあり方という意味合いである[3]。

　何が起きていたのか。いくつか例をあげよう。先述のガラパゴス諸島（エクアドル）は，1970年代初頭に始まったアメリカの大型客船就航をきっかけに，徐々に観光地化が始まった。希少生物との出会いが評判になり，1975年に5,000人程度だった観光客は，20年後には10万人を超えた。ガラパゴス諸島はエクアドルのドル箱となり，その恩恵に与ろうとする本土からの移住者で，人口は2,000人から2万人超へと膨れ上がった。人や乗り物，物資などに紛れてさまざまな外来生物が上陸し，本来最優先されるはずの固有生物の生息・生育を脅かし，生態系のバランスを歪めた。開発により，諸島の96％を占める国立公園のすぐ際まで宅地やゴミ焼却場が迫った。また，中米のスイスとも称される**コスタリカ**は，熱帯雨林が国土を覆い，幻の鳥ケツァールやハチドリ，固有種のカエルなど森に棲む多種多様な生物たちが観光客を魅了してきた。しかし，とりわけ人気があった金色に輝くカエル，オレンジヒキガエル（Golden Toad）は1984年を最後に姿を消した。何があったのか。研究者は，観光客が散布する虫よけスプレーの成分が，この小さな生物の遺伝に作用したのではないかと考えている。バリ島では，この島の芸術・文化を愛するドイツ人芸術家が発案した舞踊「ケチャッ」が人気となり，今ではバリ島の伝統芸術のように扱われている。文化人類学者は観光が地域文化の真正性を冒したと指摘した。毎夜ポリネシアンダンスを披露しているハワイのリゾートホテルにも，同様の指摘が向けられている。

　観光振興は経済効果と引きかえに，その土地本来の自然や文化などを傷つけうる両刃の剣なのである。観光と環境保護の両立は難しい。しかしその両立に

力を注ぐことができるのは人間だけであるのも事実である。この2つの相反する事象を矛盾なく連携させるためには、観光に新しい考え方や役割、機能をもたせることが必要である。この問いへの解として生まれたのが、先述のエコロジカル・ツーリズム＝「エコツーリズム」である。

1980年代後半から「エコツーリズム」は南米、中米、オーストラリアなどの自然地域で展開され、事例が蓄積されるようになった。1992年にリオデジャネイロで「環境と開発に関する国連会議」が開催された（通称：リオ会議、地球サミット）。同会議のテーマは「持続可能な開発」であったが、特に観光産業は自然環境と地域社会の持続に対する責任が大きいとされ、会議の10年後の2002年を「国際エコツーリズム年」とすることが決まり、5月にカナダのケベック市にて「国際エコツーリズム大会」が開催された。

エコツーリズムは自然保護と観光産業の2つのルーツをもつため、それぞれの視点から定義され、多様な表現がある。代表例として、IUCNと世界自然保護基金（WWF）の定義をあげる。

＜海外におけるエコツーリズムの定義＞

国際自然保護連合（IUCN）
　自然保護地域のために十分な資金を生み出し、地域社会に雇用の機会を創出し、旅行者に環境教育の場を提供することによって、自然保護あるいは自然保護地域づくりに貢献する自然観察または地域文化を学習する観光。

世界自然保護基金（WWF）
　保護地域のための資金を生み出し、地域社会の雇用機会を創造し、環境教育を提供することによって、自然保護に貢献するような自然志向型の観光

第3節　サステナブル・ツーリズムへ

　さて，マスツーリズムによる弊害が指摘されるなかで，自然地域ではエコツーリズムに取り組み始めたが，観光関係機関でもさまざまな模索を展開してきた。その1つが世界観光機関（WTO）が1999年にまとめた「世界観光倫理憲章」である。10章からなる同憲章では，"観光が地域の自然，地域文化，地域の住民，生活に負の影響をもたらしてはいけない"と述べている。WTOは2003年に国連機関の1つとして**国連世界観光機関（UNWTO）**に改称された[(4)]。UNWTOは，観光倫理を観光産業全般に普及する必要があった。そこで，1987年にストックホルム会議のアウトプットとして世界同時発売された『地球の未来を守るために』（原題：*Our Common Future*）中に登場した耳慣れないキーワード，"持続可能な開発（Sustainable Development）"を冠した「持続可能な観光（サステナブル・ツーリズム）」をこれからの観光のあるべき理念とし，2004年に「サステナブル・ツーリズム原則」を発表した。持続可能とは，「将来世代のニーズを損なうことなく現在の世代のニーズを満たすこと」という意味である。

＜サステナブル・ツーリズム原則＞

　持続可能性の原理は，観光の発展における環境，経済，社会文化の側面にかかわっている。
サステナブル・ツーリズム原則
1．環境資源を最適に利用しなければならない。
2．ホスト・コミュニティの社会文化的真正性を尊重しなければならない。
3．長期間にわたり持続可能な経済活動を保護しなければならない。
　持続可能な観光開発の指針と管理の実践は，マス・ツーリズムやさまざまなニッチマーケット向けの観光を含む，あらゆるタイプの旅行目的地でのあらゆる形態の観光に適用することができる。

> UNWTO, *Indicators of Sustainable Development for Tourism Destinations A guidebook*, UNWTO, 2004, p.7

　国際観光ビジネスの世界は、グローバルな潮流へは敏感に対応する。海外では観光関連事業者がこの課題にビジネスとして取り組めるよう、環境認証がいくつも考案されてきた。コスタリカ観光庁が進める「**持続可能な観光の認証**」(CST)、オーストラリア・エコツーリズム協会とクイーンズランド州政府が開発した「**エコツーリズム認証制度**」(旧 NEAP)、デンマークで始まり国際環境教育基金 (FEE) が認証する「**グリーン・キー**」(宿泊施設の環境認証) や「**ブルー・フラッグ**」(ビーチやマリーナの環境認証) 等がある。これらは事業者向けにガイドラインを開発し、認証取得を求める一方、取得事業者を広報することでユーザーの利用を喚起し、ビジネスに還元するしかけだ。事業のブランド価値を高めることにもつながる。また、世界最大の観光業界団体、「**世界旅行ツーリズム協議会**」(World Tourism and Travel Council：WTTC) は、毎年「明日への観光賞」(Tourism For Tomorrow Award) を発表しているが、4つのカテゴリーの1つが「持続可能な観光への取り組み」である。毎年、世界各地の取り組みが紹介され、それを知った人々が観光客となって現地を訪れるようになった。

　2015年に国連は、2030年までに国際社会がクリアしなければならない目標として、17の「**持続可能な開発目標**」(Sustainable Development Goals。通称 SDGs) を発表した[5]。これらの目標のうち目標8、12、14 は観光に密接な関わりがあるため、文中にキーワードとして Sustainable Development Goals が盛り込まれている。しかし、よく読むとわかるように、17目標のいずれもが何らかの形で観光とのつながりをもっている。世界には多くの産業や業態があるが、観光産業の守備範囲は広いということのあらわれでもある。そこで国連は 2017 年を「**持続可能な観光のための国際年**」とし、世界各地における SDGs 実践への取り組みを求めている。

第4節　エコツーリズム，日本上陸

　さて，これまで国際観光の視野からエコツーリズムと持続可能な観光への流れをたどってきた。エコツーリズムも持続可能な観光も，観光が地域社会の発展や自然環境の持続と補完し合う関係を築きながら成長することを目指して生まれた「理念」であることが理解できただろうか。WTOが2002年に行った調査によれば，その時点で世界の93カ国が何らかの形でエコツーリズムに取り組んでいたことがわかっている。しかし，この理念が各国や地域でどのように受け入れられていたのかという点からみると，その時の国や地域の情勢や観光政策，観光の位置づけや人々の旅の志向などによってさまざまである。日本ではどうだろう。本節以降では，日本に上陸したエコツーリズムに焦点を当てよう。

1．日本のエコツーリズム史

　日本にエコツーリズムが上陸したのは1990年前後である。海外での発祥から10年ほど後となるが，当時の観光および地方都市の実情を背景とした時代の要請があったといえる。1990年前後の日本は，高度経済成長期に端を発する地方の人口減少や高齢化，少子化の課題が解決できぬまま過疎化が進み，活性化の頼みの綱としたリゾート開発[6]も，バブル経済崩壊の煽りを受けてとん挫するなど，観光を含むビッグ・プロジェクトによる地域活性化への期待が潰えた時期であった。人々の観光行動も，団体旅行や大型バスによる周遊型ではなく，個人旅行や滞在型へとシフトし，より深い地域との関わりを求めるようになっていた。地域資源や人に光を当て，まちづくりにもつながるエコツーリズムやグリーンツーリズムに関心が向いたのは必然であったといえよう。観光は時代を映し出す鏡，の1つの例である。日本のエコツーリズム開発の最初の事例は，環境庁（現環境省）が1991年から西表国立公園（現・西表石垣国立公園）において実施したパイロットプロジェクトであった。国内観光が主流であった

日本では，海外に比べると観光による自然環境への弊害は顕著ではなく，西表島も同様であった。

島民によって理解されたエコツーリズムの意味は，「自然資源を傷つけないように配慮しながら島民が主導する観光によって，島に経済的還元や社会的還元をもたらすこと」であった。資源の価値を最もよく知っている住民が主体となることによって，資源の保全や観光商品の質の保証をあらかじめ担保できるという考えである。西表島では1996年に，島民による西表島エコツーリズム協会を立ち上げ，現在に至る。

東京都小笠原村では，1988年に日本第1号となるホエールウォッチング事業を開始したが，これは地域全体で取り組むエコツーリズム事業の先進例とみなすことができる。小笠原村は，ホエールウォッチングの事業化に際して海外の先進事例を参考とし，村役場と商工会が連携してしくみを整備した。①鯨類を守るためのルール（図表10－1），②資源管理（鯨類の監視），③インタープリテーションの提供（ガイド），④地元遊漁船の雇用，⑤広報，⑥これらを一括管理する事務局の存在，⑦行政によるバックアップ，である。鹿児島県屋久島では，世界自然遺産に登録された1993年に3人の若者がエコツアーガイド会社

図表10－1 ホエールウォッチングルールの例（ザトウクジラに対する接近距離）

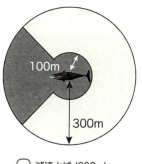

○ 減速水域 (300m)
● 侵入禁止水域 (100m)
　→マッコウの場合は50m

出所：小笠原ホエールウォッチング協会HP。

を設立して活動を始めた．これがモデルとなって屋久島ではガイドが増え，後にエコツアーガイド登録制度や認定制度も整備されるに至った．オーバーユース（過剰利用）や登山道の維持管理が課題となり，2017年から「環境協力金」の徴収が始まった．

これらの先駆的事例を参考に，知床，裏磐梯，やんばる（東村・国頭村・大宜味村），阿蘇，慶良間などでもエコツーリズムを推進するためのしくみづくりや事業化，ガイド養成等が進んだ．1998年には，全国のエコツーリズム推進地域を後押しする民間組織として「エコツーリズム推進協議会」（現・**NPO法人日本エコツーリズム協会**（JES））が設立し，エコツーリズムの理念の普及や取り組み地域の支援を開始した．

国（環境省）は，エコツーリズムへの取り組みを全国に展開するため，2003年に当時の小池百合子環境大臣を座長とする「**エコツーリズム推進会議**」を開催し，5つの事業を実施した．その1つに公募によりモデル地域を選定し，3年間の支援を行う事業があった．募集に際して，環境省は，①自然豊かな地域，②人が多く訪れる観光地，③里地里山地域，の3つのカテゴリーを設けたが，③に該当する，国立公園でも観光地でもない地域から多数の立候補があった．このことから，日本は"地域づくりとしてのエコツーリズム"の存在を明確にしたといえる．

2007年には，議員立法によって「**エコツーリズム推進法**」が成立した．環境省・観光庁・農林水産省・文部科学省の4省庁が共同管理することになり，地域が進めるエコツーリズムを国が支援する制度である．この法律は，首長がエコツーリズムを推進するための「推進協議会」を結成し，エコツーリズムの推進方針をまとめた「全体構想」を作って国に提出し，認められればその地域が同法に基づく「認定地域」となる，というものである．2009年に埼玉県飯能市が第1号認定地域となり，2018年現在，12地域が認定を取得している．同様の法律は未だ世界に類例がない．

2011年の東日本大震災後は，三陸復興国立公園（2013年指定）において，復興エコツーリズムが提唱された．2016年には，国はインバウンドと地方創生

第10章　交流文化とエコツーリズム　203

図表10－2　日本におけるエコツーリズム関連史

1987	総合保養地域整備法施行開始
1989	小笠原ホエールウォッチング協会設立
1990	バブル経済崩壊
1991	西表国立公園におけるエコツーリズム調査（環境庁）
1993	屋久島でエコツアーガイド誕生／世界自然遺産登録（屋久島・白神山地）
1994	農山漁村余暇活動滞在促進法（通称　グリーンツーリズム法）
1998	エコツーリズム推進協議会（現 NPO 法人日本エコツーリズム協会）設立
2003	観光立国宣言（政府）／エコツーリズム推進会議開催（環境省）
2004	エコツーリズム推進モデル事業（環境省，2006）
2007	観光立国推進基本法施行開始（成立 2006）
2008	エコツーリズム推進法施行開始（成立 2007）
2016	国立公園満喫プロジェクト開始

出所：石森・真板・海津（2011）をもとに加筆。

の政策を実現する場として国立公園に着目し，「国立公園満喫プロジェクト」を開始した。エコツーリズムは国立公園におけるソフトとしての期待が寄せられている。

　日本のエコツーリズムは国策と地域ニーズの両面から進められてきた。日本におけるエコツーリズムの展開史を図表10－2にまとめた。

2．日本におけるエコツーリズムの定義

　海外におけるエコツーリズムの定義でも述べたように，エコツーリズムの概念は観光・自然保護・地域振興など多様な側面からとらえることができる。ここでは，1998年に NPO 法人日本エコツーリズム協会（JES）が発表した定義とエコツーリズム推進法の定義を紹介する。後者はエコツーリズムの理念に基づくエコツアーについて規定したものといえるだろう。JES の定義を図示したものが「エコツーリズム・トライアングル」（図表10－3）である。

図表10－3　エコツーリズム・トライアングル

出所：日本エコツーリズム協会（1999）。

日本エコツーリズム協会（1998）
　①地域固有の自然・文化・歴史資源を活用し，観光産業を成立させること
　②観光の波及により，地域経済の活性化に資すること
　③それらの資源が持続的に利用できるよう，資源を保全していくこと
という3つの認識上に成り立つ，観光産業と自然，文化，歴史資源の保護，およびその資源の担い手である地域の活性化の三つの要素を相補する社会運営システムである。それにより，旅行者に魅力的な地域資源とのふれあいの機会が永続的に提供され，地域の暮らしが安定し，資源が守られていくことを目的とする。

エコツーリズム推進法（2007）
　観光旅行者が，自然観光資源について知識を有する者から案内または助言を受け，当該自然観光資源の保護に配慮しつつ当該自然観光資源とふれあい，これに関する知識及び理解を深めるための活動。

3．エコツーリズムとエコツアー

　この理念に基づいて造成されるツアー商品が「**エコツアー**」である。エコツアーは一律の基準があるわけではなく，その内容は資源特性やツアーガイドな

図表10－4　JES「グッド・エコツアー」のロゴマーク

20のチェックリストにより，推奨エコツアーを認定し，
取得した団体は2年間このロゴを使える。
出所：NPO法人日本エコツーリズム協会HP。

どに委ねられている。地域によって多様な展開があり，バラエティに富んだプログラムが各地で開発されている。一方で厳密な基準がないため，"自称エコツアー"商品も存在しうるという課題がある。JESは認証制度「グッド・エコツアー」を設けてエコツアーの品質向上を奨励しているほか，環境省は毎年選定する「エコツーリズム大賞」によって優良事例の普及に努めている。

第5節　エコツーリズムと「宝探し」

これまで，世界や日本というスケールで，エコツーリズムの概念や成り立ちについて俯瞰してきた。この節では実際に，地域でどのようにエコツーリズムを進めるのか，そのプロセスを見てみよう。

1．宝探し

日本では，エコツーリズムは自然や文化の保全を前提に地域づくりと観光が結びついたものとして各地で理解されてきた。あり余る自然資源を活用するというより，むしろ，地域が抱えている課題を解決する方策や，これまで光が当たることがなかった地域資源を活用しようと取り組んで来た地域が多い。しかし，そのような地域は，何から始めたらいいのか，何が活用しうる資源なのかがわからなかったりする。「うちのまちには何もない」という台詞は，地域を訪れるとしばしば聞く。客観的に見つめる外側からの"まなざし"がないと，

なかなか自地域の魅力を"発見"することはできないのだ。ちょうど，あなたが自分自身の姿かたちや，まとっている服を見ることができないのと同じように。したがって，エコツーリズムを始めよう，と最初に声を上げる人は，ごく少数の人々である。

　足元の資源を見出すことを「**宝探し**」等と呼ぶ。地域でエコツーリズムを始める時に，最初に取り組むべき作業である（「宝探し」というキーワードは，岩手県二戸市で1992年から開始した「楽しく美しいまちづくり事業」で行った資源調査の通称である）。要点は，「よそ者」のまなざしを取り入れながら，足元の地域資源を掘り起こしていくことである。手法は聞き書きやアンケート調査，現地調査（通称「あるもの探し」）などさまざまである。岩手県二戸市では，市民と市役所職員が同数参加する実行委員会を結成し，【自然】【生活文化】【歴史】【産業】【名人】の5分野に【要望】を加えた6つの分野に分かれ，全市民アンケートと聞き書きを中心とする調査を行い，7,000を超える宝を発見した。成果報告会を機に，これまで「何もない」と思い込んでいた市民の目に，希望の光が宿るようになった。宝探しを地域おこしへ展開していくプロセスを「宝探しから宝興しへの五段階」と呼ぶ（図表10－5）（真板・海津，2007）。エコツアーを造成するのは，4段階目の「宝伝え」の段階である。このように，地域を掘り起こしていく作業は「地元学」とも呼ばれている。外からのまなざしで地域を見つめ，気づいた宝を地域に伝える人々は，昔から存在した。名のある人々をあげるなら，菅江真澄や徳川光圀（水戸黄門），松尾芭蕉，柳田国男，宮本常一ら民俗学者や紀行文学者などだが，もっと平たくいえば「旅人」である。

図表10－5　宝さがしの五段階

探	宝探し	宝を見つける。聞き書き，文献調査，現地調査，アンケートなど。
磨	宝磨き	見つけた宝を調べる，磨く，見やすくする，守るなど。原石を光らせる。
誇	宝誇り	磨いた宝を地域内で見せ合い，共有する。自慢し合う。
伝	宝伝え	外の人に伝える方法を開発し，実行する。ツアー，特産品，媒体など。
興	宝興し	宝が評価を受けて，人が訪れ，新しい産業や新しい宝を生む。

2．フェノロジー・カレンダーの作成

　宝探しの成果を地域内で共有し，外に伝えるためには"見える化"が必要である。その方法は，地図，読み物，動画，パフォーマンスなどさまざまであるが，日本のように季節の変化が自然にも文化にも深く浸透している土地ならではの方法がある。それが「暦」である。生物学では動物や植物などの1年間の生活史をフェノロジー（phenology）と言うが，これを人の生業や行事，気候などへも展開したものとして，宝探しの成果として作る暦を「**フェノロジー・カレンダー**」と呼んでいる。

　地域の人々がどのように季節のサインを読み取り，生活に取り入れているかという視点で季節の宝を掘り起こしていくと，フェノロジー・カレンダーができあがる。西表島では，田植えの開始を告げるサインを山の中腹に咲くセイシカ（ツツジの一種）の花で読み取っている。セイシカが咲く時期は，海では冬の潮と夏の潮が切り替わる時で，海は荒れる。カジマヤと呼ぶ嵐が吹くため，舟は出せない。漁は諦め，陸で田植えをするのである。山ではサシバが子を育てる時期で，田植えをする頭上で親子のサシバが鳴き交わしている。田植えが終わると，人々は稲がちゃんと根を下ろすようにと，派手な楽器は奏でず，歌だけの「田植えジラー」という曲を地面に座って皆で歌う。フェノロジー・カレンダーを作ると，そのような島の季節感と宇宙が見えてくる。

　フェノロジー・カレンダーは，誰か1人で作るものではない。地域の多くの人が参加し，個々の「1年」を集めてまとめていくものである。それによって，異なる立場にある人々の間で，共通の基盤である"地域"の姿が結ばれていく。そこから旬の資源をいかしたツアーが生まれることもあれば，子どもたちへの郷土教育や特産品開発に展開することもある。岩手県宮古市では，東日本大震災後の復興の過程で文教大学の学生たちが聞き書きを行い，フェノロジー・カレンダーを作成した（図表10-6）。人々の心の復興を支えた黒森神楽や山の幸，海の幸が集約されたこの暦は，観光協会や市場，レストハウス，すし屋などに貼られ，宮古にまた来てください，というメッセージに活用されている。

図表10−6

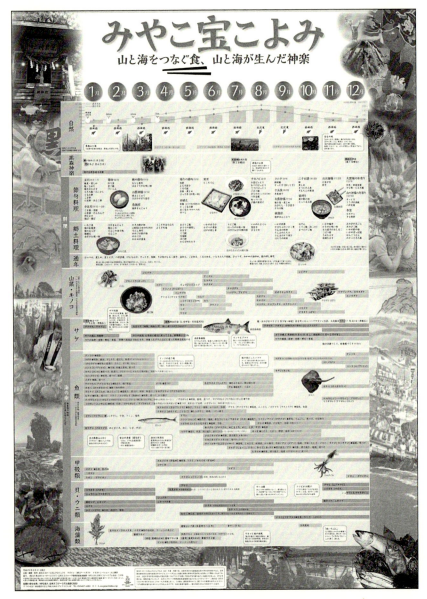

3．体制づくり

　宝が顕在化したら，次のプロセスは体制づくりと人材養成である。エコツーリズムは資源の保全と活用のバランスを必須とし，資源の状況に応じてプログラム（エコツアー）が組まれることになる。そこには小笠原のように資源に対する配慮に基づく「ルール」が必要となり，公的機関がオーソライズすることが求められる。観光者や旅行会社は，そのような地域の姿勢を理解して訪れたり，送客したりすることによって，エコツーリズムに「参加」する。以上から，エコツーリズムを進める地域での受入れ体制は，①住民，②行政，③研究者や専門家，④観光事業者，⑤観光者の5つの主体が参画し，協働することが求められる（図表10－7）。これらの体制を維持するために，協会や協議会を結成することもある。ポイントは，資源の維持管理のもとに観光商品が創られ，それ

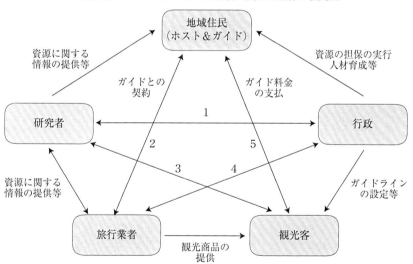

図表10－7　エコツーリズム運営に関わる主体の相関図

1　資源管理のための調査研究
2　施設＆観光資源に関する情報の提供
3　サイトの環境の情報提供
4　ガイドラインの設定等
5　現地体験の提供

出所：日本エコツーリズム協会（1999）。

によって人々が訪れて地域に経済的・社会的還元が生まれ，資源の保全が図られていくことである。

第6節　インバウンド時代の文化交流とエコツーリズム

　エコツーリズム推進法が施行された2008年10月に観光庁が設立され，日本の観光政策は地方創生の一環としてインバウンド政策に舵を切った。エコツーリズム推進地域でも，外国人観光客の数が増加傾向にある。認定地域第1号の埼玉県飯能市では，2007年にボスニア・ヘルツェゴビナやセルビア等のJICA研修生が里山のエコツアーを学びに訪れたことをきっかけに，海外からの視察や研修が続いている。ボスニア・ヘルツェゴビナからの研修生は，自国で小さな民宿を営んでいた。彼のふるさとはシクラメンの原産地であり，春になると雪解け水が村の小川を流れ，粉を挽く水車をカラカラと回す。長く続いた戦争の傷跡からの復興の過程で，民族を越えた「宝探し」を経験し，ふるさとの風景の美しさを再発見した。飯能市の民宿でうどんの手打ちを体験し，宿の主人との会話などから自信を得た彼は，国に帰って自分が築くべき将来像をつかんだのである。岐阜県飛騨市古川で里山体験を提供する会社，「美ら地球」では自転車を使った里山体験プログラムの参加者の7～8割が外国人観光客である。「トリップアドバイザー」等の評価サイトが口コミツールとなって，着実に集客数を伸ばしている。SNS時代のコミュニケーション・ツールは，地域と観光者を直接結ぶ。「美ら地球」の活動の一環に，年々深刻になりつつある地域の空き家対策があるが，古民家をきれいにするボランティア活動に，外国人が参加することも珍しくない。

　日本のローカルと諸外国のローカルがつながって，それぞれの土地における将来の夢をともに描く。かつて，植民地の人々が宗主国の都市を訪れて憧れたような上向き目線ではなく，等身大の目線がここには存在している。エコツーリズムによるインバウンドは，「数」としての外国人観光客を求めるのではなく，国を越えて訪れる人と，文化を伝えあう交流を築く視点が重要であること

を教えてくれる。エコツーリズム推進法認定地域である三重県鳥羽市の海島遊民くらぶは，漁村集落である鳥羽市でエコツアーを活用しながら漁業の活性化と観光を結びつける活動を続けているが，エコツアーの目標を「素敵な自分を発見する旅」としている。旅を通して何かに気付き，もって帰ってもらいたいという願いがこめられている。

第7節　おわりに―国際観光におけるエコツーリズムの役割

　Sustainable Development＝持続可能な開発という20世紀後半のポストモダン社会のキーワードは，自然環境に対して「保全」（活用しながら守る）や賢い利用（ワイズ・ユース）等のあり方を提起し，教育においては環境教育というアプローチを生んだ。観光分野ではエコツーリズムや，これを一般化したサステナブル・ツーリズム等の概念を生んだ。エコツーリズムは，観光が訪問先地域の自然環境の保全や地域社会の持続可能な発展と対立するのではなく，共存し寄与することを目指して生まれた理念であるが，日本では，さらに地域づくりの手法として普及していった。自然環境の保全と生物多様性保全はほぼ同義語である。生物多様性は，人々が自然と関わって来た歴史と知恵の成果であり，文化的多様性と一体である。エコツーリズムは地域の文化力の追体験と読み替えることができる。

　エコツーリズムのミッションは，来訪者を受け入れ，楽しんでもらいながら，地域の生物多様性と文化的多様性の豊かさや魅力を伝え，これらを持続することの大切さに気付いてもらうことにある。観光は，異なるものの価値をすんなりと受け入れることができる最善のツールだからだ。観光者は自らの意志で異文化の世界に分け入り，吸収しようとし，自分とは違う価値観に対して畏敬の念をいだき寛容になるからだ。1969年の国際観光年の標語が「観光は平和へのパスポート」であった。ローカルからグローバルへと地域の宝を発信するエコツーリズムは，その一歩を地域から始める活動といえよう。

【ディスカッションのための問題提起】

1. SDGsや2017年の「持続可能な観光のための国際年」などについて，日本はどのように対応したか，調べてみよう。
2. 「明日への観光賞」（Tourism For Tomorrow Award）受賞事例を取り上げ，事業の実態や，持続可能な観光としての取り組み内容について調べ，気づいたことをまとめなさい。
3. エコツーリズム推進法認定地域を調べ，認定取得の背景と取り組み内容をまとめ，エコツーリズムがその地域に果たす役割について考察しなさい。

【注】

（1）この後，ワシントン条約が発効し，絶滅の危機に瀕した種の国際間移動は禁止されている。
（2）1992年の第4回世界国立公園会議（カラカス）で，エコツーリズムは議題の1つとして取り上げられた。
（3）類似用語として，ソフト・ツーリズム，エシカル・ツーリズム，リスポンシブル・ツーリズム等の表現も現れた。
（4）日本には，奈良と東京にUNWTO日本事務所がある。日本旅行業協会（JATA）がUNWTOと連携し，観光産業への上記倫理憲章の普及を担っている。
（5）SDGsについては外務省ホームページ（http://www.mofa.go.jp/mofaj/gaiko/oda/about/doukou/page23_000779.html），首相官邸ホームページ（http://www.kantei.go.jp/jp/singi/sdgs/）を参照のこと。
（6）1987年に成立した「総合保養地域整備法」によって，全国43カ所で計画された大規模リゾート開発。国民の余暇活動の充実，地域振興，民間活力導入による内需拡大を目的とする。都道府県が基本構想をまとめ，国が承認すると，税制面や資金面で優遇措置が得られるというもの。

【参考文献】

石森・真板・海津『エコツーリズムを学ぶ人のために』世界思想社，2011年。
エコツーリズム推進協議会『エコツーリズムの世紀へ』エコツーリズム推進協議会，1999年。
フェノロジー・カレンダー研究会『地域おこしに役立つ！みんなでつくるフェノロジー・カレンダー』旬報社，2017年。
マーサ・ハニー著，髙梨・青木・海津ら訳『エコツーリズムと持続可能な観光　楽園はだれのもの？』くんぷる，2016年。
UNWTO, *Indicators of Sustainable Development for Tourism Destinations A Guidebook*, 2004.

COLUMN 03　国立公園

　国が区域を定めて指定し，経営管理する公園。自然および自然景観と野生生物の保護，観光資源としての利用・開発をはじめ多くの側面をもつ。アメリカ合衆国で 1872 年にイエローストーン国立公園が設定されたのが，世界初の国立公園であった。日本では，明治末〜大正期にアメリカの国立公園法にならって公園設置の要求が国会に出されるようになり，1931 年に国立公園法制定，1934 年 3 月初めて瀬戸内海国立公園，霧島国立公園（→ 霧島錦江湾国立公園），雲仙国立公園（→ 雲仙天草国立公園）の 3 国立公園が設立され，同年 12 月に阿蘇国立公園（→ 阿蘇くじゅう国立公園），阿寒国立公園，日光国立公園などが追加されて，1936 年には 12 の国立公園をもつにいたった。1957 年に国立公園法に代わる自然公園法が制定され，国立公園，国定公園，都道府県立自然公園を含む自然公園行政体系が確立された。なお，同法は国立公園を，「わが国の風景を代表するに足りる傑出した自然の風景地（海域の景観地を含む）であって，環境大臣が，関係都道府県および中央環境審議会の意見を聞き，区域を定めて指定する」(2 条 2, 5 条 1) ものと規定している。2018 年現在の国立公園数は 34。日本は国立公園内に国有地・公有地・民有地等を含む「地域制国立公園」という制度をとっており，土地所有と管理者が一致しない。

　　　　　　　　　　　　　　　　　　　　（ブリタニカ国際大百科事典他）

第11章
魅力ある文化施設づくり

第1節　はじめに

　「**文化施設**」あるいは「**博物館**」という言葉を聞いて，何を思い浮かべるだろうか。「行政が運営していて，どちらかといえば堅苦しく地味な施設」あるいは「静かにしなくてはいけない場所」，「勉強する場所」といったイメージが強いのではないだろうか。確かに，今まで運営されてきた文化施設のなかには，暗くつまらない場所もあったであろう。しかし，今，文化施設は大きく変わりはじめている。それぞれがオリジナリティーを発揮し，人々にその魅力を伝え，その輝きに大勢の人々が集まるようになってきている。
　たとえば，いずれも日本の地方都市の事例であるが，日本北端の**動物園**が動物の見せ方を工夫したことで，かつては目玉となる観光スポットのなかった都市が，一躍，人気観光地になったという事例が見受けられる（3節（1）参照）。また，一般的に解釈が難しく，よくわからない作品ばかりという印象も与えていた現代アートを扱う**美術館**が，多くの人々の集う町の交流スポットとなった事例もある（3節（3）参照）。
　では，海外の文化施設はどうであろうか。考えてみると，世界の大都市には必ず観光の目玉となる文化施設がある。たとえば，英国ロンドンには大英博物館（3節（4）参照）やビクトリア＆アルバート博物館があり，フランスのパリにはルーブル美術館とオルセー美術館があり，米国ニューヨークにはメトロポリタン美術館や映画にも登場した自然史博物館がある。このほかにも，世界各

地には城や宮殿，屋敷，教会，寺院などが**文化遺産**として保存・公開され，観光客の訪れたい場所となっている。海外の事例から見てもわかるように，文化施設は観光地にとって欠かせない魅力ある空間であり，**文化交流の拠点**なのである。

　本章では，訪日観光客に人気のある文化施設について述べ，文化施設がどのようなポリシーをもって魅力的に運営されているのかについて，日本と海外の事例から具体的に明示していきたい。そして，魅力ある文化施設には何が求められているのかを整理していきたい。

第2節　ミュージアムの口コミランキングと訪日観光客

　本書でも議論されている通り，日本の訪日観光客数は順調な伸びを見せており，その動向はミュージアムをはじめとする文化施設にとっても見逃せない側面となっている。

　デジタル情報化社会が進むにつれ，観光客がその日の行動を決める際に，ネットにある口コミなどを重視するようになってきた。その代表的なサイトの1つが「トリップアドバイザー」（日本語サイト：https://www.tripadvisor.jp/）であろう。トリップアドバイザーが，昨年「トリップアドバイザーの口コミで選ぶ世界の人気博物館・美術館2017」を発表した（2017年10月5日[1]）。このランキングから，世界中の旅行者がどのミュージアムに関心をもったのかを知ることができる。日本の博物館・美術館の上位10位で整理すると図表11－1のようになる。

　このランキングから指摘できることの1つ目として，まず，各施設の「知名度が高い」ことがあげられる。原爆を投下された場所として知名度が世界レベルである，第1位の広島平和記念資料館や第5位の長崎原爆資料館が入ってくるのはうなずける。戦争関連の施設としてみれば，第8位のひめゆり平和記念資料館も含めて，来訪者のなかには一般観光客以外にも国内の修学旅行客も多いことが予測される。また，世界的な自動車メーカーであるトヨタの企業博物

図表11−1　日本の博物館・美術館 トップ10（2017年10月5日時点）

　1位　広島平和記念資料館（広島県広島市）
　2位　箱根彫刻の森美術館（神奈川県箱根町）
　3位　サムライ ミュージアム（東京都新宿区）
　4位　東京都江戸東京博物館（東京都墨田区）
　5位　長崎原爆資料館（長崎県長崎市）
　6位　トヨタ産業技術記念館（愛知県名古屋市）
　7位　千住博美術館（長野県軽井沢町）
　8位　ひめゆり平和祈念資料館（沖縄県糸満市）
　9位　北九州市立いのちのたび博物館（福岡県北九州市）
10位　三鷹の森ジブリ美術館（東京都三鷹市）

出所：トリップアドバイザー　2017年10月5日付プレスリリースより引用。

図表11−2　サムライミュージアム（東京都新宿区）公式サイト

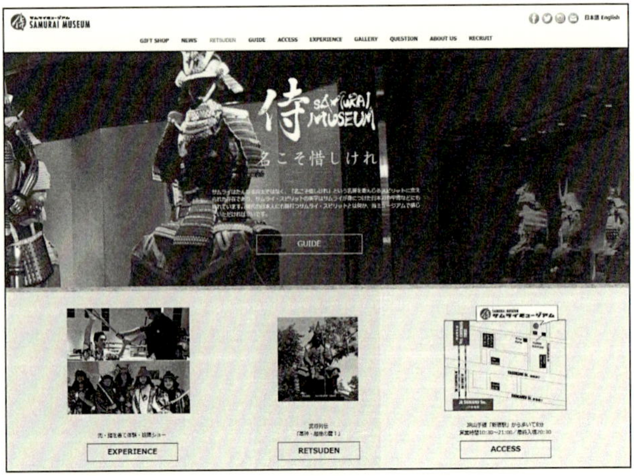

出所：http://www.samuraimuseum.jp/index.html より引用　アクセス2018年1月19日。

館（第6位）や，アジアを中心に海外でも人気の高いアニメ作品を取り扱う三鷹の森ジブリ美術館（第10位）も同様に，知名度が高いゆえの人気といえるだろう。
　第3位の「サムライミュージアム」は，訪日観光客に人気のある施設と推察される。なぜならトリップアドバイザーのサイトを見ると，9割近くが外国人観光客の利用という口コミが複数見受けられる。ミュージアムという名称であ

るが，ここは学芸員もいなければ収蔵庫もなく，フォーマルな「ミュージアム・博物館」ではない。サムライについてエンターテイメント性をもって知ることができる施設という意味でのミュージアムなのだろう。立地は新宿駅から徒歩圏のいわゆる繁華街にあり，アクセスは良いが文化的な環境とは大きくかけ離れた場所にある。学術的な裏付けをもったミュージアムのなかで，サムライや忍者を全面にうたう施設がほとんどないことからも，英語対応もできる商業的施設が観光客から評価されているのだろう。

2つ目の特徴として，いずれの施設も「観光地」もしくは「大都市」と呼ばれる場所にあることが指摘できる。広島，長崎，箱根，東京（新宿，両国），軽井沢，名古屋といずれも知名度のある観光地あるいは大都市にあるという共通項があるといえるだろう。他の観光スポットのついでに足を運べるという利便性が重視されているのかもしれない。

3つ目にいえるのは，日本を代表するミュージアムであるはずの「国立の博物館・美術館」が1つもあがっていないことである。国立館は予算規模をはじめ，働く人員の数も他の博物館の群を抜いている。その多くは都市部（東京，京都）か観光地（奈良，太宰府）に立地しアクセスも悪くはない。館内の展示解

図表11－3　九州国立博物館（福岡県太宰府市）の外観

出所：http://www.kyuhaku.jp/museum/museum_info06.html より引用
2018年1月20日アクセス。

図表11－4　世界の人気美術館・博物館 トップ10（2017年10月5日時点）

1位	メトロポリタン美術館（アメリカ，ニューヨーク州）
2位	国立第二次世界大戦博物館（アメリカ，ルイジアナ州）
3位	オルセー美術館（フランス，パリ）
4位	シカゴ美術館（アメリカ，イリノイ州）
5位	エルミタージュ美術館と冬宮殿（ロシア，サンクトペテルブルク）
6位	9/11メモリアル（アメリカ，ニューヨーク州）
7位	メキシコ国立人類学博物館（メキシコ，メキシコシティ）
8位	アクロポリス博物館（ギリシャ，アテネ）
9位	プラド美術館（スペイン，マドリード）
10位	ビクトリア＆アルバート博物館（イギリス，ロンドン）

出所：トリップアドバイザー　2017年10月5日付プレスリリースより引用。

説をはじめ，パンフレットなども4カ国語表記（日本語，英語，中国語，韓国語）となっている。このように，外国人対応にすでに取り組んでおり，充実した常設展示室をもつ館が多いにもかかわらず，トップ10に1つも入ってこないということは興味深い。

　参考までに同じトリップアドバイザーが発表した世界の人気美術館・博物館のランキング表も掲載しておきたい（図表11－4）。

　図表11－4にランキングされているミュージアムに共通する特徴は何であろうか。世界級のコレクション（作品，資料など）をもっていることがまずあげられそうだが，多くの人々はコレクションだけを求めて足を運んでいるのだろうか。それとも娯楽性を求めているのだろうか。海外に足を運んだ際には，上記の施設に見学に行き，ぜひその魅力の源泉を探ってみて欲しい。

第3節　事例からみる魅力ある文化施設

　本節では具体的な国内外の事例を紹介しながら，魅力ある文化施設づくりのポイントに触れていきたい。なお，各事例に関する参考文献は豊富にそろっているので，関心のある内容については各自で調べ，さらに理解を深めて欲しい。

第 11 章 魅力ある文化施設づくり 219

1. 老若男女を展示でひきつける―旭山動物園（北海道旭川市）

「ペンギンが空を飛んだ」というフレーズを聞いたことがあるだろうか。これは旭川市立旭山動物園（以下，旭山動物園と略す）のぺんぎん館にある水中の大きなトンネル内で見上げると，頭上に見えるペンギンたちが空をバックに悠然と泳いでいる姿を表したものである。地上ではよちよち歩きのペンギンも，泳ぎは大変に得意で，水中に入れば，弾丸のごとくハイスピードで泳ぎ回り，魚をとって生きている。しかし，私たちの多くはペンギンに対して，つたない歩き方をする空を飛べない鳥というイメージしかもっていない。つまり，私たちは動物たちの行動のごく一部しか知らないのである。

そこで旭山動物園のスタッフは考えた。自分たちの動物園の使命が「命を伝える」ことにあるならば，動物たちの種ごとに見られるユニークな行動を多くの人々に見てもらい，感動し，理解してもらうことからはじめるべきなのではないか。そして，動物たちが各自の身体能力をフルに生かせる環境を作りた

図表 11－5　旭川市旭山動物園公式サイト

出所：http://www.city.asahikawa.hokkaido.jp/asahiyamazoo/index.html より引用
アクセス 2018 年 1 月 19 日。

い，と。試行錯誤を重ねながら，何度も新しい飼育舎のプランを検討して，「一般的に知られている動物たちの姿」と「飼育員や専門家しか知らない動物たちの本当の姿」のギャップを埋められるような動物たちの見せ方を考え，行動展示と呼ばれる形式にたどりついた。たとえば，アザラシの立ち泳ぎを見てもらうために，縦型のトンネルを見学者通路の真ん中に通してみた。すると，あたかもアザラシと人間がガラス越しに対面しているかのような感覚を味わいながら，彼らの立ち泳ぎを観察できる。その様子に大人も子どもも大きな歓声をあげてその姿に圧倒されている。もちろん，普通の水槽のなかでもアザラシが立ち泳ぎをしていることを飼育員・専門家は知っている。しかし，見ている一般の人々はそれに気づいてはいない。そこに気づいてもらうための仕掛けが縦型のトンネルなのだ。

　動物たちを「行動展示」という手法で見せることに挑んだ旭山動物園は，1967年に開園した日本の最北端の動物園である。2017年には開園50周年を迎えた。まだ娯楽施設の少なかった開園当時，動物園は市民にとってオアシスだった。少しずつ園を拡張しながら（初期は遊園施設の増設が盛んだった）1983年には59万人の年間来園者数を記録する。しかし，これをピークに来園者は減少の一途を辿り，1996年には26万人にまで低迷する。そこから旭山動物園のスタッフは再生をかけて，動物園のあり方について考え，まずは動物たちの展示の仕方に工夫を凝らした。ジェットコースターのような遊園施設を増やすのではなく，あくまでも動物たちを飼育して展示するとともに，彼らの生態を研究し，次世代に残していくという動物園の原点に立ち返ったともいえる方法がとられた。そして飼育に関わる専門スタッフだから知っている動物たちの本来の姿，得意とすること，はっとさせられる仕草を来園者にわかりやすく見てもらえ，なおかつ，動物たちにとって快適な飼育環境を実現させた。その成果もあって，2007年には年間来園者数は300万人を超す大人気スポットとなり，2016年度には143万人と人数に落ち着きは見せているものの，依然，人気のある動物園である。千歳・札幌からは動物をあしらった特急電車とバスが走っており，それは旭山動物園が北海道と旭川市の観光業に大きく貢献しているこ

第 11 章　魅力ある文化施設づくり　221

との象徴といえよう。

　実際に旭山動物園を訪れると，あちらこちらから「かわいい！」という声が聞こえてくる。しかし，動物園側はかわいいという反応だけでは終わって欲しくないと考えている。動物たちと人間が共存していくためにはどうすればいいのか，すでに何が問題になっているのか，北海道をはじめとする世界中の野生動物がどのような厳しい現状に置かれているのか，といったことを旭山動物園の展示は私たちに問いかけている。それは各館の手書きのパネルを読むとよくわかる。

　このように動物園は楽しさを提供するだけでなく，動物たちと彼らが生きる環境を守り，調査していく使命に加え，より多くの人々が命の多様性に気づき，その意味について考えてもらう機会を作るという大切な使命をもっている。動物園に行く機会があれば，その園が動物たちの展示を通して何を訴えようとしているのか，ぜひとも感じ取ってほしい。観光客を含む多くの人々に魅力的でありつつ，動物園としての使命を遂行する姿を見て取れるだろう。

　旭山動物園ホームページ
　　http://www.city.asahikawa.hokkaido.jp/asahiyamazoo/index.html

2．最先端の科学を国内外に発信する―日本科学未来館（東京都お台場）

　日本科学未来館（以下，未来館と略す）は，2001 年，東京のお台場に開館したサイエンス・ミュージアムである。東京湾を臨む建物はガラス張りで，卵のような形をしている。外光をふんだんに取り入れた建物は明るく，従来の静かで薄暗い博物館とは雰囲気が異なる。そして館内には子どもたちの歓声や大人の会話する声がこだましている。ここはアクティブな空気で満ち溢れているミュージアムである。

　未来館はゲノム研究，ロボット技術，宇宙や深海探査，情報技術といった最先端の「科学」を国内外の人々に広く伝え，「いま世界に起きていることを科学の視点から理解し，私たちがこれからどんな未来をつくっていくかをともに考え，語り合う場」[2] を目指している。未来館の展示で扱われているテーマ

図表11－6　日本科学未来館公式サイト

出所：http://www.miraikan.jst.go.jp/ より引用　アクセス2018年1月19日。

は，どれも最先端技術に関連した内容で，非常に高度である。しかし，一見難解に思われる科学技術を，誰もがわかるように伝えるための工夫が随所に見られる。その工夫が積み重なり，それが未来館の魅力となっている。次にその魅力の源泉となっているさまざまな工夫について紹介していきたい。

（1）マルチメディア・実物の活用

　未来館では，大型の液晶スクリーンなどを多用し，音声と映像を組み合わせた動きのある解説を行っている。従来の解説文を載せたパネルは，文章量が多く，立った状態で読むのは見学者への負担となっていた。そこで，映像を使うことにより，視覚的に情報を伝えることができるゆえ，文字を目で追うよりも見る側の負担を軽減してくれている。またカラフルな映像で，大きな文字を使うことにより，誰にとっても読みやすく，多くの人に情報を届けることに成功しているといえるだろう。また，ロボットのコーナーでは本田技研が開発したASIMOの実演ショーを定期的に開催するなど，実物をできるだけ使った展示をしている。

（2）充実したフロアスタッフの配置

　未来館の展示室に行くと，そこに配置されたスタッフの多さに驚かされる。各コーナーに数人ずつの割合で配置されている。彼らにこちらから質問をすることもできるし，きさくに話しかけてくれることもある。このスタッフは，科学コミュニケーターとボランティアから構成されている。科学コミュニケーターは大学院で学んだ経験をもち，未来館でコミュニケーターとして訓練を受けた職員である。なかには英語等の外国語で展示の解説をする人もいる。さらに，ボランティアの人たちがいる。彼らは無償で展示フロアの解説をしている。着用しているユニフォームの色の違いで両者を区別することができるが，両者ともに共通していることは，見学者と共に展示テーマについて考えていく，そのためのサポートをするという姿勢である。従来の博物館等で見られる展示解説は，専門家から一般の人々に向けて解説をするという一方的なものが多い。しかし，未来館の展示解説は双方向性を重視しており，押しつけはしない。見学者が発した疑問に即答するのではなく，一緒に答えを求めていくようなやりとりが重視されている。つまり，人々は展示室でも人と人とのコミュニケーションを通して，新しいことに気づき，何かを学んでいくという博物館教育の考え方に基づいた試みである。スタッフと接して，非常に楽しく有意義な時間を過ごせたという学生の見学レポートが複数上がっていることからも，スタッフとのコミュニケーションが未来館への満足度を高める一要素となっていることがうかがえる。

（3）外とのコネクションを大切にする

　未来館のある場所は，商業ビルやオフィスビルが中心のお台場という特殊な地域にあり，付近に一般の住民はほとんどいない。しかしながら，外に開かれた文化施設となるべく，外とのネットワーキングに力を入れている。研究者・技術者やメディア，ボランティア，友の会・入館者，行政府，学校，国内外の科学館，産業界といった人々・業界とコネクションを開拓し，活用することにより未来館の使命を遂行している。たとえば，2017年11月には世界科学館サ

ミット（https://scws2017.org/jp/）がアジア太平洋地域を代表して日本で初めて開催され，世界中の科学館・サイエンスセンターの関係者が集い，今後の各館の在り方について議論された。また，最先端技術を扱うがゆえに産業界とのつながりも大切にされている。財政面でも公費に頼ることなく，自立した運営を目指していることがわかる。

　ここでは，未来館のごく一部について紹介してきた。その様子から，博物館の静的なイメージをくつがえすような，アクティブで活気に溢れた雰囲気と活動の様子が想像できたのではないだろうか。未来館の見学者のなかには外国人観光客が見られ，外国語での対応が始められている（すでにパンフレットはハングル，中国語，英語と用意されている）。また全国各地からの修学旅行生の利用も非常に多い。未来館と観光客を切り離すことはできないのである。一般の家族連れや個人客，リピーター，そして一見がほとんどの観光客とでは，未来館に求めるものに違いがあるだろう。その違いに応えつつ，未来館の使命を今後も魅力的な形で遂行していくに違いない。

　日本科学未来館ホームページ
　　http://www.miraikan.jst.go.jp/

3．現代アートで地域を活性化する—金沢21世紀美術館（石川県金沢市）

　石川県の県庁所在地，金沢市の中心部に金沢21世紀美術館がオープンしたのは2004年10月のことである。駅からは少々距離があるが，兼六園が目前にあり，付近には市役所や県庁の建物もあり，金沢の繁華街まで徒歩5分という好立地である。兼六園という全国的に知名度の高い観光地から歩いてすぐという条件は，観光客にも便がいい。この美術館は建物からして他館との違いが鮮明である。形は球体で，外はすべてガラス張りである。どこかに立派な正面入口があるという従来の美術館の作りとは異なる。非常に開放感があり，外からなかの様子が丸見えである。このような建物の形から，この美術館は愛称で「まるびぃ」と呼ばれている（上空から見ると円形のため）。

　この美術館は4つのコンセプトを掲げて活動している。「①世界の『現在（い

第 11 章　魅力ある文化施設づくり　225

図表 11 − 7　金沢 21 世紀美術館公式サイト

出所：https://www.kanazawa21.jp/ より引用　アクセス 2018 年 1 月 19 日。

ま)』とともに生きる美術館，②まちに活き，市民とつくる，参画交流型の美術館，③地域の伝統を未来につなげ，世界に開く美術館，④こどもたちとともに，成長する美術館」[3] の 4 つである。この節では，②と④のコンセプトが実際にどのように実現されているのかを紹介したい。

(1)「まちに活き，市民とつくる，参画交流型の美術館」

　この美術館を市民に根付かせるための工夫は，実は開館前から行われていた。1996 年に美術館建設準備事務局が設立されて以後，美術館等構想市民フォーラムの複数回開催，市民芸術村にて金沢 21 世紀美術館収集作品展の開催 (2001 年)，美術館工事現場市民見学会を合計 10 回開催 (2003 年)，そして同年には「市民美術の日」を設定し，まちなかミュージアム月間 (9 月 25 日〜10 月 18 日) を設けている。行政が一方的に決定した政策をトップダウンで街に落とすのではなく，このように市民にできる限り美術館準備の初期段階から関わってもらい，内容・コレクションを知ってもらい，どのような美術館を目指すべきかを共に考えていくという，一連の準備のプロセスが重視されたことがわかる。まさに参加交流型の美術館は，その誕生過程から市民参加型の流れをたど

ってきたのである。
　開館以後の市民との関わり方としてあげられるものは，市民ギャラリー・シアター・茶室の一般利用，友の会への参加，あるいはボランティア活動があげられる。また，地域，とりわけ地元の商店街との連携が特徴的である。これは金沢能楽美術館と共同で実施する「アート de まちあるき」というプロジェクトで，近隣の11の商店街と協力し，商店街のショップ情報を来館者におしゃれなマップで提供している。各ショップに展覧会の半券もしくは友の会会員証を提示すると割引サービスを受けられたり，景品をもらえたりする。少し近隣を歩いてみたい，カフェでお茶したいと思ったときに，このマップは大変便利である。このように美術館にきたお客さんを近隣の商店街に招きいれる工夫は他の文化施設でも参考になる事例であろう。

（2）「こどもたちとともに，成長する美術館」
　この美術館では「ミュージアム・クルーズ」と呼ばれる学校連携プロジェクトがある。市内の小学校4年生全員を美術館に招待するというもので，毎年実施されている。学校ごとに来館した子どもたちは，ボランティアと一緒に5～6名のグループに分かれて展覧会を鑑賞する。ここで重視されているのが，双方向のコミュニケーションである。ボランティアは決して答えを教えたり，何かを押しつけたりはしない。子どもたち1人ひとりの言葉に耳を傾けながら，さらに彼らの言葉を引き出すような投げかけをしていく。子どもたちは先生や家族とは違う大人と接しながら，思った言葉を素直にいきいきと口にしていく。1時間ほど鑑賞をした後，再集合して学校に帰っていく。子どもたちが手にもっているワークシートには，「リピーター招待券」がついており，その券を持参した子どもは次回以降，無料で入館できる。子どもたち自身が家族や友人を連れて美術館に戻ってきて欲しいという願いがこめられている。このプロジェクトをきっかけに，市内の小学生は全員4年生のときに必ず一度は美術館を訪れているのである。彼らが成長して，何年かしたらまた戻ってくるかもしれない。年に何度も足を運ぶ美術館のファンになってくれるかもしれない。そ

のようなさまざまな可能性を秘めたプロジェクトである。

　この他にもこの美術館には託児室と授乳室の設備がある。乳幼児を連れた大人に配慮した設備ではあるが，それ以外にも乳幼児の段階から美術館の建物と雰囲気に親しんでもらうという役割も果たすだろう。静かに落ち着いて鑑賞したい親も，このような設備があれば安心して展覧会を楽しむことができるに違いない。

　金沢21世紀美術館は，国内外から視察団が訪れるほどに成功した文化施設といわれている。市民とともにあり，地域に根差していることや，子どもの成長をサポートするアート活動などをみても，そのコンセプトを見事に体現している。このように，美術館もいま，大きく変わってきているのである。

　金沢21世紀美術館ホームページ
　　http://www.kanazawa21.jp/index.php

4．世界級ミュージアムの運営―大英博物館（英国ロンドン）

　ロンドンの博物館といえば，大英博物館（The British Museum，以下BMと略す）を思い浮かべる人が多いだろう。BMは2016年に約640万人の入館者があり，

図表11－8　British Museum

出所：http://www.britishmuseum.org/visiting/opening_times.aspx より引用
　　アクセス2018年1月19日。

10年連続で英国一の集客スポットとなっているという[4]。日本の主要な博物館として，東京の上野にある東京国立博物館の場合，2017年は年間に約190万人の入場者数であった[5]。BMは実に東京国立博物館の3倍強の集客力をもっているといえよう。

　BMは1753年に設立され，1759年1月15日から一般公開された。今から約260年前のことになる。BMの収蔵品はハンス・スローン卿という医師が世界中から集めた71,000点にのぼるコレクション（美術品，工芸品，植物標本など）がもとになっている。BritishなMuseumといっても，イギリス国内のものに限った博物館ではない。イギリスに留まらず世界中の地域から集められた人類の遺産が収蔵されている。特に有名なのは，エジプト古代文字のヒエログリフの解読を可能にしたロゼッタ・ストーンや，ギリシャのパルテノン神殿を飾った大理石の彫刻群があげられる。他にも，欧州では最大級の日本美術コレクションをもち，埴輪や仏像，掛け軸，浮世絵をはじめ，戦後のポスターや写真集など，古代から現代までの日本美術の作品群が幅広く集められ保存されている。

　BMになぜ多くの人が集まってくるのだろうか。普段，地元の博物館や美術館に足を運ばない人々が，ロンドンに来るとBMに行きたいと思うのはなぜだろうか。世界的に有名だから一度は行ってみたい，どんなところなのかを自分の目で確かめたいという考えをもつ観光客が多いのだろう。その動機は世界遺産や文化遺産を見に行きたいというものと似ている。ところが，せっかくきてくれた来館者に対して，これまで多くの博物館は「来るものは拒まず，去るものは追わず」のポリシーで，来館者にサービスを提供する，あるいはもてなすという考え方をもたなかった。しかし近年，この考え方は大きく変わり，来館者に満足して帰ってもらうために，博物館は居心地のよい環境づくりに力を入れるようになったのである。長い歴史をもつBMにおけるサービスから，現代の博物館に求められる来館者（顧客）対応について紹介したい。

（1）ガイドブック，館内マップ，案内所の充実

　ロンドンには欧州や米国をはじめ，世界中の人々が観光やビジネスで訪れる。その世相を反映し，BMの来館者の国籍も実に幅広い。来館者の使用言語もさまざまである。かつては英語とヨーロッパ言語を中心に出版されていたガイドブックも，日本語，中国語，ハングルを含め，現在は7カ国語以上で出版されている。館内マップも多言語で用意されており，正面入り口そばのインフォメーション・デスクには数カ国語で対応のできるスタッフが詰めている。

　実は，来館者が博物館にきて最初に知りたい情報は，ロゼッタ・ストーンがどこにあるかよりも，トイレと出口の位置だといわれている。この2つを押さえておかないと安心して見てまわれないそうだ。確かに，出口のわかりにくい迷路のような薄暗い展示室に入った場合，見学中も頭では常に「出口はどこだろう」と考え続けてしまう。これでは，肝心の展示物も目に入らない。博物館はなるべく早い段階で，来館者に知りたい情報を提供し，安心しリラックスした状態で展示を見てもらうための気配りが必要なのである。

　ほかにも，子連れの家族であれば，お弁当を広げられる場所が知りたいかもしれない。あるいはベビーカーを預ける場所を探しているかもしれない。このように，来館者のニーズは多様である。BMでは正面入り口から入ってすぐにあるグレート・コートと呼ばれるフロアに案内所，複数のお手洗い（車椅子用も含む），カフェ，ショップが集結している。歩き疲れている人は少し休息を取ってから見学に行くことができる。このような配慮が，ミュージアムには求められているのだ。

（2）レストラン＆カフェ

　1日に約1.7万人の人がやってくる場合，必ず問題となるのが食べる場所の確保である。ロンドンの中心部にあるBMの場合，付近にも小さなカフェやレストランはたくさんあるが，やはり時間的に制約されている観光客には館内で済ませたいと考える人も多くいる。そのニーズに合わせて，BM内には食事を取れるレストランとカフェが合計4カ所ある。しかも本格的なフルコースが

楽しめる高級なレストランから，セルフサービス形式で気軽に食事ができるギャラリー・カフェ，軽食と飲物を中心に提供するコート・カフェまで用意されている。BM が夜間にオープンしている金曜日は営業時間を延長し，レストランでディナーを午後 8 時半まで楽しむことができるのである。

　このように，グレード別に飲食設備を用意することにより，本格的なフルコースで顧客の接待に使いたい来館者から，気軽にサンドウィッチで食事を済ませたい来館者のニーズまで幅広く応えられるようにしている。また，自宅からランチパック・お弁当を持参した家族連れなどには，平日は学校団体のランチルームとして使われている大きな部屋を開放している。なお，飲食設備にはベビーチェアが用意してあり，車椅子対応も可能となっている。さらに，BM は会議室や講堂，舞台設備などを有料で貸し出しており，学会や会議を開催した際のケータリングにも応じている。

（3）ミュージアム・ショップの設置とその特徴
　多くの人々は観光地に出かけたり，テーマパークに行ったりしたときには，帰り際にお土産を購入するものである。そこを訪れた証となるような記念品や誰かへのお土産を買う場合もあるだろう。BM にはミュージアム・ショップが複数個所にあり，これも扱う商品とグレード別に分かれている。1 つにはブックショップがある。ここには展覧会の図録やコレクションに関連する専門書から，すぐその場で役立つミニガイドブックまで，幅広い分野の書籍を用意している。そして残りの店舗は主におみやげグッズを扱う。コレクションズ・ショップとカルチャー・ショップと呼ばれる店はジュエリーや装飾品，精巧なレプリカなど比較的高価なお土産をはじめ，手頃な絵葉書やハンカチ，BM パッケージのお菓子といった一般的な土産物を扱う。ファミリー・ショップは主に学校団体や修学旅行，家族連れで来館した子どもたち向けのもので，ペンや消しゴム，マグネットといった数百円程度のものを中心に商品を揃えている。

　このように，世界的に有名な BM も来館者へのサービスを重視するようになってきた。これはコレクションの研究，保存，収集が何よりも大切で，それ

を見せる展示や教育普及事業は二の次という旧来の博物館の姿勢と体制が大きく変わってきていることを物語っている。研究や保存事業を円滑に進めるためにも，来館者の満足度に意識を向けて，サービスを向上させながら展示やショップなどを上手く運営し，博物館を財政的に成り立たせることが現代の世界中のミュージアムに求められているのである。

　大英博物館ホームページ

　　http://www.thebritishmuseum.org/

第4節　魅力ある文化施設のあり方

　第3節で取り上げたどの事例にも共通していることは，魅力ある文化施設として自分たちの本分を大切にしながらも，「外に開いていく」努力をしていることであろう。文化施設を外に開いていくためには，外からやってくる見学者や来館者の声をその運営に反映させなければならない。人々は何を求めてその施設にやってくるのか，施設に到着してから彼らはどのように行動し，何のサービスを求めているのか。どのようなサービスを提供すれば，彼らにその施設で過ごす時間に満足してもらえるのかということを真剣に問うようになったのである。観光業やサービス産業では当然とされている顧客満足度を意識することが，ここ数十年の間に文化施設にも広まってきたと考えられよう。

　しかしながら，文化施設はレジャー施設とは異なる社会的役割を担っている。対象とするものが，動物であれ，美術品であれ，歴史的遺物であったとしても，それらを研究して保存（あるいは飼育）して一般に公開するとともに，次の世代に残していくという他の機関では代替できない重要な役割を担っている。つまり，純粋なレジャー・エンターテイメント施設となってしまうのは，博物館にとり，本来の存在意義からはずれてしまうのである。たとえば，テーマパークは，人々を楽しませる，幸せな気分にさせることを目的に運営されている。ゆえにテーマパークは人間社会が抱えている環境問題，経済的格差などの問題を扱うことはしないし，する必要もない。

しかし，博物館や科学館あるいは動物園といった文化施設は，人間の根源に関わる問題と対峙し，それを人々に訴えかけていく立場にあるのだ。具体的に言えば，第2節で紹介した日本科学未来館は環境問題とそれに対応した科学技術に関して展示で取り上げている。あるいは旭山動物園のエゾシカのコーナーでは，解説パネルでエゾシカによる北海道の農場への食害に関する問題が紹介されている。近年，気候の温暖化で，無事に越冬するエゾシカが増加し，個体数が増えすぎたことから，食糧不足に陥ってしまった。そのため人里に出没して農作物を荒らしてしまう。それを防ぐために人々は電気柵を山と畑の境に立てていく。このような問題が現実に起きていることを取り上げることで，野生動物と人間が共存することの難しさを訴えているのである。

魅力ある文化施設は，人間の抱える諸問題に明るく光を当て，照らし出す役割ももっているだろう。たとえば，現代アートは人間の心が抱える闇や戦争といったテーマを扱う作品もある。このような作品を理屈からではなく，1人ひとりの感性で受けとめ，仲間と共に作品を味わいながら，作家が込めた思いに共感するといった場を，美術館なら作れるだろう。

文化施設は，レジャー・エンターテイメント施設とは違う「魅力」と「メッセージ」をこれからも広く社会に向けて発信していくことが求められている。その魅力は時に観光客をひきつけ，その地域を経済的に潤すことにつながる。これからの文化施設には，研究の領域とサービスの領域の両輪をバランスよく運営していくことが必要である。それが両立して，はじめて「魅力ある文化施設」が実現するといえるだろう。

第5節　おわりに

この章では国内外の動物園，科学館，美術館そして博物館を取り上げながら，近年大きく変わりつつある文化施設の取り組みについて紹介してきた。何をもってその施設の「魅力」とするかは，実際に行って自分の目で見て確認して欲しい。この章で取り上げた施設は，何千，何万とある文化施設のほんの一例に

過ぎない。しかも著者の視点からその魅力の一部を紹介しているだけである。同じ展示あるいは展覧会を見ても，1人ひとりの受ける印象や理解する内容が異なることはすでに学術的に認められている。つまり，博物館や美術館，動物園での体験は，誰一人として同じものにはならないのである。ぜひとも自分で魅力ある文化施設を見つけて欲しい。1人で行くのもよいし，友達や家族と話しながらグループで鑑賞してみても，また違った面白さを味わえるだろう。そして，その施設がどのように魅力ある施設づくりをしているかを考えて欲しい。

【ディスカッションのための問題提起】

1. 30年前，10年前，現在とでは，文化施設の活動内容がどのように変化しているだろうか，考えてみよう。誰に向けた，どんなイベントが行われているだろうか。
2. 各文化施設はそれぞれの魅力を発信するために，どのような工夫がさらに必要だろうか，考えてみよう。訪日観光客に向けた工夫としては，何が求められるだろうか。
3. 文化施設は観光産業とどのように関わっていくことが望ましいか考えてみよう。

【注】

(1) トリップアドバイザー　プレスリリース，2017年10月5日
 (http://tg.tripadvisor.jp/news/wp-content/uploads/2017/10/171005_TripAdvisorPressReleasev2.pdf　アクセス：2018年1月19日)。
(2) http://www.miraikan.jst.go.jp/aboutus/　より引用（アクセス：2018年1月19日）。
(3) http://www.kanazawa21.jp/data_list.php?g=11&d=1　より引用（アクセス：2018年1月19日）。
(4) British Museum, British Museum Review: 2016-17, p.4.
(5) 独立行政法人国立文化財機構「平成29年度独立行政法人国立文化財機構概要」，2017年，p.5。

第12章

国際観光とインタープリテーション
―地域住民の手で観光振興―

第1節　インタープリテーションを利用した地域の観光振興

1．地球上のヘリテージの保全保護とインタープリテーション

　地球誕生から46億年の歴史のなかで，海や陸の森林，河川，湖沼等で生活する生命活動をはじめとする有機的環境，さらにそれらを取り巻く地質や気候などの無機的環境，これらすべての生態系のつながりとそれらが生み出す恩恵によって，人間の生命は育まれてきた。二酸化炭素の吸収源そして酸素の生産者としての植物は，これを科学技術で再現する膨大なコストに比して，豊かな自然環境を持続的に維持していくことだけで十分に無償でその役割を果たし続ける。人類の発展と日々の生物の生命活動にとって自然環境はなくてはならない存在であり，地球上のどの場所においても，後世に持続可能な形で引き継がれていくべき，地球の財産である。さらにこのなかで人間は自然環境に適応し，地上や地下のエネルギー資源を利用し，植物を利用して農作物への品種改良を行い，さらに動物の家畜化等によって，生活の衣食住と文明社会の基盤を築いた。この過程において，地域固有の文化や生活慣習が生まれた。自然環境をめぐってつくり出されてきたものは，これからも生き続けていくべき私たちの生活の精神的肉体的基盤を支える存在であることは，長い生命の歴史の経験から誰もが疑いようのない事実である。

　インタープリテーションは，人類の財産であるこれら自然環境や文化，生

活慣習等の遺産（ヘリテージ：Heritage）の価値に対する深い理解を得る活動であり，この活動を行う人々は特にインタープリターと呼ばれる。1988年に設立されたインタープリター育成の中心的役割を担う機関で，アメリカやカナダ，さらに他国の5,000人以上のメンバーを有するNAI（National Interpreters Association：米国インタープリター協会）によれば，「インタープリテーションとは，観衆（受け手）の興味と資源に本来備わっている意味との間の感情的で知的なつながりを作り出す社会的使命感に基づくコミュニケーションの過程である。」[1]と表現する。NAIでは，「地球上のヘリテージである，自然環境とそれにちなんだ文化の多様性の価値を重んじ，これらを伝達することで人々をつなぎ，持続可能な発展が求められる地球のために意味ある役割を持って活動をしている」[2]と述べている。インタープリテーション活動は，インタープリターがあらかじめ習得した相手に理解を得る特殊な技法を利用しながら，わかりやすい伝達によって情報伝達が行われる。その結果，参加者のヘリテージに対する興味や関心が高まり，かつ，それに対する知識や経験も深まることで，参加者の生活に新たな視点が生まれることにつながる。さらにこの結果，インタープリテーションを受けた人々自身の視野や考え方や知識の世界観が広くなることで，心豊かに生活できることが促される。これらの一連の流れがヘリテージの保全保護活動を生み出し，持続可能な地球環境の発展につながっていくのである。インタープリテーションが地球上のあらゆる場所で展開されるならば，私たち人類と地球は良好な関係が維持され続ける。

2．旅行のニーズの多様性

　世界の海外旅行者数は，国連世界観光機関（UNWTO）によれば，国際観光客到着数の長期予測値で，2020年時点の海外旅行者数は14億人，2030年時点の旅行者数は年間18億人に拡大するとしている。そして，日本国内への外国人観光客（インバウンド）は，2017年も前年比＋16％の2,800万人程度と堅調に推移し，この訪日ペースが続くと，2020年の訪日外客数は，政府目標の4,000万人に到達する計算になると予測している。この拡大する外国人旅行者

の動きは，観光に対するニーズの価値観の多様化，かつ観光に求める質的変化にもつながっている。観光客の旅行のスタイルは，たとえば，物見遊山やショッピングで有名な地をめぐることに価値をおく外国旅行新規参入者ともいえる主に開発途上国の上中流層のスタイルや，バカンス長期休暇を利用して暖かい場所で日光浴や休息を取ることが目的の西欧型のスタイル，自分たちの日頃のストレスを発散するための贅沢三昧なグルメやショッピング，エステ等で自己充足型を求める日本人に多く見られる観光スタイルなどさまざまである。さらに，近年の旅慣れた旅行者のスタイルは，従来の形では満ち足りず，旅行先で精神的な充足が得られる，もしくは，旅行先での出会いを期待したり，出会った相手と喜びを共有できたり，さらには自分が関わったことで訪問先の利を生み出す体験を得たりできる観光スタイルを志向する傾向が見られる。これは，ニューツーリズムと呼ばれる観光スタイルとされ，多様でサステイナブルなスタイルが生まれている。どのスタイルも，訪問する地域の住民やヘリテージの利につながることがその目的に含まれている。

3.「自己充足＋旅先の出会い＋喜び共有＋地域への貢献」を志向する観光客

先に述べた近年の旅慣れた旅行者のニューツーリズムのスタイルは，「モノ消費」でなく「コト消費」と呼ばれ，「自己充足＋旅先の出会い＋喜び共有＋地域への貢献」と表現できよう。このスタイルを志向する旅行者による動きや，地域のこれらのツーリズムに関するプログラム運営上でのニーズに連動して，インタープリテーションを導入したプログラムづくりが求められている。この旅行者が目的地に求める価値には，それぞれの訪れた地域で大切に守られてきたもの，つまりヘリテージ（自然環境・文化・生活慣習等）を知ることや，それに関する人や対象に触れ合うことにある。彼らはヘリテージにまつわる発祥のストーリーを知り，実物の遺産を見て知り，また伝統工芸や農山漁村の地場産業を体験することで，自分たちが今まで生きてきた世界と異なる世界の価値観に触れ，新たな生活の視点を発見し，知的好奇心が向上したり，出会いを喜ん

だりするなかで精神的な充足を得ている。このような旅行者のスタイルは，西欧ではアグリ・ツーリズムやルーラル・ツーリズムといった，農村や地方を訪問滞在するツーリズムが古くから発展していることや，先述した発展途上国の中上流層や日本人のようなスタイルの人々の一部も，旅慣れて，かつ目先の自己欲求の充足に飽き足りると，やがて行きつく未来のニーズとも考えられる。今後ますます注目されるべき観光スタイルとなる可能性が高いといえる。

第2節　地域におけるインタープリテーションのニーズ

「自己充足＋旅先の出会い＋喜び共有＋地域への貢献」を志向する旅行者を受け入れるために，インタープリテーションプログラムを導入するには，その地域が観光に対してどの程度の経験があるのかによって，考え方や取り組み方法が異なる。観光に対する経験とは，1.近くに有名観光地がないが，自分たちでこれから観光地にして地域を盛り上げようとする場所，2.観光地の隣で観光業の恩恵を受けない場所，3.もともと観光地として有名であったが，観光のあり方を見直す必要性に迫られている場所，このような3つのスタイルに分類できるだろう。1.については，旅行者を受け入れる観光地としてのインフラ（アクセスする公共交通機関や公衆トイレ，駐車場等）や，地名の認知度，地域住民の観光に対する意識のばらつき等，観光に対する基盤から取り組む必要がある。少なくとも，困難すぎないアクセス方法や公衆トイレを整備することから始めなければならず，インタープリテーションプログラムの導入をいきなり行うことは難しいと考えられる。3.については，たとえば山梨県北杜市の清里，静岡県熱海市の熱海，栃木県日光市の鬼怒川等があげられる。ここでは観光地としてのインフラが整っており，宿泊施設の老朽化対策や新たな価値観の付与が実現されることで観光地としての息を吹き返す。この対策のなかで1つの新たな価値観作りとして，インタープリテーションプログラムの導入は有効であり，清里では清里高原に視野を向けた自然観察ガイドの導入など，現在までにも取り入れられ成功している手法である。2.は，観光地として有名な地であっても，

その名前をもっている市町村すべてが対象ではなく，一部のエリアだけが観光地でにぎわっている場所の事例である。2.の特徴としては，有名観光地の隣でそもそも隣の観光地の有名さには追いつけない地味さがあるため，そこを利用しつつ，そこから一歩抜け出してくる観光客を誘引しようという試行錯誤が展開されている。ここでは観光のインフラには1.ほどには不自由しないなかで，3.とは異なるすでに有名となった出直しではなく，有名観光地の隣とはいえ認知度がないことからの新たな出発の発想での魅力の演出が求められる。隣の有名さに負けない魅力を演出する方法を考えることは，日頃，隣の有名観光地からの有形無形な影響を受けている地域住民にとって問題意識や関心をもってもらいやすい。さらに，アクセス方法としても，隣の有名観光地には立地条件の良さの条件も併せもっており，ここでは，2.の観光地の隣で観光業の恩恵を受けない場所を考え，インタープリテーションのプログラムを導入する方法が検討されやすいといえるだろう。

事例1　岐阜県高山市

　日本国内にある岐阜県高山市を考えてみる。高山市は2005年2月に近隣9町村と合併し，東京都とほぼ同じ面積を有する日本一広大な基礎自治体であり，ミシュランの旅行ガイドでは，日本国内では京都，奈良，東京，日光と並び，これらと高山市だけが三つ星にランクされている（三つ星の意味は，「ミシュラン・グリーンガイド・ジャポン」改訂版によれば，「わざわざ旅行する価値がある」という場所の意味）。ミシュランによれば，高山市全体が選ばれているはずなのだが，訪日外国人および日本人ともに観光客でにぎわいを見せるのは，合併前の旧高山市の古い町並など一部エリアに限られている。このエリア内で古い町並や春と秋の日本三大美祭となっている高山祭にちなむ展示を見て，歴史のある酒蔵に立ち寄り，飛騨牛寿司や高山ラーメンに舌鼓をし，温泉に入って宿泊し，朝市で地元の食材をながめ，高山でのアクティビティを終えてしまう観光客がほとんどである。コンパクトなエリアで充実した観光ができることも人気の1つであるが，広大な高山市には少し足を伸ばせば，まだ多くの魅力的な観

光の要素を有している。高山市には，奈良時代の大化の改新の租・庸・調制度の導入によって，米等を納めることを免除してもらう代わりに，優れた木工技術をもっていた大工を差し出し，都の人はこの人たちを総じて「飛騨の匠」と呼んだ歴史がある。高山には「飛騨の匠」の木工技術があり，優れた技術で作られた家具が有名で，家具の工房をめぐる観光ができる。また，乗鞍岳や乗鞍山麓五色ヶ原の森，新穂高など自然豊かな山岳観光の起点ともなっており，ロープウェイを使って気軽にワンデーで自然散策もできる。めずらしい高山植物や春植物の群生地，桜の見所も多い。最近では，それを目当てにやってくる外国人旅行者も増えつつあるが，その受け皿となるプログラムが不十分である。さらには，農業も盛んで，トマト，ホウレンソウ，赤カブ，飛騨リンゴ，飛騨牛等の生産高が高いため，農業体験と地域住民とのふれあいを目的とするグリーン・ツーリズムのプログラムが充実されるならば，中心部から抜け出した農家民泊の可能性も広がる。他にも保養地としてふさわしい温泉郷，釣り，スキー場もあり，あまり知られていない魅力的な観光対象が多くある。また，朝日町や野麦峠で有名な高根町には温泉と宿泊施設も存在するが，足を運ぶ観光客は少ない。またここには限界集落が数多くある。これらの地元住民はミシュラン三つ星の恩恵を受けておらず，同じ高山市でも有名観光地の恩恵を受ける地域に格差が生じていることも否めない。

事例2　インドネシアバリ島

　インドネシアの国際観光島のバリ島でも，同様の点があげられる。インドネシア国家の経済活動を牽引する1つの要因は観光業であり，観光部門は経済全体の約4％を占め，インドネシアの国内総労働人口のほぼ9％が観光分野で採用されていると推測されている（インドネシア中央統計庁）。そもそもは政府主導の政策で観光業に最も力を入れることとなったバリ島であったが，経済発展著しい首都ジャカルタを上回る外国人訪問客を獲得し，独自の発展を遂げ世界有数の観光リゾート地の地位を築いている。2014年発表のバリ州中央統計局による職業人口結果によれば，バリ島での職業に就く人々は約230万人（バリ島

の人口：約390万人），事業部門別で最も従事者が多いのは，貿易，ホテル，飲食部門の約63万人で職業人口全体の27.6％．現在では，バリ州の収入の3分の2を観光業が占めている．次いで農業で，農業，林業，水産部門は約54万人で24.0％を占める．だが，2016年2月までのこの部門の労働者の数は10％減少していると報告された．バリ島での主要な産業の1つは農業でありながら，観光業に流出し年々減少している．これは，地元住民の生活を見ると，観光業への就労人口の集中が島の持続可能な発展に有効ではない．主に島の南側に集中する観光地，つまり島の3～4分の1程度の場所が観光業主要エリアであり，残りの地域はほとんど農業が主であり，バリ島は島民による自給自足を実現している場所である．たとえば，農業が主要産業であるバリ州バンリ県バヌア村は，標高1,000m地帯に位置し，キンタマーニ高原とバトゥール湖の有名観光地に近いが，その恩恵を受けず農業の担い手ばかりが観光業への就労に流出しており，農業の維持が深刻な状況にある．村には150家族（450人）が住み，農業を営む者のなかでの水利用に対し，6つの共同体グループに分かれて活動している．勤労村人の平均収入は約1万5千円，インドネシア全体の農業平均収入は2万5千円でほとんどが平均以下の層であり，さらに村に住む家族の10％程度の世帯は月収5千円以下の貧困状況に陥る．農業では雨期と乾期で収穫量が異なるため，乾期の特性を活かした収入構造を見直し，通年収入の安定化を図る課題がある．しかしながら，若者は農業を選ばず観光業に流出し，農業に従事する村人は高齢化しており，子育て中や高齢の女性がその労働を支えている現状である．農民が品質の良い農作物の研修機会をもち，卸値の上昇に精力的に働きかけて行政を動かすことが可能な強い意見や説得力をもてるようになることが必要で，かつ農業活動に付加価値を与えることも必要とされる．農業に若者が夢を見いだせるようになる仕組みづくりが求められている．

　上述した2つの観光地は，海を隔ててまったく異なる場所に位置する．しかしながら，それぞれ世界的に有名な観光地である．抱える共通の問題は，華やかな観光地の隣にあってその恩恵を受けられていない地域があるという点である．このまま現状を維持するだけでは，観光地からの恩恵どころか負の影響を

受け，今までに築いた地域住民の生活が崩壊してしまう可能性も否めない。

　この場所では地域経済を立て直す振興策を考えることが必要となるが，従来までに限界集落をもつ地方自治体で取られている方法として，主に3つの選択肢が考えられる。1つ目は，このまま崩壊しつつある地域内で，地域行政の手によって政府の補助金や行政の財源のやりくりを行って援助を続ける。住民の税の負担増を回避しつつ行政の人件費も削減し，農業設備の補助や，高齢化する地域の人々を支える役割を担う福祉人材の投入，医療の充実もしくはIT活用しながら現状維持し，これ以上，深刻化しない対策を取る。これはほとんどの同じような小地域で取られている。2つ目は若者の定住の促進で，定住者への家賃無料や仕事の斡旋等のインセンティブを強化した対策を進めることにある。3つ目は交流人口の増加対策である。これは，その地域へのアクセス方法の整備，対象地域の伝統産業や特徴的な農産物海産物を用いた魅力づくり，地域のヘリテージの見直しと新たな名物作りによって，地域を訪れる人々を増やす対策を進めること等である。

　1つ目の対策については，現状維持をしていく必要があるが，2と3の対策が良好に展開することで，方法論を見直すことができる経済的人的余裕が出ることにもつながる。2と3については，2を展開しながら3が進行することでその地域の魅力度が上昇し，2はその成果としてついてくることになる。つまり，3への取り組みが重要な役割を担うことになる。3つ目の交流人口の増加の1つの鍵を握るのは，観光対策といえる。対象地域へのアクセス対策については，隣の有名観光地をつなぐバス等の公共交通機関を整備するなどの必要があるが，何時間もかかる距離があるわけでなく，数十分程度の移動となるために，行政の対応もまったく不可能ではなくなる。そしてここには，旅先に求める多様な価値観をもつ，先に述べた，「自己充足＋旅先の出会い＋喜び共有＋地域への貢献」を志向する観光客がターゲットにふさわしい。つまり，ここでインタープリテーションプログラムを導入して，それを実現する対策を考えることがその選択肢の1つとなってくる。インタープリテーションの観点からプログラム作りを考えると，伝統産業はカルチャー・ツーリズム，これに食と街

歩きが入ってくるとガストロノミー・ツーリズム，温泉が加わると温泉ガストロノミー・ツーリズムとなる。農産物海産物を用いたものはグリーン・ツーリズムに，地域のヘリテージに着目するとエコ・ツーリズム，ジオ・ツーリズム，サステイナブル・ツーリズム等にあてはまる。それぞれのツーリズムのなかにインタープリテーションを取り入れて企画することが可能で，それぞれの対象についての発祥のストーリー，地域住民の思い，存在価値，対象をめぐる地域の抱える問題点や課題等が紹介されることになる。さらに，対象との関係が近くなるような食やものづくり体験が含まれることで，より身近な存在として旅行者の心のなかに留まり魅力を高めることにつながる。

第3節　インタープリテーション活動の取り組み方

　有名観光地の隣で交流人口の増加をめざして，インタープリテーションのプログラムを導入し活躍している3名の事例を紹介しよう。ここでは，インタープリターが対象とする地域に対して，どのような考え方の姿勢をもって成功につなげているかに注目する。具体的には，下記の点について筆者がインタープリテーションの各専門家に尋ねている。

イ）取り組む現場の数
ロ）伝達している内容
ハ）インタープリテーション活動を超える活動内容
ニ）インタープリテーション活動展開方法

① 　一般社団法人エコロジック　代表理事　新谷雅徳氏
　　国際エコツーリズムコンサルタント，国際インタープリテーション・トレーナー，日本エコ・ツーリズム協会理事などの経歴をもち，静岡県富士宮市の富士宮浅間大社そばに「縁や」というインフォメーション＆アートギャラリーを設置し，そこを起点に富士宮や富士山の魅力を紹介しながら，地域

のインタープリターの育成も行っている。

② (株) 生態計画研究所　早川事業所 所長　大西信正氏

　株式会社ピッキオ　インタープリター，特定非営利活動法人 早川エコファーム　副理事長，日本上流文化圏研究所　理事，ニホンジカの 20 年以上にわたる研究者などの経歴をもち，現在は山梨県南巨摩郡早川町の南アルプス生態邑所長でインタープリターを育て，自らもプログラムを企画・実践している。

③ (株) ピッキオ　インタープリター　井上基氏

　公立高校の理科教師を辞め，世界一周の旅の後，現職に。軽井沢を拠点に野生動植物の調査研究および保全活動を行うとともに，自然の不思議を解き明かすエコツアーや環境教育を行っているエコ・ツーリズムの専門家集団のピッキオの一員として活躍している。

イ）取り組む現場の数について

　図表 12 − 1 は，インタープリテーション活動の現場とそのメリットについて尋ねた結果である。インタビューを行うにあたり，担当している地域を「現場」と表現している。インタープリテーションの活動で「現場」という言葉を使う場合は，自らがそのヘリテージに関連する精通した知識や経験をもっている場所，という意味合いをもつ。インタープリターとして活動する場合には，地域住民と一体となって自然や地域経済について考え，インタープリターは地域を良く知り，ヘリテージと地域住民やインタープリテーションプログラムの参加者と地域住民，さらにヘリテージをめぐる地域住民と行政の橋渡し役，といった地域活動のコンサルタント的な役割も担うことから，地域住民によるインタープリターへの理解が，活動において非常に重要となる（深見，2009）。このため，この「現場」を多くもつには大変な労力と精神力を必要とし，いくつももつことは難しい。しかしながら，集中できる自分の「現場」を有している

図表12－1　インタープリテーション活動の現場とそのメリットについて

	現場の必要性	インタープリテーション実践現場	現場を有しているメリット	普段は関わらないが頼まれて対応した現場
①新谷氏	必要（すでに持つ人と連携で必要ない場合もある）	静岡県富士宮市・米国ハワイ州ハワイ島	ヘリテージ以上に地域住民という人が財産があるため。地域と連携するということにやりがいが見いだせるため。現場のリアルな動きを語ることができ、これは参加者の満足度につながるため。また、それを語ったときのその場その場での参加者のリアクションの蓄積ができることで、より満足度の高まる配慮ができるようになる	海外で頼まれたフィールド多数現地に案内人がいてそのフォロー役
②大西氏	必要	山梨県早川町全域、宮城県石巻市金華山島、長野県軽井沢町野鳥の森周辺	インタープリテーションの目的を考えると現場にどのように貢献できるかが課題になる。現場の自然や文化は常に変化をしているため、それをモニタリングしないと深く意味のあるインタープリテーションができないので専門の活動現場が必要／それぞれの地域に合わせた対象物やエリアの保護保全や地域振興に貢献できる／本質的なことを学ぶことができる。真理の追究も／変動する地域資源に対してアプローチできる／特定の活動現場をもつことにより、地域住民との深い関係性が作れ、さらに地域住民へのインタープリテーションを行うことによって地域資源などの価値について再発見できるようにもなる	長野県：霧ケ峰高原、大町市国営アルプスあづみの公園と周辺、山梨県：南アルプス市櫛形山と県民の森、生物多様性センターの森、南アルプス市広河原園地、復興国立公園に関わる4つの地域：岩手県久慈市周辺・岩手県山田町・宮城県唐桑半島・福島県相馬市松川浦
③井上氏	必要	長野県軽井沢町野鳥の森周辺と浅間山周辺	地域の子供たちへの誇りとなるヘリテージをまもることができる。納税者としても地域に間接的に貢献できる	なし

　専門家のインタープリターでさえも，未だに日本では貴重な存在と言わざるを得ない。今回インタビューを行った専門家の方々によれば，インタープリターは，自ら1～3つの「現場」をもつことができ，その現場の観光振興の促進に大きく貢献していることがわかった（図表12－1の現場を有しているメリットについては，後述のハ）ニ）で触れている）。

　一方，②大西氏によれば，「他の場所でインタープリテーションを行う場合は，地域それぞれにもつ自治の法則を意識しながら，地域の資料や住民の方の聞き取りなどの時間を要する」と述べていることで，その事前準備の大変さがわかる。インタープリテーションの専門家として認知されるようになると，突然に頼まれる精通しない場を担当せざるを得ない機会も多い。また，ボランティア活動におけるガイド活動では，さまざまな場所を担当せざるを得ないこと

が多い。自然・地質・街歩き等のさまざまな解説ガイドの資格制度によって、資格の所持によって頼まれる場所もさまざまで、ここで述べている「現場」をもっていない一時的なガイド活動を行う人々が多いのが、現在の日本の実情である。

ロ）伝達している内容

図表12-2は、インタープリテーションの伝達内容を尋ねた結果である。本質問を尋ねた意図は、インタープリターの専門家がどのような種類の情報提供を行っているかを詳しく知るためである。この理由として、日本では、インタープリテーションの導入時から、エコ・ツーリズムへの着目と連携したネイチャーガイド（自然解説員）という概念が強かったことにある。1992年の環境庁の検討会では、インタープリターの資質として、ナチュラリストであることを一番の条件に述べていた。それをきっかけとして、ネイチャーガイドは増加していった。そのガイドツアーに参加すると、植物や野鳥の種の識別を中心とした分類が非常に多かったのが現状である。自然解説では、特に種の分類ばか

図表12-2　インタープリテーションの伝達内容

	①新谷氏	②大西氏	③井上氏
自然環境全般	○	○	○
生物の生態	○	○	○
遺跡／史跡	○		
寺社仏閣	○		
歴史全般	○		○
文化全般	○		○
風土／地理	○	○	○
生活慣習	○	○	
伝統工芸	○	○	
地域産業	○	○	
地域住民問題	○	○	○
地域行政	○	○	
その他	日本文化、特に神道をテーマとする環境教育	地域振興につながる情報	

りがインタープリテーションのテーマであると勘違いしてしまいそうである。日本で活動するナチュラリストであるネイチャーガイドは，発祥の地，米国のインタープリターの資質や条件とはかなりの違いがある。たとえばインタープリターの祖の 1 人といわれるジョン・ミューア（John Muir, 1838～1914）は，当時のルーズベルト大統領のヨセミテ渓谷へのキャンプでの訪問時に，彼に自然の大切さや素晴らしさを語り，これが後の 5 つの国立公園としての制定，51 の連邦鳥類保護区，4 つの国技避難所，1 億エーカー以上の国有林を指定することにつながっている。日本で活躍するガイドはインタープリターではないので仕方ない，と言ってしまえばそれで話は終わるが，上述したさまざまなガイドの資格の内容には，話術やプログラム作りの方法にインタープリテーションの事例が出ている等，インタープリテーションの技能の要素を含んでいるものが多い[3]。インタープリテーションの要素も学んでいるのに，生物の分類だけを伝えるならば，対象現場の地域への貢献度は当然のことながら低くなる。つまりは地域，そして，ヘリテージの存在へ少しでも参加者の意識を向けていくことが必要とされる。このため，今回インタビューしたインタープリターの専門家に，インタープリターとして伝達するべき内容について，詳しく教えてもらうために質問を行った。

　インタビューでは，ヘリテージを対象としてそれを取り巻く関連内容を示し，それぞれを扱っているかどうかを尋ねた。3 名の専門家に共通している内容は，自然環境全般，生物の生態，風土／地理，地域住民問題であった。そして 2 名が，歴史，文化，生活慣習，伝統工芸，地域産業，地域行政とこたえている。つまり，自然環境に関する情報は主軸となるものの，地域への理解を見据えた情報を全員が扱っていることがわかった。ヘリテージを伝達するための特別な技能をもち，かつ地域振興の担い手となる役割のインタープリターは，地域で果たす役割が多種多様に広がることが望まれる。この結果からは，さまざまな資格の所持による地域でのガイド活動における，情報伝達内容を見直す課題が考えられた。

ハ）インタープリテーション活動を超える活動内容

インタープリテーション活動では，地域振興コンサルタントとしての役割も担うと先に述べた。これに関しては，発祥の米国での活動内容に沿うものでなく，日本独自の地域の課題が見いだされるために，現場で活躍する日本のインタープリテーションの専門家にその内容を尋ね，必要とされるコンサルタントとしての活動内容をまとめることを試みる。その活動内容については，インタープリテーション活動から派生する内容をさまざまな活動事例から想定し用意した。

インタビューの結果で注目すべきことは，3名の専門家すべてが地域住民と一緒にヘリテージの保護保全活動を行い，行政への提案も行っている点である。また，職務の違いから差があったが，地域住民と行政の橋渡しも行っている。これは，地域住民とともにヘリテージの持続可能な保全保護に向けて，責任感をもって熱心に関わっていることがわかる。さらに，①の新谷氏と②の大

図表12-3 インタープリテーション活動に付随する必要とされる活動内容

	①新谷氏	②大西氏	③井上氏
地域住民のインタープリターの養成（活動地域ではなくアドバイザーとして）	○	○	
地域住民以外のインタープリターの養成	○	○	○
地域住民のガイドツアー時のお手伝いとしての参加のシステム	○		△
インタープリテーションの対象を用いた地域活性化へのビジネス提案（商品・ソフト開発）	○	○	
インタープリテーションの対象を用いた地域活性化へのビジネス提案（プロモーション手法）	○		○
インタープリテーションの対象を主軸とした地域住民との保護・保全活動	○	○	○
インタープリテーションの対象を主軸とした行政施策への提案・委員参加	○	○	○
インタープリテーションの対象を主軸としたまちづくり計画への提案・委員参加	○	○	△
インタープリテーションの対象に対する地域住民と行政への間に立った橋渡し	○	○	
その他	エコツーリズムをめぐる産官学連携・ビジターセンター作り・観光政策のデザイン・世界共通教科書作り		地元小学生への環境教育プログラムの実施

西氏が強調していた点は，地元住民をインタープリターとして育てる重要性についてである。地域のことは住民が一番良くわかっており，インタープリテーションプログラムの参加者は，地域のことをより深く知りたい気持ちであるため，その時に接するインタープリターが地元住民であれば，理解がより深まりやすくなるためである。また新谷氏によれば，地元住民自身がインタープリターとなり，参加者からの地域について感じることを知ることによって，地域を見直し自らの愛着をより深められるという意見も得た。

ニ）地域におけるインタープリテーション活動の今後の展開方法
① 新谷氏
　地元の人々がインタープリターになる（自らはインタープリターの養成に力を入れる）ことがとても重要。地域の人々自らがインタープリターになる学びを行うなかで，地域を見つめ直し課題を発見し，その問題点を住民同士で共有できる環境を作る。つまり，どうしたら，この地域に暮らすことで皆が幸せになれるのか，意識を共有することから始め，そのためには地域への理解者を増やし，地域がにぎわうことが必要であり，インタープリテーション活動の重要性を認識する機会へと導き，住民による実践を促す。その場作りをインタープリターが手伝う。

② 大西氏
　ヘリテージの保護保全を目的とした本質的な意味合いに原点回帰したインタープリテーションに発展させるべき。観光振興や環境教育などの場面に応じたインタープリテーションの活用方法（デザイン）を日本で浸透させることが重要。さらには，インタープリテーションを行っている人々同士で，基礎概念や現場でのプログラム運営方法について，整合性が取れるような理解を深めることが重要。

③　井上氏

　若い人がインタープリターという職業に就けるように，就労機会を作る努力が必要。そのためには，現在自らがインタープリターとして有用そして有能な存在であり続け，この職業で生計を立てていく立場としてその生き方の見本を示したい。それによってヘリテージが守られていくことが実現できると，若者はインタープリテーションに夢を抱けるようになるだろう。

　それぞれの現場で日々活躍されている3名の意見から，今後のインタープリテーション活動の展開についての課題のキーワードは，「地域住民の活躍」，「インタープリテーション活動内容の整理」，「インタープリター雇用機会の充実」と考えられた。これらを実現するためには，まず，自分が本格的に関わることを想定した地域の現場に腰を据える。その手始めとして，インタープリテーション専門家自身のスキルや考え方の一定の能力を身につけ，かつ見直しを得る機会が用意されるべきである。ここではさまざまな他の地域事例を学び，かつそれぞれ抱える現場の悩みや問題を共有し，さらに活動方法の整合性をはかる機会にする。さらに，専門家同士で地域住民をインタープリターとして育てる基礎的手法の整備を行う。これを経て，現場に戻った専門家は，自らの現場の特性に合わせた形で地域住民のインタープリターを養成する。インタープリターとなった住民各自のヘリテージを紹介する活動によって，その地域の魅力を増すことにつなげていく。この時に専門家は，地域行政や地域に根付く企業，大学などのステークホルダーへ，企画や提案を行い，この活動を結びつける役割を担いながら，旅行者の誘致をはかる対策の先頭に立つ。この機会の継続と拡大によって，インタープリテーション活動に関心をもつ地域住民を生みだす。また，この時に専門家がつなぎ合わせたステークホルダーとの利害関係が一致する機会等をもつことができれば，雇用につながる可能性も生まれる。これにより，夢のある職業としての地位を得ることも実現可能となる。

第4節　地域住民がインタープリターとなって地域の観光を盛り上げる

最後に本章のまとめとして，有名観光地の隣で交流人口の増加をめざして，地域住民がヘリテージを守りながら地域の観光を盛り上げるために，インタープリターとして活躍するための課題や，インタープリテーションを用いた観光振興についてもう少し詳しく触れておきたい。

1．地域住民がインタープリターとなる仕組み―資格は必要か―

先の第3節でのインタープリテーションの専門家のインタビューのなかで，インタープリターになるための資格制度の必要性の有無についても質問を行った。これは，今まで本章で述べてきたように，地域振興に大きく貢献するためには，インタープリターは自らがそのヘリテージに関連する精通した知識や経験をもつ場である現場が必要であり，それは，インタープリテーションの内容に類似する自然解説ガイド等の資格の保持でのガイド活動ということよりも，地域住民と一緒に活動しながら臨機応変に地域振興コンサルタントとしての役

図表12－4　インタープリテーション活動への資格の必要性

	資格の必要性	その理由
①新谷氏	必要なし	資格管理団体にかかる運営コストがもったいない。ヘリテージの無形価値を伝えるための座学と現場実践のパッケージとなった資格制度であることが理想であるが，全国レベルで現場を統一できないので，個々のインタープリテーションの専門家が育てる活動をした方が良い
②大西氏	必要（資格が無いと活動できないという意味ではない）	インタープリテーションは対象物や地域の保護・保全のために必要な「理解を深め」「活動を促す」ことに貢献できるとても良い手法である。ただし，インタープリテーションは手法が必要なので，その手法を正しく理解し活用することを行わないと良い効果が得られないと考えている。そのためには資格制度を設けて，インタープリテーションで伝えられる内容と方法を正しく広めることが重要と考えるので。 また，資格制度は，他の手法と明確に分けることができるので，棲み分けを行うことができるため
③井上氏	必要なし	資格管理団体にかかる運営コストがもったいない。団体から知識があることを許可する資格が多いが，知識があるから資格がもらえるという考え方は正しくない。現場で必要なのはコミュニケーション能力であり，実践を積み，接客コミュニケーション能力を高めることが大切であるため

割を担いながらの活動の意義深さの方に重要性が見いだされたため，資格の重要性が疑問視された。このため，インタープリテーション活動を行うために，資格制度があった方が良いのかどうか専門家に尋ねた。

3名の専門家の回答からわかることは，インタープリターに必要な能力はヘリテージに関する専門知識だけでないため，主に知識を問うための資格であれば必要ないという点である。現場をもって日々実践を続けているなかでインタープリターとして重要視することは，ヘリテージに対する知識の基礎的素養は必要であるが，知識は現場の特性に応じてその場その場で補い学び増やしていくことにある。知識以上に重要な点は，現場で参加者に対応する接客コミュニケーション，提供する内容に対する参加者が発するリアクションの種類の把握，参加者の理解を深めていくためのストーリーの作り方といった，参加者の顔が見える場所で蓄積される手法にあった。さらに，資格制度を継続していくためには，事務局の設置，会費管理や試験実施等の費用がかかり，今までに多くの資格が発行されてきたが安定したインタープリターの資格は成立していないことから，意味がないのではないか，という意見を得た。①新谷氏によれば，地域住民がインタープリターとなるための仕組みとしては，資格制度は必要なく，その地域を現場として活躍しているインタープリテーションの専門家が育成制度を作り，講師となることが良い。内容としては，座学での基礎的学習と，実際に現場へ足を運びヘリテージを目前にして現物を目前にした指導を行うこと，さらには実際の参加者を連れてガイドしている様子を見せることで，説明の意味を復習できる形が良い方法であると考えられるということであった。

2．インタープリテーションを用いた観光振興

「自己充足＋旅先の出会い＋喜び共有＋地域への貢献」を志向する観光客をターゲットとして，インタープリテーションを用いて観光地の隣で観光業の恩恵を受けない地域の観光振興を行うために，必要とされることを整理しよう。まず，その地域に根ざしたインタープリテーションの専門家がいることが望ましい。しかしながら，なかなかそのような人材を得ることは難しいため，地域

住民でヘリテージの保護保全に関心のある誰かがインタープリテーション活動を学んで，専門家としてのポジションにつなげられる，先に紹介した研修機会を，行政や地域の非営利団体が用意することができると良い。これは，先の②大西氏のコメントにあるような，資格制度に近い形の役割を担う。そこからインタープリテーションの専門家が育ち，住民の意識改革を始める。つまり，地域のヘリテージを観光の主要テーマとすることに賛同する仲間をできる限り多く増やし，仲間と一緒に理解者の住民を育てる。その数の増加と合わせて，インタープリターの養成を開始する。ここからが観光振興のスタートとなる。養成された住民のインタープリターは，地域のヘリテージとなる存在のアイデアを出し合い，それぞれの見学や体験が可能なプログラムを整備する。インタープリテーションの専門家は，行政や地域に根付いた企業などのステークホルダーにプログラムを提供し，実際に行うことができるように，ヘリテージに関する利用許可，予算，広報，申し込みの仕組み，さらに駐車場やトイレの整備等をフォローしてもらうように呼びかける。この一連のシステムが整った後は，住民インタープリターの努力と，「自己充足＋旅先の出会い＋喜び共有＋地域への貢献」を志向する旅行者の出会いによって地域への理解が育っていくように試行錯誤を重ね，魅力的な観光地へと成長できる可能性を拡げていく。

【ディスカッションのための問題提起】

1. 地域のヘリテージとは具体的にどのようなものがあるか，考えてみよう。
2. 地域住民をインタープリターとして育成するためには，どのような課題があるかを考えてみよう。
3. インタープリテーション専門家のための研修制度は，どのような内容が良いか，考えてみよう。

＊本章を執筆するにあたり，一般社団法人エコロジック　代表理事　新谷雅徳氏，(株)生態計画研究所　早川事業所　所長　大西信正氏，(株)ピッキオ　インタープリター井上基氏にインタビュー協力をいただきました。誠にありがとうございました。

第 12 章　国際観光とインタープリテーション　253

【注】

（1）NAI ホームページ（http://www.interpnet.com/NAI/interp/About/About_NAI/What_We_Believe/nai/_About/Mission_Vision_and_Core_Values.aspx）より。
（2）NAI ホームページ（http://www.interpnet.com/NAI/interp/About/About_NAI/What_We_Believe/nai/_About/Mission_Vision_and_Core_Values.aspx）より。
（3）米国で発祥したヘリテージ・インタープリター（Heritage Interpreter）の役割をする者をインタープリターと呼ぶ。インタープリターは，本来はインタープリテーションの理論を理解し，かつ情報伝達に特別な技能をもつ人材を意味している。その役割に応じて，指導者，講師，インストラクター，ファシリテーター，エデュケーターなどとも称される。また，博物館での学芸員も含まれる。インタープリテーションという言葉は，意味や思想性を包含する概念であり，使用する分野をわけて導入と展開の経緯を研究し考察した事例はなく（平松, 2009），また，日本のインタープリテーションは，プログラムによる材料の使い方，内容の組み立て方，実践の方法，間合いの作法などで違いが見られるため，茶道や生け花などのような流派の違いが感じられるとも報告（親泊, 2015）されている。さらに，インタープリテーションは，注目されていない，もしくは注目されなくなった観光対象を活性化させ，付加価値を与える役割を果たす。さらに，ツーリズムを展開する場合における，マーケティングのための有効な手段として利用する価値がある（安福, 2002）ともいわれる。

【引用文献】

親泊素子「アメリカ国立公園のインタープリテーションとインタープリターについて」『江戸川大学紀要　Bulletin of Edogawa University』25, 2015 年。

平松玲治「国営公園における市民参加活動の導入と展開に関する研究」『ランドスケープ研究』Vol.74 No.5, 2011 年, pp.565-570。

深見　聡「観光ボランティアガイドの台頭とその意義」『地域総合研究』第 37 巻第 1 号, 2009 年, pp.45-56。

深見　聡「屋久島におけるエコツーリズムの実態と課題」『鹿児島大学農学部学術報告』54, 2004 年, pp.15-29。

文教大学国際学部叢書編集委員会『世界と未来への架橋』創成社,「第 8 章　観光とインタープリテーション―日本国内でのインタープリテーションの考え方と立場のあり方の考察―」黛　陽子, 2017 年。

安福恵美子「ツーリズムにおけるインタープリテーションの役割」『阪南論集　人文・自然科学編』Vol.37 No.4, 2002 年。

COLUMN 04　国際観光と地域

　観光は「地方創生」のために最重要であるという考え方がある。事実，各地で観光による地域の振興が目指されている。人々の生活とともに保全されてきた「自然・文化・気候・食」が見直され，これらを十分に活用して，地域を活性化させていく方針も作られている（観光白書：2017）。

　このような，「国際観光とともにある地域」について，どのような展開が予想されるだろうか。

　まず，旅行消費による経済的な恩恵が利点として考えられる。近年，旅行消費は伸びている。今後も，国内外からの旅行者がある場所を観光の目的地として訪れ，その地で消費してくれるならば，経済面のメリットは大きい。

　訪日外国人旅行者は，日本でどのような消費をしているのか。その費目を確認すると，2016年は買い物代が1兆4,261億円（38.1％），宿泊費が1兆140億円（27.1％），飲食費が7,574億円（20.2％），交通費が4,288億円（11.4％），娯楽サービス費が1,136億円（3.0％）であった（観光白書：2017）。これを1人当たりの旅行支出に換算すると，買い物代5万9,323円，宿泊費4万2,182円，飲食費3万1,508円となる（同）。旅行者は訪問先で，自分の普段の暮らしとは異なる「もう1つの生活」をしていることがわかる。同時に，地域では，「もう1つの生活」を支えるための仕事が生み出されることになる。

　この経済的な循環を絶やさないためには，その地域が国内外からの旅行者に注目され，親しまれる訪問先となる必要がある。それゆえ，地域的な観光施策の展開が重視されることになる。このように，観光庁が掲げる「持続可能な賑わいを有する**観光地づくり**」の取り組みが理解される。

　たしかに，その地域の観光資源を磨き上げる活動や，観光地づくりにつながるすべての地域活動は，その地域のために行われるからこそ重要である。そして，成功事例をさがし，その成功理由を調べ，共有し生かそうとする活動は，どのような地域社会にとっても大切な財産となるだろう。

このように，「国際観光とともにある地域」の利点は，工夫により豊かになる。とりわけ，観光地づくりから**観光まちづくり**や地域形成プロジェクトが芽ばえれば，利点は豊富化されるだろう。たとえば，旅行者と地域住民との交流をベースにした相互理解やコミュニケーション，地域の文化や文化財の理解・浸透，景観や食など地域的な特徴やその独自性を前面に押し出す地域ブランド，ブランド化を含みつつ進行することが多い地域の発展方針の統合，地域が発信され理解されることを通じて醸成される地域の魅力と住民の地域愛といった要素群が，関連しあいながら向上する。あわせて，これら取り組みを通じて，その地域が主体的に観光まちづくりを進められるようになる。いうまでもなく，これらが好循環する結果，地域がますます何度も訪れたい場所へと成長していく可能性が高まるといえるだろう。

こうした成果を生み出すには，観光を通じて，国内外の人々を地域に引き寄せる仕組みが不可欠である。そのため，地方自治体，観光関連企業，その他の各種組織，住民・市民といった多様な人々の協力が求められる。協力を得るには，観光がもたらす交流によってその地域の活力が維持・創出されること，さらには，その活力の維持・創出が地域社会の発展につながっていると認識されることが重要である。また，その地域で，多様な人々が「観光まちづくり」という地域プロジェクトに参加するための仕掛けが必要となる。だからこそ，人々がその場に実際に参加し，話し合いを通じて合意を形成し，そこから具体的な取り組みを進めるプロセスを欠くことはできない。

ところが，思いのほか，このような仕組みを作り，安定化させるのは難しい。各地の，観光による活性化をめぐるさまざまな悩みは，この仕組み作りと仕組みの恒常的な更新の難しさに集中しているとも考えられる。

こうした理由から，あるまちが「国際観光とともにある地域」を目指すとき，その課題は事前に十分な検討をしておくべきことがわかる。課題例を思いつくままにあげてみると，観光客増加による混雑，エネルギー・廃棄物・排水・し尿処理量の増加，マナーの違いによる地域生活（順番待ち，立ち入り，落書き，騒音，入浴ルールなど）の撹乱といった具合に，多種多様な混乱が想定される。

つまり，観光は，望ましい結果だけを地域にもたらす訳ではない。そして，課題が発生すると，その地域では，観光まちづくりの方針を意味のないもの，役に立たないものととらえてしまう可能性が高まる。地域の人々の「やる気」が低下すれば，当然ながら，観光まちづくりプロジェクトはうまく進まない。

　実際に調べてみると，たしかに混乱の結果，観光への抵抗感が生じた事例が確認できる。たとえば，有名な観光地の住宅の玄関に「観光客お断り」の張り紙があった。旅行者が勝手に庭に入って休憩をしたり，軒先で雨宿りをしたり，呼鈴がなったので出てみると「観光地に住んでどのような気持ちか」と旅行者から質問をされるなど，平穏な生活が脅かされたそうである。その他にも，旅行者の移動が慢性的な道路の渋滞につながったり，電車やバスが混雑して地元住民が公共交通機関を使えなかったりすれば，地域の人々の抵抗感は強まる。また，島嶼部では，資源の制約ばかりか，廃棄物や生活排水処理にも限界があり，旅行者の増減がそのまま住民生活を混乱させている例もある。その地域にすばらしい景観・自然・文化施設があっても，それだけを考慮して成立するほど，観光まちづくりは単純ではない。

　以上の説明から，私たちが，国内旅行も含む国際観光という現象を学ぼうとするとき，観光をより広い意味合いでとらえるべきことが明確である。観光は，常に「地域」の「生活」と連結されているからである。とすれば，地域や生活の変化を主要な論点とし，「国際観光とともにある地域」を理解しようとする視点も重要である。

　こうした発想では，地域においてますます，人々の観光まちづくり活動への参加や関与，まちづくりの方向性を定める合意形成が求められる。これらの話題は，観光と地域デザイン，観光と地域計画などのキーフレーズで検討されることが増えている。課題解決にむけ，さらなる研究が急がれる分野といえるだろう。読者のみなさんも，ぜひ，多様な観点から国際観光を論じてもらいたい。

【参考文献】

観光庁「観光白書2017年版」，2017年。
明日の日本を支える観光ビジョン構想会議「明日の日本を支える観光ビジョン」，2016年。

おわりに

　文教大学国際学部の「国際観光学科」がスタートしたのは2008年度で，観光ビジネスとホスピタリティ・マネジメントと交流文化の3領域の教育を目指してきました。2012年度に観光ビジネスと観光デザインの2領域にカリキュラム改正し，グローバル社会において観光の果たす役割を理解し，観光分野における新しい価値を創造できる能力を自ら養いつつ，観光産業をリードする人材や，観光で地域社会の創造に貢献できる人材の育成を目指して教育しています。国際観光学のテキストとしての本書は，この分野を初めて学ぶ学生さんたちに，国際観光に関心をもってもらい，国際観光への理解を深めてもらいたいという意図で作成しました。

　しかしながら初版から8年の歳月が経ち，その間の時代の変化も踏まえ，今回あらたに新版として，それぞれの章・コラムを刷新し，編集し直しました。

　これまでの目次構成は，第Ⅰ部―国際観光と観光ビジネス，第Ⅱ部―国際観光とホスピタリティ・マネジメント，第Ⅲ部―国際観光と交流文化でしたが，今回は第Ⅰ部―国際観光とホスピタリティ・マネジメント，第Ⅱ部―国際観光と観光ビジネス，第Ⅲ部―国際観光と交流文化に変えました。それぞれの部や章を若干移動させたり，章の内容を多少変更したりして，少しでも理解しやすいものにしたつもりです。

　現代社会における「観光」現象は，観光産業と観光政策と観光研究の三位一体で成り立っていると理解できます。この三位一体を理解することを通して，広義の学生さん（学ぶ人）たちを啓発するのが，観光教育の目的の1つだと考えています。今日，観光は「21世紀のリーディング産業」，「21世紀最大の産業」あるいは「世界のGDPに占める観光産業の割合は1割」などの文脈で語られています。また，観光立国日本，観光立国推進基本法の施行，観光庁の設置，観光立国推進基本計画の閣議決定，観光立国推進閣僚会議の「観光立国実現に向けたアクション・プログラム」の策定，インバウンド観光政策などの，日本の行政府による観光政策が進展しているともいわれています。

　また観光研究についても，日本で観光学を学べる大学の数も200を超え，大

学の観光系の学部・学科の設置はブームとなり，平成10年代は右肩上がりで増え続け，平成20年代には40数校を数え，総定員数も4,800人前後を推移しています。そして観光関連学会も，名称に「観光・ツーリズム」などの語を含む学会は16団体もあるそうです（データベース「学会名鑑」に掲載されているのは11団体）。そのなかで一番古いのは，1986年設立の「日本観光研究学会（JITR）」（「日本観光研究者連合」を1994年に名称変更）で，現在1,000名ほどの会員がいるそうです。そうした学会において観光に関する学術研究がなされており，11団体が機関誌・学会誌を発行しています。その研究成果として『観光学辞典』，『観光学大事典』，『観光・旅行用語辞典』，『観光キーワード事典─観光文化への道標』，『観光学キーワード』，『観光研究レファレンスデータベース日本編』も出版されています。こうしてみると観光は，21世紀の日本の，他を牽引する主要な現象になっているように見えます。

　しかし，日本の観光の実情は，果たしてそうなっているのでしょうか。三位一体としてあるべき観光産業と観光政策と観光研究は，実のところ，相互連携不在のばらばらの現象となっていないでしょうか。さらに1つひとつの現象を見ていくと，とても楽観的な展開をしているわけではないといえるのではないでしょうか。

　観光産業は，実態としての「観光産業」が存在しているわけではなく，これまでは産業分類としては存在せず，単なる包括的な名称に過ぎず，また観光産業の「産業構造」を調査する基礎データもほぼ皆無で，構造問題も見えていません。また日本のGDPにおける観光産業の割合は7％前後であり，OECDの平均値（約10％）より低く，経済効果はお寒いのが現状です。観光産業における資本の利益率も低く，投資の促進もなされておらず，労働生産性も低水準で，雇用も非正規雇用が大半（75％）と，経済の活性化とはほど遠いのが実情です。さらに，日本の観光産業は，もう1つのリーディング産業といわれている情報通信産業の動向に無頓着であり，ICT（情報通信技術：Information and Communication Technology）に弱く，ICT企業との提携が進んでいないのです。観光のICT化の推進が今後の大きな課題なのです。これは，これからの日本の観光産業のグローバル化に連動している問題です。

　観光政策についても「明日の日本を支える観光ビジョン構想会議」は，訪日

外国人旅行者数が2030年には6千万人に達すると大きな目標値が設定されていますが, 観光政策それ自体は, 上述したように, 観光産業全体の構造分析がないまま, 現状の観光制度の分析が観光政策とみなされているに過ぎません。訪日外国人旅行者の数値目標, インバウンド観光中心の政策であり, 日本人のアウトバウンド観光や国内観光に関する政策はおざなりなのが現状です。実は, 日本国内の旅行消費額の8割は, 日本人の国内宿泊旅行と国内日帰り旅行であり, 訪日外国人旅行は15％程度なのです。さらに日本の旅行会社の収益の大きな柱は, 日本人の国内観光と海外旅行なのです。そして日本人の旅行者数（海外・国内とも）は, この10年間ほとんど増えていません。

また, 日本の観光政策の中核を担っている「観光庁」が, 行政機関として国土交通省の外局にあることのメリット・デメリットがあまり検討されていません。さらに首相（官邸・内閣府）主導の観光会議「明日の日本を支える観光ビジョン構想会議」の政策決定のあり方の長短の検討もなされていません。これらはあるべき観光政策の構造問題なのです。観光行政の機関をどこに設置するかは, 観光のどの側面（経済面か開発・地域面か移動面か非経済面（文化・環境・スポーツ・交流文化）か）を重視した政策なのかを表すことになるのです。

観光研究においても, 学会の数が多いのは肯定的に受けとめるにしても, 学会全体としての統一感がなく, それぞれの学会が個別に学術研究をしているようです。観光学としての基礎理論や基礎概念の整備が喫緊の課題です。たとえば, 基礎概念の「観光」そして日本語で独自のニュアンスをもつ「旅」概念との関連も議論が深まっていません。さらに観光現象の観光統計などを含んだ基礎データの収集・整備も端緒についたばかりで, 政策立案も基礎データ不在のまま行われているのが実情のようです。観光分野専攻の研究者の数も多くはなく, 他分野（地理学・経済学・経営学・都市工学・政策学・歴史学・人類学・心理学・社会学・コミュニケーション学など）の関連領域としての研究が多くなっています。

日本で学術研究の発展を目的とした文部科学省・（独立行政法人）日本学術振興会の「科学研究費」の助成事業の対象である分科・細目名に観光学が位置づけられたのは, つい最近で, 2014年度からのことなのです。今流行のインバ

ウンド観光の研究も，やっと端緒についたばかりなのです。歴史的に蓄積のある観光開発やマーケティングや観光地づくりに関する研究のケーススタディー（事例研究）についても，それらへのアクセスを可能にするデータベース化や一般理論化がなされていません。つまり，一見，21世紀の主要な「現象」とみなされてしまう観光も，観光産業・観光政策・観光研究において，あまり大きな展開がなされていないのが現状なのです。

しかし悲観論に陥る必要もないでしょう。こうした弱点を分析できることは，逆に強みだと考えることもできます。現に世界経済フォーラム（WEF）の「旅行・観光競争力指数」ランキング（2017年版）では日本は136カ国のなかで4位という位置づけです。このランキングの評価基準の4領域，14項目，90指標の数値を検証して，日本の強みと弱みを，緻密に分析し続けることがこれからも求められるでしょう。

広義の学生さんたちを啓発していく「観光教育」において，上記の状況はマイナス要因ではなく，観光産業と観光政策と観光研究の連携を進めていけるチャンスだともいえます。こうした観光の三位一体化に，観光教育を加えた「四位一体」を進めていく「観光」現象が，21世紀には期待されるのです。観光産業や観光政策を担っていく人材（経営人材・中核人材・実務人材）の育成だけではなく，グローバル化に向けた現代社会における地域社会の観光現象を理解し，"think and do locally and globally" するグローカルな地球市民の教育が必要になってくるでしょう。国際観光学のテキストとしての本書が，そうした教育に多少なりとも貢献できることを望んでおります。

最後になってしまいましたが，本書（改訂版）の企画段階から公刊に至るまで多大なご足労をおかけしました創成社の北川恵氏には，心より感謝を申し上げます。

さまざまなグローカル（global and local）な世界のあり方への期待をもちながらものした本書が，多くの読者の手に届き，国際観光学の振興に寄与することを願っています。

2018年3月

《編著者紹介》

山口一美（やまぐち・かずみ）担当：序，第 1 章
文教大学国際学部国際観光学科教授。

主要著書

『感動経験を創る！ホスピタリティ・マネジメント』創成社，2015 年。
『はじめての観光魅力学』（編著）創成社，2011 年。
『仕事のスキル　自分を活かし，職場を変える』（共著）北大路書房，
　2009 年。
『旅のもてなしプロデューサー　心編』（共著）ぎょうせい，2008 年。
『ひとつ目に映る自己―「印象管理」の心理学入門』（共著）金子書房，
　2007 年。
『観光の社会心理学　ひと，こと，もの―3 つの視点から』（共著）
　北大路書房，2006 年。
『自分らしく仕事をしたいあなたへ』（共著）大和書房，1998 年。

椎野信雄（しいの・のぶお）担当：第 9 章，おわりに
文教大学国際学部国際観光学科教授。

主要著書

『私たちの国際学の「学び」』（共編）新評論，2015 年。
『市民のためのジェンダー入門』創成社，2008 年。
『エスノメソドロジーの可能性―社会学者の足跡をたどる』春風社，
　2007 年。
『テキスト社会学―現代社会の理解と認識のために』（共編）ミネル
　ヴァ書房，1999 年。
『アメリカ人の愛し方―エロスとロマンス』（翻訳）勁草書房，1995 年。
『メッセージ分析の技法―「内容分析」への招待』（共訳）勁草書房，
　1989 年。

（検印省略）

2018 年 5 月 5 日　初版発行　　　　　略称―はじめて観光（新）

新版　はじめての国際観光学
―訪日外国人旅行者を迎えるために―

編著者　山口一美・椎野信雄
発行者　塚田尚寛

発行所　東京都文京区　株式会社　創成社
　　　　春日 2-13-1
電　話　03（3868）3867　　FAX　03（5802）6802
出版部　03（3868）3857　　FAX　03（5802）6801
https://www.books-sosei.com　　振　替　00150-9-191261

定価はカバーに表示してあります。

©2018 Kazumi Yamaguchi,　組版：ワードトップ　印刷：エーヴィスシステムズ
　　　 Nobuo Shiino　　　　製本：宮製本所
ISBN978-4-7944-2527-0　C3034　落丁・乱丁本はお取り替えいたします。
Printed in Japan

──── 創成社の本 ────

書名	著者	区分	価格
新版 はじめての国際観光学 ―訪日外国人旅行者を迎えるために―	山口 一美 椎野 信雄	編著	2,500円
はじめての観光魅力学	山口 一美	編著	2,300円
感動経験を創る！ ホスピタリティ・マネジメント	山口 一美	著	2,600円
■国際学研究叢書 世界と未来への架橋	文教大学国際学部 叢書編集委員会	編	8,000円
グローバリゼーション・スタディーズ ―国際学の視座―	奥田 孝晴	編著	2,800円
国際学と現代世界 ―グローバル化の解析とその選択―	奥田 孝晴	著	2,800円
夢実現へのパスポート	山口 一美	編著	1,400円
夢実現へのパスポート ―大学生のスタディ・スキル―	山口・横川・金井・林 海津・髙井・赤坂・阿野	著	1,400円
市民のためのジェンダー入門	椎野 信雄	著	2,300円
ホテルと旅館の事業展開	徳江 順一郎	著	1,900円
ブライダル・ホスピタリティ・マネジメント	徳江 順一郎	編著	1,500円
ホスピタリティ・デザイン論	徳江 順一郎	著	2,400円
観光ビジネスの基礎	木谷 直俊	著	2,700円
おもてなしの経営学［実践編］ ―宮城のおかみが語るサービス経営の極意―	東北学院大学経営学部 おもてなし研究チーム みやぎおかみ会	編著 協力	1,600円
おもてなしの経営学［理論編］ ―旅館経営への複合的アプローチ―	東北学院大学経営学部 おもてなし研究チーム	著	1,600円
おもてなしの経営学［震災編］ ―東日本大震災下で輝いたおもてなしの心―	東北学院大学経営学部 おもてなし研究チーム みやぎおかみ会	編著 協力	1,600円

（本体価格）

──── 創成社 ────